Susanne Seethaler

Unsere bayerische Lebensart

Susanne Seethaler

Unsere bayerische Lebensart

Echtes Brauchtum von A – Z

nymphenburger

Für meine Mutter

Besuchen Sie uns im Internet unter
www.nymphenburger-verlag.de

Schutzumschlaggestaltung: Wolfgang Heinzel
Schutzumschlagfoto: Fotostudio Sepp Eder, Grafenau
Satz: Schaber Datentechnik, Wels
Gesetzt aus 10,8/14 pt. Berkeley
Druck: Jos. C. Huber, Garching
Binden: Oldenbourg Buchmanufaktur
Printed in Germany
ISBN 3-485-01028-6

Inhalt

INHALT

Vorwort

Die Idee zu vorliegendem Buch kam mir an einem nebeligen Frühherbsttag, ausgerechnet beim Schwammerlsuchen. Die Bäume im Wald waren kaum zu sehen, meine Schritte wurden vom Dunst verschluckt, kein Laut war zu hören – es war richtig unheimlich, ja mystisch.
Ich fand keinen einzigen Pilz, dazu war der Sommer zu heiß gewesen. Ich begann mir jedoch vorzustellen, wie es früher war in den Bergen, als man noch an Kobolde und Geister glaubte, als die Natur noch das Leben bestimmte, in einem ganz anderen Maße, als dies heute der Fall ist. Existieren überhaupt noch alte **überlieferte Bräuche und Riten**, denen wir begegnen, ohne dass wir uns groß Gedanken darüber machen? Und, wenn ja, was haben oder hatten sie zu bedeuten?
Meine Neugier war geweckt und neben Bräuchen und Traditionen aus längst vergangenen Zeiten interessierten mich bald auch die anderen, alltäglichen Dinge des Lebens. Was trägt man in Bayern und warum? Was kommt mittags auf den Tisch und wer hat das Bier, unser Nationalgetränk, erfunden? Tausend Fragen, deren Antworten wir leider auf 55 Kapitel zurechtstutzen mussten, denn auch ein Buch hat seine Grenzen.
Mir ist durchaus bewusst, dass es noch viele andere interessante Stichwörter zum Thema Traditionen, Mystik und Glaube in Bayern gibt. Und die Brauchtumsprofis unter Ihnen werden merken, dass der Schwerpunkt dieses Buches leicht im Oberbayerischen liegt. Das habe allein ich als gebürtige Tegernseerin zu verantworten. Die Oberpfalz und Niederbayern – im Ganzen also das heuti-

ge Altbayern – kommen trotzdem nicht zu kurz; und ich möchte Sie hiermit anregen, dem Verlag Ihre Ideen mitzuteilen. Vielleicht setzen wir dieses Buch dann irgendwann gemeinsam fort.
Einige Monate nach meiner erfolglosen, im Hinblick auf dieses Buch jedoch sehr fruchtbaren Schwammerlsuche verbrachte ich ein paar Wintertage und Winternächte auf einer Hütte über dem Tegernsee. In der letzten Nacht tollte ein Schneesturm ums Haus, dass die alten Balken nur so ächzten. Ich arbeitete gerade am Kapitel über die Rau- und Rauchnächte und mit einem Mal wusste ich was es bedeutet, Angst vor der »Wilden Jagd« zu haben. Ich erfuhr am eigenen Leib, welche Kräfte die Natur entwickeln kann – und wie viel Geheimnisvolles in ihr steckt. Das hat mich sehr glücklich gemacht, obwohl mir dabei die Knie schlotterten. Ich wünsche mir, dass Sie dieses Buch genauso in seinen Bann zieht wie mich mein einsames nächtliches Erlebnis in den Bergen. **Viel Spaß und Freude beim Lesen.**

Advent

Draußen rieselt der Schnee. Große, weiche Flocken tanzen vom Himmel herunter und bedecken die kalte Erde mit einer flauschigen Decke. Überall in den Fenstern blinken **bunte Lichter**; in den Gärten und auf den Balkonen kann man Christbäume, Rentiere, Girlanden und illuminierte Nikoläuse bewundern. Letztere erklimmen sogar dreist, dick eingepackt und mit einem gewaltigen Sack auf dem Rücken, Regenrinnen und Dachfirste oder sie lugen vorwitzig zum Wohnzimmerfenster im ersten Stock hinein.

Das Licht spielt zur **Adventszeit** in unseren Breitengraden eine große Rolle, denn es gilt, den dunklen und langen Winternächten zu trotzen. Mit dem 25. November, dem Namenstag der heiligen Katharina, dem so genannten **Kathreinstag**, beginnt die vorweihnachtliche Zeit und mit dem darauf folgenden ersten Advent auch offiziell das Kirchenjahr. Diese **staade Zeit** ist voll gepackt mit Mythen, seltsamen Ritualen und Bräuchen, die oft aus vorchristlicher Zeit stammen. Neben dem Warten auf das Christkind heißt es in diesen Tagen, Geister und Dämonen in Schach zu halten, zu backen und zu basteln und den Nikolaus nicht merken zu lassen, dass man bei seinem Anblick die Hosen gestrichen voll hat, weil das Bravsein halt im vergangenen Jahr wieder besonders schwer gewesen ist! In manchen Orten – besonders im Alpenraum – wird der Advent mit Alphorn, Trompeten oder anderen Blasinstrumenten feierlich »angeblasen«.

Schon **Ludwig Thoma** berichtet noch als gesetzter älterer Herr begeistert vom Zauber der **Vorweihnachtszeit** in seiner Kindheit.

Sein Elternhaus lag in einer tief verschneiten Märchenwelt, umgeben von Wald und Einsamkeit. Der kleine Ludwig schaute Tag und Nacht aus dem Fenster, um wenigstens einen kurzen Blick auf das Christkind zu erhaschen. Und da, eines Abends, kurz nachdem die Dämmerung eingesetzt hatte, sah er ein flackerndes Licht zwischen den Tannen, ganz nah am Haus.

Von diesem Zeitpunkt an hängte Ludwigs Mutter jedes Jahr eine Laterne in die Zweige der Bäume, um ihrem Sohn eine Freude zu machen. Der Bub glaubte über Jahre hinweg, dass das **Christkind**, auf seinem Weg zum Tegernsee hinunter, immer den Weg am Haus der Thomas vorbei nahm. Als er dann erwachsen war, schrieb Ludwig Thoma in Erinnerung an diese verzauberten Nächte seine berühmte **Heilige Nacht**.

Doch wenden wir uns noch einmal der heiligen Katharina zu. Sie gehört dem illustren Kreis der **Nothelfer** an (→ Nothelfer) und zählt neben Barbara (4. Dezember) und Margaretha (20. Juli) zu den »Drei heiligen Madln«. Mit ihrem Namensfest, also dem 25. November, beginnt tatsächlich die so genannte »stille«, die »staade« Zeit. Im Volksmund heißt es: »St. Kathrein stellt den Tanz ein.« So finden am Kathreinstag überall auf dem Land **Kathreinstänze** statt; Bälle und Tanzveranstaltungen, auf denen man sich noch einmal so richtig austoben kann. Danach ist Tanzstopp bis Heiligdreikönig (6. Januar); die »geschlossene Zeit« nennt man das auch. An Kathrein beginnen die Hausfrauen traditionell mit dem Backen der **Weihnachtsplätzchen** und früher ging an diesem Tag die Weidezeit für das Vieh zu Ende.

Der nächste wichtige Termin in der Adventszeit ist der 30. November, der **Andreastag**. Dieses Datum ist eng mit dem ersten Adventssonntag verbunden, also mit dem Anzünden der ersten Kerze auf dem Adventskranz. Der erste Advent fällt entweder direkt auf den Festtag des heiligen Andreas oder auf den Sonntag, der dem Andreastag am nächsten liegt.

Der Namenstag des heiligen Apostels Andreas ist ein wichtiger **Los- und Orakeltag** im Jahreslauf. Allerlei magisches und unheimliches Gesindel treibt in der Andreasnacht sein Unwesen und das

Tor zur Geisterwelt steht für uns Menschen weit offen. Manche Menschen nutzen dies heute noch, um mittels Los (→ Wetter, → Rau- und Rauchnächte), zum Beispiel mit Hilfe von Runen, Einblick in die Zukunft zu gewinnen. An **Lostagen** lässt sich das Wetter für die kommenden Tage und Monate vorherbestimmen. Oder man orakelt, ob sich bald die große Liebe vor der Haustüre – besser vor dem Tor zum Herzen – einfindet.

Der Advent symbolisiert das Sichbesinnen, die innere Einkehr und ist die Zeit des Nachdenkens und des Zur-Ruhe-Kommens. Die Adventszeit dient der Vorbereitung auf die Ankunft Gottes auf Erden. Heutzutage könnte man fast meinen, das Gegenteil, nämlich Hektik und Stress, seien die hauptsächlichen Kriterien für eine gelungene Vorweihnachtszeit. Doch lassen wir getrost andere durch die Kaufhäuser hecheln und schauen wir uns dafür gemeinsam, bei Glühwein und den ersten stibitzten »Plätzerln« aus der streng bewachten Dose, an, was der Advent sonst noch so an besinnlichen und geheimnisvollen Bräuchen zu bieten hat.

Um Kathrein herum begann früher zum Beispiel auch die Zeit des »Klöpfelns«. **Klöpfelnächte** werden die ersten drei Donnerstagnächte im Advent bezeichnet. Seit Mitte des 15. Jahrhunderts ist dieser Brauch historisch belegt. Das Klöpfeln, oder »Klöckeln«, hat einen zutiefst heidnischen Ursprung. In den Klöpfelnächten ziehen vermummte Gestalten durch die Dörfer und Ortschaften, um mit dumpfem Gepolter an den Haustüren der Einwohner zu klopfen. Einem **alten Volksglauben** nach vertreiben die Klöpfler mit ihren mitgeführten Glocken Geister und Dämonen; ihr Erscheinen verspricht eine gute Ernte und **Segen für Haus und Hof**. Und pocht ein Klöpfler zum Beispiel an die Stallwände, so kann er die Tiere drinnen hören, wie sie die Toten des kommenden Jahres aufzählen. Überhaupt kann man so einen Klöpfler bitten, mal ganz unverbindlich für einen selbst in die Zukunft zu schauen.

Natürlich gab es früher auch recht wilde Gesellen, die sich beim Klöpfelgehen einen Spaß daraus machten, die Menschen in ihren Häusern zu erschrecken. Steine und Eisenketten donnerten gegen hölzerne Fensterläden, dass einem Hören und Sehen verging. Die traditionellen **Klöpferlverse**, sonst schön gesungen, wurden in Spottverse umgedichtet und den Mutigen, die sich trauten, ihre Türen zu öffnen, buchstäblich um die Ohren gehauen. Vielleicht zählt deshalb dieser Brauch ganz offiziell auch zum so genannten **Lärmbrauchtum**.

Auch Bettler und Arme entdeckten das Klöpfelgehen für sich. Sie baten auf den Türschwellen um eine milde Gabe. Genauer, sie »heischten« darum, deswegen nannte man diesen Brauch auch **Heischegehen**. Ein anderer Begriff für diesen alten Brauch ist auch das »Kletzengehen«, wie das Klöpfeln mancherorts noch genannt wird. Meist bekamen die Bedürftigen Nüsse und getrocknete Birnen, »Kletzn« genannt, in die Hände gedrückt und daraus entstand dann der Name.

Nachdem die **Klöpfelbräuche** mit der Zeit vergessen wurden und langsam in der Versenkung verschwanden – gerne gesehen waren sie übrigens von der Kirche nie –, leben sie heute nun wieder hier und da neu auf. Vor allem die Kinder haben das Klöpfelgehen für sich entdeckt und so ziehen sie in manchen Orten verkleidet von Tür zu Tür, singen ihre Verserl und hoffen darauf, eine Menge Süßigkeiten und vielleicht ein bisschen Kleingeld abzustauben.

Ein ganz ähnlicher, wunderschöner alter Brauch, bei dem an die Türen der Menschen geklopft wird, ist das »Frauentragen«, das ebenfalls in unserer Zeit wieder eine Renaissance erlebt. Für das **Frauentragen** schließen sich mehrere Familien eines Dorfes zusammen; traditionell sind es neun Familien, die in jeder Nacht während der Adventszeit ein **Bild Mariens** bei sich zu Hause »übernachten« lassen. Am folgenden Tag wird das Madonnenbild – oder die Statue – von den Kindern abgeholt und zur nächsten Familie gebracht. Dabei werden Lieder gesungen und Gebete gesprochen. Das »Frauentragen« soll die **Herbergssuche** darstellen. Am Ende, nämlich an **Heiligabend**, wird die Jungfrau schließlich in die Kirche gebracht, damit sie dort den Heiland zur Welt bringen kann.

Dieser Brauch, der Gottesmutter Zuflucht zu gewähren, kam im 18./19. Jahrhundert im Salzburger Land auf. Doch auch im fernen Indien, besser gesagt in Goa, dem kleinen, überwiegend christlich geprägten Bundesstaat, ist das »Frauentragen« bekannt. Unter tropischem Himmel verbringt Maria dort ihre Nächte inmitten frommer Familien und wird anderntags bei schweißtreibenden Temperaturen zu ihrem neuen Unterschlupf getragen. Einzig der Termin unterscheidet sich von unserem »Frauentragen«. Auf dem Subkontinent wird die Jungfrau während der 40-tägigen Fastenzeit vor Ostern von Haus zu Haus getragen.

Doch zurück aus tropischer Ferne zu – im besten Falle – Eis und Schnee und zu **gemütlichen Adventssonntagen** im Kreis der lieben Familie. Das Wort Advent kommt aus dem Lateinischen. Adventus bedeutet Ankunft oder Erscheinen. Vier Wochen lang zelebrieren wir vor Weihnachten diese Ankunft des Erlösers. Behilflich ist uns dabei, unter anderem, der **Adventskranz** mit seinen vier Kerzen.

Diesen aus Fichten- oder Tannenzweigen gewundenen Kranz – den Kern bildet dabei meist ein Ring aus Stroh – kennt man bei uns und anderswo erst seit der Mitte des 19. Jahrhunderts. Erfunden hat den Brauch des Anzündens von Kerzen während der Adventszeit ein gewisser Johann Hinrich Wichern. Dieser Herr, seines Zeichens rechtschaffener Protestant, leitete um 1850 in Hamburg ein Haus für schwer erziehbare Jugendliche und weil er den Jungs eine Freude bereiten wollte, hängte er in der Vorweihnachtszeit einen erst einmal leeren Kronleuchter in die gute Stube. Jeden Tag wurde nun eine Kerze aufgesteckt und angezündet, bis es schließlich vierundzwanzig Stück waren und Heiligabend endlich vor der Türe stand.

Später, so um die Jahrhundertwende, wurde aus der ursprünglichen Idee mit dem Kronleuchter ein einfacher Kranz, dessen **immergrüne Zweige** wiederum heidnischen Ursprungs sind. Sie sollen böse Geister abhalten und Wohlstand, Gesundheit und Fruchtbarkeit ins Haus bringen. Zudem weisen sie mit ihrer Farbe auf den Frühling hin. So richtig etabliert hat sich der Adventskranz in Deutschland allerdings erst in den 30er-Jahren des 20. Jahrhunderts und seitdem ist er aus – fast – keinem Haus mehr wegzudenken. Eine besonders schöne Form des »Adventskranzes« kann man heute noch in manchen Bauernstu-

ben bewundern: den **Paradeisl**. Beim Paradeisl werden vier Äpfel in Form einer **Dreieckspyramide** mithilfe bunter Stäbchen zusammengesteckt und mit Kerzen und Tannenzweigen geschmückt.
Die Kerzen auf dem Kranz oder auf dem Paradeisl stehen für den Lauf der Sonne, die uns im Winter bekanntlich recht spärlich ihre Gunst erweist. Die Kerzen haben, jede für sich, eine besondere Bedeutung. Die erste Kerze brennt für die Jugend und das Leben an sich. Die Flamme der zweiten wird zu Ehren der Toten im Himmelreich entzündet. Am dritten Adventssonntag leuchtet das Licht allen Müttern; und am vierten weist das Feuer auf die Zukunft hin und auf die baldige Erlösung und die Erleuchtung durch Jesus Christus (Ulbrich, B. u. Gerwin, H.).
Den Kindern wird das Warten auf das **Christkind** und den damit verbundenen Geschenken zusätzlich mit einem Adventskalender verkürzt und oft auch versüßt. Jeden Morgen gilt es, ein neues Türchen zu öffnen, hinter dem sich ein buntes Bild oder ein Stück Schokolade verbirgt.
Genau wie der Adventskranz erblickte auch der **Adventskalender** das Licht der Welt im hohen Norden. Die heutige Form des Kalenders entstand Anfang des 20. Jahrhunderts. Zuvor hängte man im Dezember vierundzwanzig Bilder nach und nach an die Wand. In Bayern war früher auch das **Einritzen von Kerbhölzern** weit verbreitet, wobei die Kinder dabei meist ihre Schandtaten während der Vorweihnachtszeit ins weiche Holz schnitzen mussten – eine Kerbe war mit einem Streich oder einer Lüge gleichzusetzen.
In manchen Gegenden wurden auch vierundzwanzig **einfache Kreidestriche** an den Türstock gemalt; Tag für Tag wischte man dann einen Strich weg, bis schließlich keiner mehr übrig war. Das tägliche Abbrennen einer Kerze bis zu einer ins Wachs eingeritzten Markierung diente dem gleichen Zweck. Genau wie das Aufstellen der leeren Krippe, in die bis **Heiligabend** an jedem Tag ein einzelner Strohhalm gelegt wurde. Am 24. Dezember hatte es das Christkindl dann so richtig schön gemütlich.
Der erste Adventskalender mit Türchen kam 1920 auf dem Markt. Zuvor gab es nur fensterlose »Weihnachtsuhren« und Weihnachts-

kalender. Die erste »Weihnachtsuhr« verließ 1902 die Druckerpresse einer evangelischen Buchhandlung in Hamburg. Die heiß begehrte Schokolade finden Kinder und Erwachsene seit 1958 in ihren Adventskalendern.

Wir öffnen nun gemeinsam das Türchen zum 4. Dezember und begegnen dahinter dem Bild der **heiligen Barbara**. Zusammen mit **Katharina** und **Margaretha** greift sie als eines der **Drei heiligen Madln** den ansonsten männlichen Nothelfern unter die Arme. Sie ist unter anderem die Patronin der Bergleute, der Gefangenen, der Glöckner und der Architekten. Der Brauch, am Barbaratag Zweige für die Vase daheim zu schneiden, leitet sich aus der Legende ab, die sich um diese **Märtyrerin** rankt. Barbara lebte im 3. Jahrhundert in einer kleinen Stadt nördlich von Istanbul fromm und bescheiden im Hause ihres Vaters. Sie war zum noch jungen Christentum konvertiert. Barbaras Vater war Heide und wusste nicht, dass sich seine Tochter der neuen Religion zugewandt hatte. Er liebte Barbara mehr als sein Leben, war jedoch auch ausgesprochen eifersüchtig und argwöhnisch ihr gegenüber.

So sperrte er jedes Mal, wenn er auf Reisen ging, seine Tochter in einen Turm. Dieser Turm hatte zwei Fenster. Eines Tages, als der Vater von einer seiner Reisen zurückkam, bemerkte er zu seinem Erstaunen, dass ein drittes Fenster dazugekommen war. Als er Barbara zur Rede stellte, erklärte diese ihm, dass sie schon lange Christin sei und dieses Fenster zu Ehren der Heiligen Dreifaltigkeit hatte zusätzlich durchbrechen lassen.

Der Vater tobte und zeigte seine Tochter an. Damals herrschte der gefürchtete **Kaiser Diokletian**, der alle Christen grausam verfolgen ließ. Barbara wurde gefangen genommen und durchlitt ein unvorstellbares Martyrium, bevor sie schließlich enthauptet wurde. Es heißt, dass sie in ihrer Zelle einen ausgedorrten **Kirschzweig** mit dem Wasser aus ihrem Trinkkrug benetzte. Ein paar Tage vor ihrem Tod begann der Zweig zu blühen.

Heutzutage werden nicht nur Kirschzweige, sondern auch Holunder-, Apfel-, Forsythien- oder Pflaumenzweige am Namenstag der heiligen Barbara geschnitten. Dabei sollte man darauf achten, dass während der Ernte am Baum nicht gesprochen wird; das bringt Unheil. Auch der Zeitpunkt für den Schnitt ist enorm wichtig, in der Nacht vor dem Barbaratag, kurz vor Sonnenaufgang. Spitzen genau am Weihnachtstag die erst zarten Blüten hervor, dann gilt dies als Zeichen des Glücks für die Zukunft. In vielen Gegenden waren die **Barbarazweige** die Vorläufer unseres Christbaums.

Zwei Tage nach dem Barbaratag wird es dann richtig spannend, vor allem für die Kinder: Der Nikolaus ist unterwegs und mit ihm so wilde Gesellen wie der **Kramperl** oder die **Buttnmanndl**. Während der Krampus und die »Buttnmanndl« heidnischen Ursprungs sind, ist der **Nikolaus** selbstverständlich ein waschechter Heiliger. Nun, viel weiß man nicht über das Leben dieses Mannes, aber eines ist klar: Er lebte im 3./4. Jahrhundert in Kleinasien. Dort wirkte er als Bischof in der Stadt Myra und galt als sehr freigebig. Während einer großen Hungersnot kümmerte er sich nachweislich um ausreichend Getreide für die Ärmsten der Armen.

Im Mittelalter begann man damit, dem **heiligen Nikolaus** Kirchen zu weihen, und in dieser Zeit entstanden auch anschauliche »Theaterstücke«, vor allem in den Klöstern, die das Leben des Heiligen darstellten. Daraus entwickelte sich der Brauch, dass der bärtige Mann mit der Bischofsmütze und dem goldenen Stab am Abend des 5. Dezember oder direkt am 6. Dezember Kinder besucht, um ihnen Äpfel, Nüsse und andere Leckereien zu bringen.

Begleitet wird der fromme »Nikolo« in Bayern vom bereits erwähnten Krampus, dem »Kramperl«. Um die Mitte des 17. Jahrhunderts herum hat sich der **Krampus**, in Niederbayern und der Oberpfalz auch **Klaubauf** genannt, mit dem heiligen Nikolaus zusammengetan. Der »Klaubauf« verbreitete bis ins 19. Jahrhundert hinein echten Schrecken bei den Kindern. Die modernen »Kramperl« sind dagegen richtig harmlos.

Nicht selten wurden die Kinder früher tatsächlich in den Sack gesteckt und mitten im Wald wieder ausgesetzt. Dem Krampus eilte der Ruf eines »Kinderfressers« voraus und seine gruselige Erscheinung – Teufelsfratze, inklusive Hörner, einen Mantel aus Tierfellen und Eisenketten um die Hüften – ließ arme Kinderseelen oft noch nächtelang nach seinem Besuch aus albtraumhaftem Schlaf fahren. Da halfen auch all die auswendig gelernten Verserl nichts, die auch heute noch dem Nikolaus stockend und mit roten Backen landauf landab aufgesagt werden, um die vermeintlichen Schandtaten ein bisschen zu lindern.

Wenn Sie sich mal so richtig gruseln wollen, dann empfehle ich Ihnen den alljährlich stattfindenden **Krampuslauf** im oberbayerischen Bad Reichenhall (Landkreis Berchtesgadener Land). Jeweils am späten Nachmittag des 5. und 6. Dezembers können Sie dort eine Furcht erregende Ansammlung verkleideter »Kramperl« bewundern. Und, wenn Sie eh schon in der Gegend sind, können Sie sich gleich noch einen für das Berchtesgadener Land so typischen **Buttnmanndllauf** zu Gemüte führen. »Buttnmanndl« gehören eigentlich fast schon zur Familie der »Kramperl«, jedenfalls was ihr unheimliches Auftreten betrifft. Anders als der gemeine Krampus, der allgemein in der Teufelsverkleidung daherkommt, stellen die Buttnmanndl allerdings Tiere dar.

Die Körper der **Buttnmanndl** sind komplett in Stroh gehüllt, was ihnen ein eigenartiges, fast schon komisches Aussehen verleiht. Um die Hüften tragen sie große, schwere Glocken, die bei jedem Schritt bimmeln. Der Kopf steckt in einer Tiermaske. »Buttnmanndl« stellen **Fruchtbarkeitsgeister** dar. Sie haben die Aufgabe, den Winter zu vertreiben. In ihren Händen halten sie geschmeidige Weiden- oder Haselnussruten als Symbole für das Leben; »Lebensruten« werde die Zweige deshalb auch genannt. Im Schlepptau der Buttnmanndl befindet sich manchmal auch das **Nikoloweibl**: ein junger Mann in Frauentracht, der als »kultische Person« ebenfalls die Fruchtbarkeit verkörpern soll.

Eine ganz und gar nicht heidnische »Fruchtbarkeitsgöttin« ist die **Jungfrau Maria** (→ Marienfeste). Ein Fest ihr zu Ehren setzt den Reigen der Feiertage im Advent fort. Am 8. Dezember begeht man **Maria Empfängnis**, ein Tag, der bei manchen ungläubiges Kopfschütteln hervorruft. Das Hochfest »Maria Immaculata«, wie dieser Ehrentag auch genannt wird, soll jedoch nicht beweisen, dass zwischen der Empfängnis und der Geburt des Heilands nur sechzehn Tage ins Land gingen. Gefeiert wird am 8. Dezember die Empfängnis von Anna, Marias Mutter.

An »Maria Empfängnis« gedenkt man trotzdem der **Himmelsgöttin**, die, weil sie von Gott auserkoren wurde, ganz **ohne Erbsünde** zur Welt kam. Sie wurde zwar als normales Kind geboren, empfing jedoch die Gnade durch Jesus Christus. Früher, genauer im 7. oder 8. Jahrhundert, hieß das Fest vor allem im Osten noch »Empfängnis der heiligen Anna«. Im Jahr 1476 erhielt es dann den Namen »Empfängnis der unbefleckten Jungfrau Maria«, um dann 1708 in »Mariä Empfängnis« umbenannt zu werden.

Viel interessanter als der Streit um die richtige Bezeichnung dieses Festtages ist das Brauchtum, das sich um ihn gebildet hat. Frauen durften früher an »Maria Empfängnis« zum Beispiel nicht arbeiten. Doch darum scherten sich die Männer nicht die Bohne: Die Frauen mussten trotzdem ran, um im Haus oder im Stall dringende Arbeiten zu verrichten. Wer nun aber trotzdem – erzwungenermaßen – fleißig war, dem erschien die **Weiße Frau**. Sie gebot der Arbeit Einhalt, und sei es nur dadurch, dass die arme Hausfrau bei ihrem Anblick vor Schreck in Ohnmacht fiel und keinen Finger mehr rühren konnte.

Ein paar Tage nach dem »Hochfest der ohne Erbsünde empfangenen Jungfrau und Gottesmutter Maria«, wie der korrekte Namen hochoffiziell lautet, tritt eine ganz andere Frauengestalt auf den Plan: Luzia, die **schiache Luz**. Am 13. Dezember treibt sie ihr schreckliches Unwesen und hat in Bayern so gar nichts gemein mit der skandinavischen **Lichtgöttin Lucia**. Im Gegenteil, die Luz ist eine hässliche alte Vettel, die den Kindern die Bäuche aufschneidet und die Gedärme entwendet, um sie später genüsslich zu verspeisen. Die leeren Bauchhöhlen füllt sie mit Glassplittern oder einfach nur Dreck auf, den sie von der Straße zusammenkehrt. Der 13. Dezember galt in vergangenen Zeiten als Datum für die **Wintersonnwende**.

Den beiden Sonnwenden ist in diesem Buch ein gemeinsames Kapitel gewidmet, in dem Sie auch mehr über die alte **Hexe Luzia** erfahren.

Das Gleiche gilt für den **Blutigen Thomas**, den »Bluadigen Dammerl«, der es in der Thomasnacht, der offiziellen **Wintersonnwende** in der Nacht vom 20. auf den 21. Dezember, auf junge, hübsche Mädchen abgesehen hat. Der Thomastag gilt als Stichtag für das Backen von Lebkuchen und des **Kletzenbrotes**. Letzteres wird aber erst nach Weihnachten, meist am 26. Dezember, dem **Stephanitag**, angeschnitten.

Jetzt geht's schön langsam auf »Weihnachten zua«. Das vielfältige Brauchtum um Heiligabend und die Feiertage danach beanspruchten natürlich ebenfalls ein eigenes Kapitel, das Sie am Ende dieses Buches finden.

Almabtrieb

»Aufkranzt werd«: Dieser Begriff ist bei weitem nicht so berühmt wie das in aller Welt bekannte »O'zapft is!«, das alljährlich Ende September auf dem Münchner Oktoberfest den Startschuss für zwei ausgelassene und vor allem bierselige Wochen gibt. Zur gleichen Zeit etwa, während in der bayerischen Landeshauptstadt der Bär tobt, wird auf den Almen im Gebirge tatsächlich »aufgekranzt« oder »aufgebuscht«. Traditionell um den 29. September, um **Michaeli** herum, verlässt das Weidevieh seine Sommerfrische in den Bergen. Und wenn alles gut gegangen ist, kein Tier verletzt wurde oder gar zu Tode gekommen ist und auch der Bauer bzw. der Senner noch alle seine Gliedmaßen beisammenhat, dann findet dieser Umzug ins Winterquartier, in das Tal hinunter, mit **prächtigen Blumengebinden**, Glockengeläut und missmutig dreinschauenden Kühen statt. Denen behagt die protzige Kopfbedeckung meist gar nicht!

Im Allgäu heißt der Almabtrieb **Viehscheid** und im Berchtesgadener Land – und nicht nur da – nennt man die Prozedur **Hoamfahrn** oder »Auffahrn«. In dieser schönen Gegend findet auch alljährlich eine der ungewöhnlichsten »Heimfahrten« statt: Auf zwei großen, flachen Booten, die miteinander verbunden sind, werden die Rindviecher über den **Königssee** geschippert. »Schaffe« nennt man das floßartige Gefährt.

Damit während der Überfahrt nicht zu guter Letzt noch ein Unglück heraufbeschworen wird, werden die Tiere erst nach dem Anlegen geschmückt. Das Touristeninformationszentrum in Schönau gibt jedes Jahr den genauen Termin des Spektakels an Schaulustige weiter.

Rund **19000 Tiere** – fast ausschließlich Jungvieh – verbringen allein in Oberbayern den Sommer auf insgesamt 709 bewirtschafteten Almen in den Bergen. Doch auch Schafe und Ziegen weiden oft in höheren Lagen und so gibt es zum Beispiel in Partenkirchen oder in Mittenwald (Lkrs. Garmisch-Partenkirchen) jedes Jahr geräuschvolle und quirlige Schafabtriebe zu bewundern.

Das Leben auf einer Alm (in Oberbayern auch Kaser, lat. casa = das Haus, genannt; im Allgäu als Alpe oder Alp bezeichnet) war in früheren Zeiten oft hart und entbehrungsreich. Im Gegensatz zu heute, wo viele Hütten und Weiden mit dem Auto erreichbar sind, lebten damals die **Almerin** (Sennerin) oder der **Almer** (Senner oder Senn) die Sommermonate über allein mit den Tieren, von der restlichen Welt abgeschnitten, einen **einsamen Bergalltag**. In Oberbayern gab es übrigens schon immer mehr Frauen als Männer, die diese Arbeit ausführten; meist waren es unverheiratete Frauen aus den Bauernfamilien, die ihr Leben lang auf den Sommerweiden wirtschafteten.

Mit **Romantik** oder gar kitschiger Gemütlichkeit, denken wir nur an Heidi und ihren schrulligen Alm-Öhi – in der Schweiz überwiegen traditionell die Männer bei dieser Tätigkeit –, hatte das Leben auf der Alm herzlich wenig zu tun. Knochenarbeit von früh bis spät war angesagt. Nicht selten wurde neben dem Melken und der Pflege und Versorgung des Viehs die Milch gleich vor Ort zu Butter, Käse und Topfen (Quark) verarbeitet. Holz musste gehackt, Wasser geschleppt, die Kühe mit Salz versorgt und der Stall sauber gemacht werden. Und oft war die Sennerin stundenlang unterwegs, um verloren gegangene Tiere im unwegsamen Gelände zu suchen. Sturm, Hagel und Gewitter konnten extrem an den Nerven zerren und den Bestand der Herde gefährden. Heute fällt das **Käsen** und **Buttern** meist weg, da entweder nur noch das Jungvieh den Sommer auf der Alm verbringt – »sömmern« nennt man das – oder der Bauer jeden Abend hochkommt, um mit dem Auto die Milch abzuholen.

Doch beginnen wir zunächst mit dem **Auftrieb** der Tiere. Im Mai, der auf dem Land auch **Weidemonat** genannt wird, spätestens jedoch Ende Juni kommt das Vieh nach den langen, muffigen Wintermonaten im heimischen Stall wieder hinaus auf die Wiesen. Dabei wurde früher oft genau darauf geachtet, dass der Almauftrieb nicht an einem so genannten **Schwendtag** stattfand.

Die Bezeichnung »Schwendtag« findet man heute nur mehr selten im bayerischen Sprachgebrauch, doch manch moderner Bauer richtet sich immer noch, trotz Hightech auf dem Hof, nach diesen **verworfenen Tagen**. Nach altem überlieferten Glauben – der Kirche waren die Schwendtage übrigens immer schon ein Dorn im Auge – durfte man an diesen Tagen nichts Neues anfangen. Sie wurden, wie so vieles, als Aberglaube abgetan. So brachte es zum Beispiel Unglück, an einem Schwendtag auszusäen, zu ernten oder, wie unserem Fall, das Vieh auf die Almen zu bringen. Das ganze Jahr ist gespickt mit solch **erzwungenen Ruhetagen** und der Mai hat insgesamt vier davon zu bieten: den 3., 10., 22. und den 25. Mai. Als »Schwenden« bezeichnet man übrigens auch die anstrengende Arbeit des Säuberns der Almwiesen von Unkraut, Steinen, jungen Baumtrieben und Silberdisteln, bevor man das Vieh auf die Alm »fahrt«, also auftreibt.

Wir überspringen nun ein paar Monate, in denen wir hoffentlich ausgiebig beim Baden waren, abends mit Freunden gegrillt haben und unser Teint das gräuliche Weiß des Winters weit hinter sich gelassen hat. Zu **Jakobi**, also etwa zur halben Almzeit am 25. Juli, haben die Almer in den Bergen **Almkirta** gefeiert, mit Musik, Freunden und einem guten Essen.

Jetzt neigt sich der Sommer schon wieder dem Ende zu und es naht der **farbenprächtige Abtrieb**. Die Herde ist gesund und ohne Tod oder Unfall durch die Zeit gekommen. Das Fell glänzt; die gute Luft und kräftig-würzige Bergkräuter haben ihr Übriges getan, dass die Kühe aussehen wie frisch aus einem Werbeprospekt über die Vorzüge eines Urlaubs auf dem Bauernhof.

Schon Wochen bevor es nach Hause geht, laufen die Vorbereitungen an. Familie und Freunde kommen hoch auf die Alm und gemeinsam macht man sich an das Binden des Kopfschmuckes. Stichtag dafür ist oft **St. Bartholomä**, also der 24. August. Im Allgäu trägt nur die **Leitkuh** ein solch kunstvolles, in vielen Arbeitsstunden hergestelltes Gebinde zu Tal. Im restlichen Alpenraum werden meist alle Tiere »bekränzt«. Auch die Art des Schmucks ist von Region zu Region verschieden. Im Berchtesgadener Land ist das Hauptstück das so genannte »Fuikl«, der Wipfel einer Fichte, dessen Zweige zu einer **Krone** aufgebunden werden. Dazu kommen bunte Bänder, Blumen aus Krepp-Papier, **Schababandln**, das sind filigrane Rosetten aus hauchdünnen, eingefärbten Holzspänen, und Flitterkram. Für die **Aufstecker**, die kleinen Gestecke auf der Stirn, die an den Hörnern befestigt werden, verwendet man Wacholder, Tannenzweige und Latschen.

Mancherorts sieht man große und kleine Kreuze aus Buchs und Silberdisteln zwischen den Hörnern der Kühe. Die Schädel anderer Tiere zieren wiederum Girlanden aus kunstvollen Gebilden mit kleinen **Spiegeln** und **Heiligenbildern**. Das eine Rindvieh trägt elegant einen weißblauen Aufsatz und schreitet majestätisch und erhobenen Hauptes an den Zuschauern vorüber, während sich eine andere Kuh kopfschüttelnd ihrer mehrstöckigen Krone aus Nadelgehölz zu entledigen sucht.

Es versteht sich von selbst, dass sich Almer und Almerin ebenfalls fein herausputzen und ihre Rindviecher im guten »Gwand« zu Tal treiben. Am Hut oder am Dirndl stecken meist kleine Sträuße aus **Almenrausch** oder Buchszweigen. Das Gesamtbild vervollständigen klangvoll große Glocken, die an breiten, federkielbestickten und bunt eingefassten Lederbändern die Hälse der Tiere zieren. Ihr Geläut soll Dämonen und Hexen vertreiben. Das ist auch die Aufgabe der bereits erwähnten kleinen Spiegel, die man manchmal am Kopfschmuck aufblitzen sieht. Und auch die **weißen Stofflarven** – bestickte Tücher aus Leinen –, die in manchen Gegenden die Gesichter der Kühe zwischen den Augen bis hinunter zum Maul verdecken, haben die Aufgabe, vorwitzige **Berggeister** in Schach zu halten. Einer Überlieferung nach begleitet nämlich dieses ungute Pack den Tross den ganzen Weg mit hinunter ins Tal. Mit bösen

Scherzen und Schabernack versuchen sie, die Tiere zum Straucheln zu bringen oder sie so zu erschrecken, dass sie durchgehen. Im Allgäu, zum Beispiel in Pfronten (Lkrs. Ostallgäu) oder Oberstdorf (Lkrs. Oberallgäu), treffen der Senn und das Vieh, für das er den Sommer über gesorgt hat, am Ende des Abtriebs auf dem so genannten **Scheidplatz** mit den Besitzern der Tiere zusammen. Die Herde wird getrennt und eine jede Kuh trottet zurück in ihren eigenen Stall.

Bäuerliche Kunst

Klirrende Kälte klopft an die mit Eisblumen übersäten Fensterscheiben. Der Winter heult pfeifend ums Haus und begehrt Einlass. Drinnen ist es mollig warm. Der Kachelofen bullert in der guten Stube. Alt und Jung hat sich um den großen Tisch auf der Eckbank versammelt; nur die Großmutter sitzt auf der **Ofenbank** und lässt ihre rauen, knorrigen Hände im Schoß ruhen.

Sie ahnen schon, wir befinden uns nicht im 21. Jahrhundert, denn nirgendwo flimmert ein Fernseher, kein Radio plärrt die neuesten Hits und die Familie ist komplett versammelt. Wir sind in die Vergangenheit zurückgekehrt, sagen wir ins 18. oder 19. Jahrhundert, und beobachten eine **Bauernfamilie** an einem Winterabend. Die **staade Zeit** hat Einzug gehalten; die mühselige Arbeit draußen auf dem Feld ruht, die Ernte ist schon seit Wochen eingefahren. Der Bauer hat sein Werkzeug hervorgeholt. Er setzt es instand, schmirgelt da ein bisschen, bessert hier etwas aus, wetzt ein Messer und schärft seine Sichel. Dann nimmt er sein Schnitzmesser zur Hand und beginnt aus einem groben Stück Holz eine kleine **Krippenfigur** zu schnitzen.

Seine Frau hat sich eine große Truhe vorgenommen. Mit roter und blauer Farbe malt sie Ornamente, Blüten und Girlanden auf das glatt geschmirgelte Holz. »Blau und Rot ist Bauernmod«, sagt ein altes oberbayerisches Sprichwort (Bösl, H. u. Wegner, J.). Da ist ein **magisches Zeichen** zu sehen, als Abwehr gegen die **bösen Geister**, die Heilige Jungfrau Maria presst sich ihren Sohn gegen die

Wange und das Christusmonogramm IHS prangt schließlich oben auf dem Deckel, neben Radmustern und kunstvollen Spiralen, die als **Heilszeichen** gelten. Diese Truhe wird vielleicht einmal das Aussteuerprunkstück der Tochter sein.

Bäuerliche Kunst oder Volkskunst wird die Arbeit der beiden in ihrer warmen Stube gemeinhin genannt. Und tatsächlich war es früher gang und gäbe, sich die Zeit während der langen und **strengen Wintermonate** mit Malen, Schnitzen oder schlicht Basteln zu vertreiben. Manchmal, wenn das nötige Kleingeld da war, holte man sich sogar einen **Kirchenmaler** ins Haus, der dann mit kunstfertigen Pinselstrichen die Schlafzimmerwände verschönerte oder sich an das Bemalen des Hochzeitsschrankes machte, der später einmal schön verzierte Wachsstöcke, Hinterglasbilder mit **lächelnden Heiligen** und fein gesponnenen Flachs aufnehmen sollte (→ Hochzeit). Wer es sich leisten konnte, gab einen solchen Schrank natürlich bei einem Schreiner in Auftrag. In Degerndorf am Inn (Lkrs. Brannenburg) entstand zum Beispiel in der zweiten Hälfte des 18. Jahrhunderts eine der markantesten Schreinerwerkstätten Oberbayerns. Die Werkstatt Perthaler hatte sich auf aufwändige Furniermalerei, die wertvolle Einlegearbeiten vortäuschte, spezialisiert und konnte sich vor Aufträgen kaum retten.

Schaut man sich einmal in einem der vielen Freiluftmuseen, zum Beispiel auf der Glentleiten, hoch über dem oberbayerischen Kochelsee, um, dann findet man **bäuerliche Volkskunst** auf Schritt und Tritt. Verschlungene Zierleisten im Stall über dem Schweinekoben, hübsch geschnitzte Nistkästen im Hof, mit **Bauernrosen und Nelken** bemalte Stühle, aus deren Lehnen herzförmige Löcher geschnitten sind, zart bemalte Schnupftabakfläschchen und der Hausheilige hinter Glas.

Auf dem Hausaltar oder im Herrgottswinkel staubt ein **Eingrichtl** (→ Klosterarbeiten) vor sich hin: eine mit Seidenbändern, glitzerndem Filigran- und Glasschmuck, Spitzen und Brokat verzierte Madonna mit dem Jesukind auf dem Arm unter einer Glocke aus Glas. Geschnitzte Lebkuchenformen und alte Butter- und Wachs-

modeln hängen an den Wänden und im Wasserkrug aus grauem Steinzeug winden sich eingeritzte Blattranken Richtung Henkel.
Natürlich soll in diesem Kapitel auch die reine »Frauenarbeit« nicht vergessen werden. Neben der Arbeit am Spinnrad wurde gestickt und gestrickt, gehäkelt und genäht. Das blütenweiße, bis zum Hals geschlossene Nachthemd wurde mit **Weißstickerei** an den Bündchen verschönert und die **Wadlstrümpfe** der Männer erhielten ein Muster aus Rauten und kleinen Zöpfen. Geschickte Frauenhände, und waren sie noch so abgearbeitet und rau, wussten mit Gold- und Silberdraht umzugehen und so entstanden in langen Stunden kleine Gewürzsträußchen mit **Blüten aus Gold und Perlen** in der Mitte, Sträuße für den Kirchenaltar und sogar ganze Brautkronen.
Spitzten dann die ersten grünen Grashalme durch die frisch aufgebrochene Erde, zog ein vorwitziges laues Lüftchen durch die weit geöffneten »Kuchlfenster«und zwitscherten morgens endlich wieder muntere Vögel in den noch nackten Baumkronen, dann rief erneut die Feldarbeit und der Gemüsegarten musste auf Vordermann gebracht werden. Pinsel, Schnitzmesser, Häkelnadel und Farbtöpfe verschwanden für die nächsten Monate in einer Truhe oder auf dem Dachboden und das Leben auf dem Hof ging wieder seinen betriebsamen Gang.

Bauerngarten

Beginnen wir dieses Kapitel mit einer kleinen Legende, die in den meisten Veröffentlichungen über Bauerngärten auftaucht: Der große Münchner Architekt **Gabriel von Seidl** – er prägte zur Wende vom 19. zum 20. Jahrhundert maßgeblich das Bild der Stadt – hatte sich dazu entschlossen, sich ein **lauschiges Domizil** auf dem Land zu errichten, einen Zweitwohnsitz fern von städtischer Betriebsamkeit. Seine Wahl fiel auf das schöne Tölz (Lkrs. Bad Tölz-Wolfratshausen), das von München aus in südlicher Richtung bequem zu erreichen war. Ganz nah am Haus wünschte sich Seidl einen original **altbayerischen Bauerngarten** und da er nicht so recht wusste, wie dieser auszusehen hatte, beauftragte er eine alte Bäuerin aus dem Ort mit der Anlage des Gärtleins. Als das »Bauerngartl« allmählich Konturen annahm und man schon erkennen konnte, welche Pracht es einmal entfalten würde, ging die Alte zum feinen Herrn Architekten und sagte: »So ist's richtig, so hat's der Kaiser Karl befohlen.«
Jetzt wissen wir nicht, ob Gabriel von Seidl recht dumm aus der Wäsche geschaut hat oder ob er wusste, was die Alte gemeint hatte. Ich finde, der Satz bedarf auf alle Fälle einer Erklärung. Die Bäuerin aus dem idyllischen Tölz hatte mit dem Kaiser Karl nämlich niemand anderen gemeint als **Karl den Großen**. Der erließ im Jahre 812, zwei Jahre vor seinem Tod, das so genannte **Capitulare de villis et curtis imperialibus**, kurz das »Capitulare« genannt. Das »Capitulare« sollte die optimale Bewirtschaftung der herrschaftlichen Landgüter und somit die Versorgung des Hofes ge-

währleisten. Dem Gartenbau war ein eigenes Kapitel gewidmet, dem eine Liste von 73 Pflanzensorten anhing.
Diese »Dienstanleitung« ist allerdings nicht allein auf dem Mist des hohen Herrschers gewachsen, um es salopp zu formulieren. Ludwig der Fromme, der Sohn Karls, der neben seinen beiden Brüdern vom Vater bei der Verwaltung des großen Reiches mit eingespannt wurde, hatte das **Capitulare** für die Bewirtschaftung der **kaiserlichen Hofgüter** ausgetüftelt. Doch was hat das alles mit einem einfachen Bauerngarten zu tun? Dazu kommen wir gleich.
Die Geschichte des Bauerngartens verliert sich zunächst einmal im Dunkeln der Vergangenheit, denn welcher Historienschreiber hielt es früher schon für notwendig, das Leben des einfachen Volkes zu dokumentieren? Nun, eines ist sicher, der Ursprung des Wortes **Garten** ist im Indogermanischen zu suchen und ist im übertragenen Sinne mit **das Umfasste** zu übersetzen. Das Wesentliche eines Gartens war also schon bei unseren Urahnen seine Umzäunung. Das eigene Stück Land innerhalb des Zaunes galt bei den Germanen sogar als »heilig« und wer den umfriedeten Bereich unbefugt betrat, musste mit einer saftigen Strafe rechnen.
Als dann später die Römer kamen, brachten sie mit dem **Buchs**, der ihnen als Garteneinfriedung diente und der heute noch als eines der **charakteristischsten Merkmale** eines Bauerngartens gilt, auch viel neue Pflanzen mit, die unsere karge Ernteausbeute bereicherten. Auf das Konto der Römer geht auch die an sich simple Erfindung, zwischen den Beeten **kleine Trampelpfade** anzulegen, um Kräuter und Gemüse bequemer erreichen zu können. Man kann also mit Fug und Recht behaupten, dass die traditionelle Form des Bauerngartens dem römischen Hausgarten nachempfunden ist.
Wie so ein **typischer Bauerngarten** nun wirklich auszusehen hat, sehen wir gleich. Bringen wir zunächst endlich das »Capitulare« Karls des Großen mit ins Spiel. Weil damals eigentlich nur die **Mönche** der Klöster und Abteien lesen konnten, wurde die Verordnung auch erst einmal nur in diesen Kreisen bekannt. Das »Capitulare« wurde abgeschrieben und an andere Klöster weitergegeben. Und man begann, das Ganze in den eigenen **Klostergärten**

auszuprobieren und umzusetzen. Da die Blumen, Kräuter, Bäume und Sträucher auf der Liste ausschließlich als **Heilpflanzen** deklariert waren, waren diese Pflanzen natürlich eine große zusätzliche Bereicherung der jeweiligen **Klosterapotheken**. Die Mönche aber waren in erster Linie Männer Gottes und es galt, die Christianisierung voranzutreiben. Dabei wurde neben den Worten der Bibel natürlich ab und zu auch Praktisches weitergegeben und so begannen Form und Inhalt der Klostergärten langsam in die Bauerngärten überzugehen.

Der traditionelle Bauerngarten an sich besticht primär durch seine **symmetrische Aufteilung**, auch wenn sich die Konturen im Laufe des Gartenjahres verwischen, sich zum Beispiel die langen Triebe der **Kapuzinerkresse** ihren eigenen Wege bahnen und der **Phlox** sich elegant über den Buchs neigt. Allen historischen Bauerngärten liegt eine **quadratische Grundform**, mit Kreuzweg und einem Rondell in der Mitte, zugrunde. Im Idealfall erhebt sich in diesem Rondell ein Brunnen, meist begnügt man sich jedoch mit einem runden Blumenbeet.

Die Beete sind von **niedrigen Buchsbaumhecken** umfasst und beinhalten Küchen- und Heilkräuter, Zierblumen und Gemüse.

Der Bauerngarten diente früher dem Hausgebrauch der Bäuerin. Neben den Würzkräutern für Suppe und Braten wurden Blumen für den Herrgottswinkel oder für den Altarschmuck in der Kirche gepflanzt. Galt es eine Hochzeit auszurichten, benötigte man Rosmarin und Myrte für den Brautkranz. Es gab **Kräuter**, die man speziell zum Räuchern und wegen ihrer Heilkraft anbaute wie zum Beispiel Salbei und Beifuß, oder die Hausfrau band sich ein kleines »Riechsträußchen« aus Eberraute und Balsamkraut für den Kirchgang. Zwischen die Seiten ins Gesangbuch gelegt, diente es der Erfrischung bei allzu langen Predigten.

In den Ecken des Gartens fand meist die unscheinbare **Hauswurz**, auch »Donnerbart« genannt, ihren Platz. Wie es der Name schon sagt, schützt diese Pflanze vor **Unwetter**. Kaiser Karl empfahl sogar jedem seiner Untertanen, die Hauswurz auf das Dach zu pflanzen, um so Blitz und Donner abzuhalten.

Im Idealfall ist der Bauerngarten, der meist zwischen hundert und zweihundert Quadratmeter misst, mit Holz umzäunt. Schmiedeeisen oder gar Beton haben rund ums »Bauerngartl« nichts zu suchen. Der **klassische Jägerzaun** ist in Bayern sehr beliebt, er besteht meist aus unbehandeltem Lärchenholz. Geflochtene Zäune, aus **Haselnussruten** zum Beispiel, findet man leider kaum noch. Die »Urumzäunung« des Gartens war jedoch die gute alte Hecke, der so genannte »Hag«.

Je weiter man in die Berge kommt, desto seltener findet man den Buchsbaum als Beeteinfassung. Er könnte in höheren Lagen im Winter vom Schnee erdrückt werden. Im Norden Deutschlands orientiert sich der klassische Bauerngarten an holländischen oder englischen Vorbildern.

Zum Schluss noch etwas »Gartenfeeling« zum Entspannen, nach all den Fakten und Daten, die uns bisher beschäftigt haben: Stellen Sie sich einen lauen Sommerabend in Ihrem Fantasie-Bauerngarten vor. Die Bienen torkeln schön langsam nach Hause, **rote und rosafarbene Stockrosen** stehen hoch und stolz in voller Blüte am Zaun. Die langsam untergehende Sonne prüft eitel ihr Spiegelbild in den **bunten Rosenkugeln** aus Glas und der betörende Duft des Lavendels kitzelt in der Nase.

Die **heilige Gertrud** (17. März), die **Patronin der Gärtner**, hat sich wieder mal so richtig ins Zeug gelegt und so stehen Salbei, Minze, Bohnenkraut und Schnittlauch voll im Saft. Sogar Exoten wie Kreuzkümmel, Wasserminze und Bockshornklee fühlen sich heuer so richtig wohl. Der Kohlrabi schickt sich an, den Rekord vom letzten Jahr zu brechen. Seine dicken Köpfe balancieren schwer und saftig über der Erde. Der Salat muss geerntet werden, sonst schießt er ins Kraut, und die Gurken platzen fast. Die kleinen Halbmonde der Feuerbohne entwickeln sich zu stattlichen, langen Früchten, die, zierlichen Schwertern gleich, in den Ranken hängen.

»Dem Gartenmenschen wird das Jahr zum Riesenjahr – dem Gartenlosen verschrumpft es in der Erinnerung leicht und verliert seine farbige Dramatik.«

Dieses Zitat stammt von **Karl Foerster** und ist dem Buch »Unser Bauerngarten« von J. A. Meggle entnommen. Alle aufgeführten Pflanzen aus diesem Kapitel, außer Kapuzinerkresse und Phlox, die erst später Einzug in unsere Gärten fanden, entstammen der **Capitulare de villis**.

Nächstes Jahr sind Artischocke, Mangold, Drachenwurz und Pastinaken dran und vielleicht setzen wir neben den **Kirschbaum**, unter dem wir gerade sitzen, eine Zwetschge – wer weiß!

Bier

Über die Bayern und ihr Bier zu schreiben ist kein leichtes Unterfangen, denn gerade auf diesem Gebiet gibt es viele Profis, die einem mit ihrem Fachwissen bei weitem übertrumpfen.
Ich versuche es trotzdem! Zwischen den beiden – dem Bayer und dem Bier – besteht unumstritten eine dicke Freundschaft. Und auf der ganzen Welt weiß man davon. Den kleinen weißblauen Freistaat – aus der Sicht von größeren Ländern natürlich – und den **goldenen Gerstensaft** bringt man automatisch miteinander in Verbindung. Dazu trägt vor allem das größte Bierfest der Welt, das **Münchner Oktoberfest**, bei; doch darüber können Sie in einem extra Kapitel nachlesen.
Bier steht in Bayern für Gemütlichkeit. Darüber sind sich alle einig, von den Politikern, über die Kabarettisten und Schauspieler bis hin zu den Wirtschaftsbossen und den Königstreuen. Hab' ich jemanden vergessen? Das Bier ist untrennbar mit dem **Biergarten** und dem Wirtshaus und seinem Stammtisch verbunden. Dazu sei gesagt, dass die Oberpfälzer angeblich eine besonders hohe »Stammtischdichte« vorzuweisen haben.
Der **Stammtisch** ist bis heute eine reine Männerdomäne geblieben, wobei es die unterschiedlichsten Arten von Stammtischbrüdern gibt. Doch das nur nebenbei, denn es wird auch woanders und in anderen Lebenslagen getrunken: In den eigenen vier Wänden, auf dem Bau, auf Bierfesten und anderen Feierlichkeiten – in Bayern eigentlich immer und überall. Ja, man spricht hierzulande sogar von einer wahren **Bierkultur**, welche ausgiebigst gehegt und gepflegt wird.

Über den schäumenden Gerstensaft lässt sich trefflich philosophieren und streiten. Über jeden Streit erhaben ist allerdings seine Herstellung. Im Jahre 1516 erblickte das berühmte **Bayerische Reinheitsgebot** das Licht der Welt, nach dem heute noch überall gebraut wird. Wer in Indien schon einmal ein mit Glyzerin versetztes Bier getrunken hat, damit es bei subtropischer Hitze wenigsten fünf Minuten lang kalt bleibt, weiß dieses Gebot zu schätzen.

Herzog Wilhelm IV., ein Schüler des Geschichtsschreibers Aventinus, verkündete jedenfalls im 16. Jahrhundert diesen Erlass, nach dem einzig Gerste, Hopfen und Wasser zum Brauen des edlen Getränks erlaubt waren. Neben der Gerste ist nur noch der Weizen zur Malzherstellung und seit dem 19. Jahrhundert die Bierhefe zugelassen. Daran hält man sich bis heute – und das nicht ohne Stolz. Sehr zum Leidwesen der bayerischen Ureinwohner und vor allem der Brauer, von denen es vor dem Ersten Weltkrieg noch siebentausend in Bayern gab – heute zählt man nicht einmal mehr siebenhundert –, ist die Erfindung des **Nationalgetränks** nicht auf dem eigenen Mist gewachsen. Bevor wir uns also nun in die Verkostung stürzen und ganz nebenbei noch etwas über das **bayerische Bierbrauchtum** lernen, bleiben wir erst einmal auf dem Trockenen und folgen dem Bier zurück in die Geschichte.

Einer Vermutung nach – von einer historisch belegten Überlieferung kann man nun wirklich nicht sprechen – rührte einst eine Frau aus der **Steinzeit**, wohl durch reinen Zufall, einen Sud an, der in seiner Weiterverarbeitung eigentlich dem Brotbacken dienen sollte. Vielleicht vergaß sie ja das Backen, weil ihr Mann von der Jagd heimkam und einen riesigen Mammut hinter sich herschleifte. Die Flüssigkeit begann jedenfalls zu gären und die beiden stießen damit vielleicht gemeinsam auf den Jagderfolg an. Danach verlieren sich diese rudimentären Anfänge recht schnell wieder im Dunkeln, doch in Vergessenheit geriet der Saft und der Prozess des Gärens offensichtlich nicht.

Den **Sumerern** (4. Jahrhundert vor Christus) und **Ägyptern** war das Brauen von Bier jedenfalls durchaus bekannt. Am Unterlauf des Euphrat fanden Archäologen bei Ausgrabungen eine Tonvase, die zwei Frauen zeigt, die aus einem Behältnis zweifelsfrei den Gerstensaft trinken. Der Bierkonsum war damals sogar relativ hoch: Rund vierzig Prozent der Getreideernte wurde zur Bierherstellung verwendet. Die Sumerer brachten das Getränk sogar ihrer **Göttin der Fruchtbarkeit** als Opfergabe dar.

Die Germanen tranken derweil ein **schreckliches Gebräu**, das entfernt an Wein erinnerte und dem Geschichtsschreiber Tacitus zufolge **schlimme Kopfschmerzen** bescherte. Zudem soll das Ganze auch noch furchtbar nach altem Ziegenbock gerochen haben! Im 2. oder 3. Jahrhundert nach Christus etablierte sich dann das »Bier« in unseren Gefilden, was Ausgrabungen nahe Regensburg beweisen. Dort fand man in den 80er-Jahren des 20. Jahrhunderts eine Ansiedlung der Römer mit den zur Bierherstellung notwendigen Maischebecken. An die sechstausend Soldaten wurden damals anscheinend mit dem **Malztrunk** versorgt.

Wovon das Wort »Bier« abstammt, ist allerdings bis heute nicht eindeutig geklärt. Sie können wählen zwischen dem lateinischen »bibere«, was umgangssprachlich »trinken« heißt, oder dem althochdeutschen »bior«, die damalige Bezeichnung für das Bier.

Trotzdem trank man in Bayern weiterhin »Wein« – und das bis ins **Mittelalter** hinein. Das so genannte »Bier« setzte sich dann erst einmal, ganz allmählich, in den Familien durch. Man »braute« für den Hausgebrauch. Das war ausschließlich die Aufgabe der Frauen. Das Reinheitsgebot lag noch in weiter Ferne und so rannen recht eigenwillige Kreationen in flüssiger Form die Kehlen hinunter: Bier aus Tannenzapfen, Hanf, Hirse, Ochsengalle (!) und Johanniskraut. Manche findigen Hausfrauen mischen sogar Ruß und Asche darunter, um eine schöne dunkle Farbe zu erzeugen und um den Alkoholgehalt zu steigern – was im Grunde auch die Aufgabe der Ochsengalle war. Hell wurde das Bier übrigens erst nach dem Ersten Weltkrieg.

Doch der Reihe nach: Neben dem eigenartigen, meist sauren Hausbier gab es im Mittelalter den **honigsüßen Met** und – ja, jetzt kommt's! – das erste **Klosterbier**. Schon früh hatten die Mönche

hinter ihren dicken Klostermauern begonnen zu brauen. Das mehr oder weniger nahrhafte Getränk wurde allerdings nur zum Hausgebrauch, als Ergänzung der Nahrung während der **entbehrungsreichen Fastenzeit** zum Beispiel, produziert. Die ersten richtigen **Klosterbrauereien** entstanden Mitte des 11. Jahrhunderts in Weihenstephan (Lkrs. Freising) und Weltenburg (Lkrs. Kehlheim).
Im Laufe der Zeit wurden dann immer mehr Brauereien gegründet, wobei schon recht früh Auseinandersetzungen über die Reinheit des Gebräus entbrannten. Bereits 1156 drohte Kaiser Barbarossa den Bierpanschern mit Berufsverbot und empfindlichen Geldbußen. Ab 1293 verwendete man in Nürnberg nur noch Gerste zum Brauen; 1447 zogen die Münchner nach. Sie legten sich auf Hopfen, Gerste (Braugerste) und Wasser fest. Dieses Gebot wurde 1493 auf Niederbayern und Teile Oberbayerns erweitert. 1516 erarbeitete Wilhelm IV., wie wir wissen, zusammen mit Ludwig X. das Reinheitsgebot, das 1551 noch durch die so genannte Untergärung erweitert wurde – übrigens auch auf Veranlassung Herzog Wilhelms.
Bis dahin hatte man nämlich ausschließlich mit der »warmen Gärung«, der Obergärung, gearbeitet. Leider wurde das Bier dadurch schnell schlecht; es wurde sauer. Durch den neuen **Zusatz im Reinheitsgebot** durften die Brauer ab der Mitte des 16. Jahrhunderts nur noch im Winter, bei niedrigen Temperaturen, brauen. Und zwar genau zwischen **Michaeli** am 29. September und **Georgi** am 23. April. Das letzte Bier, das so genannte Märzenbier, wurde stärker gehopft und eingebraut, damit es den Sommer über, in **tiefen Kellern auf Eis** eingelagert, länger hielt (Merk, G. u. Sauer, Chr.). Lediglich das Weizenbier, das Weißbier, wurde und wird obergärig gebraut.
Heutzutage wird natürlich das ganze Jahr über Bier produziert, denn mit der Erfindung von Kälteanlagen ist der moderne Brauer unabhängig von der Witterung geworden. Das Reinheitsgebot hat seit 1906 in ganz Deutschland seine Gültigkeit und ist im Biersteuergesetz verankert. Importierte Biere werden in Bayern auch getrunken. Denkt man dabei allerdings an die vielen Zusatzstoffe,

kann es einem schon schlecht werden: Gummiarabicum zum Stabilisieren des Schaums, Schwefelsäure und Tannin, das bereits erwähnte Glyzerin, Zucker und Sirup zur Geschmacksverbesserung. Da kann man sich über Reis, Hirse und Mais als Ersatz für Gerste und Weizen fast schon wieder freuen.

Doch bleiben wir beim einheimischen Bier, wo doch gerade hierzulande auch noch ein Hauptbestandteil des Produkts wächst: der **Hopfen**. Die **Hallertau**, Deutschlands größtes Hopfenanbaugebiet, liegt nördlich von München, praktisch vor der Haustüre der Landeshauptstadt. Der Hopfen, ein Gewächs aus der Familie des Hanfs, klettert an langen Stangen der Sonne entgegen. Diese **Stangenfelder** prägen schon seit rund 150 Jahren den sanft hügeligen Landstrich der Hallertau.

Seit dem Mittelalter ist »humulus lupulus«, der Hopfen, als Heil- und Würzmittel bekannt. **Grünes Gold** wird er auch genannt. Früher gab es in Bayern nur eine einzige Hopfensorte, den »Hallertauer Mittelfrüher«. Heute pflanzt jeder Landwirt etwa vier bis fünf verschiedene Sorten an. Geerntet wurde der Hopfen bis in die 60er-Jahre hinein von den Hopfenzupfern: Erntehelfern aus den angrenzenden Ländern, die den Bauern und deren Familien für ein paar Wochen zur Hand gingen. Beginn der **Hopfenernte** war traditionell der 6. September, der Tag des **heiligen Magnus**. Heute übernehmen diese anstrengende Arbeit Pflückmaschinen. Das Hopfenzupfen endete damals mit einem großen Fest, dem Hopfenmahl. Und mit Sicherheit ließ der Bauer zu diesem Anlass einige Fässer Freibier springen.

Doch wenden wir uns endlich dem Bier an sich zu. Nach so viel trockener Historie haben Sie sich eine **schaumgekrönte Halbe** wirklich verdient! Oder greifen Sie lieber gleich zur Mass? Die **Mass Bier** war in früheren Zeiten dermaßen gang und gäbe, dass man diesen Begriff als Zeiteinheit gebrauchte. Quengelte zum Beispiel der Bub im Wirtshaus: »Vater, wann geh' ma endlich hoam?«, brummte dieser genervt: »Zwoa, drei Mass werst scho no wart'n müss'n!«

Die Mass war in Bayern auch eine eigene Maßeinheit und ist es bis heute geblieben. Exakt **1,069 Liter** sollten sich in einem gut eingeschenkten Bierkrug befinden. Wenn dies nicht der Fall ist, dürfen Sie bei der Kellnerin reklamieren. Oder Sie begeben sich gleich in die Höhle des Löwen, sprich zum Schankmeister, und sprechen ihn auf sein schlechtes Augenmaß an. Freuen wird er sich über Ihr Erscheinen nicht, eher »z'wider« wird er reagieren, wie das in der Mundart heißt, aber er wird immer auffüllen. Da lässt sich ein Bayer nicht lumpen, das ist Ehrensache!

Die Mass Bier wurde in Verträgen früher sogar als **Zahlungsmittel** angegeben. Nicht selten wurden Mägde, Knechte und auch städtische Dienstboten zum Teil mit Bier entlohnt. Altbauern, die in den Austrag gingen, also ins Nebengebäude, ins Austragshäusl, zogen, hatten ein vertragliches Recht auf eine bestimmte Menge Bier am Tag. Das Gleiche galt für ausbezahlte Geschwister von Hoferben.

Bis ins 20. Jahrhundert hinein galt Bier vor allem in Südbayern als **Nahrungsmittel** und stand in manchen Gasthäusern auf der Speisen- und nicht auf der Getränkekarte. Vom Arzt wurde der beliebte Gerstensaft zudem als **Heilmittel** verordnet. Nach langen, schweren Krankheiten trank man Bier, um wieder auf die Beine zu kommen. Bei geschwächten Wöchnerinnen bewirkte es wahre Wunder und verhalf so manchem Baby via Muttermilch zu ersten Rauscherlebnissen.

Kommen wir zum Bier als **Genussmittel**. Damit es uns allen so richtig schmeckt und der Gerstensaft süffig die Kehle hinunterrinnt, legen sich die Brauereien auch so richtig ins Zeug. Und weil alle die gleichen Zutaten verwenden, behält ein jeder Brauer das Geheimnis um sein gutes Bier schön brav für sich. Viele verschiedene Faktoren, zum Beispiel der **Röstgrad des Malzes** oder wie lange die **Stammwürze** in der Sudpfanne gekocht wird, machen die Unterschiede zwischen den hunderten von Biersorten aus.

In Bayern sind die Brauer Profis. Kein Wunder, befindet sich doch jede dritte Brauerei – weltweit! – unter weißblauem Himmel. Im Konsumieren ihres Nationalgetränks sind die »Ureinwohner« natürlich auch einsame Spitze. Zwischen 150 und 175 Liter liegt der Pro-Kopf-Verbrauch im Jahr. Der Rest Deutschlands hat sich bei kläglichen 123 Litern eingependelt. Weltmeister im Biertrinken sind allerdings schon seit geraumer Zeit die Tschechen und die Iren.

Das höchste Lob eines Braumeisters bei der ersten Verkostung seines Bieres wird seit alters her mit nur einem einzigen Satz formuliert: »Das ist ein Bier, es reizt zum Weitertrinken!« Diese Worte müssen Sie sich freilich in den jeweiligen regionalen Dialekten vorstellen – aber gesagt wird er angeblich überall. Vorausgesetzt natürlich, das Bier ist wirklich gut. Um alle Biersorten, die landesweit gebraut werden, aufzuzählen, fehlt uns hier eindeutig der Platz. Doch die wichtigsten und gängigsten möchte ich Ihnen keinesfalls vorenthalten.

Über das gewöhnliche **Helle** gibt es nicht viel zu sagen – oder besser, ich setze einfach eine gewisse Grundkenntnis voraus. Den gänzlich »Unkundigen« sei gesagt: Wenn Sie in Bayern ein »Helles« bestellen, ist das automatisch mit einer **Halben** verbunden. Sie bekommen also einen halben Liter (helles) Lagerbier serviert. Prost!

Das **Dunkle** ist das **traditionsreichste Bier** in Bayern. Früher gab es ausschließlich dunkles Bier, das änderte sich, wie bereits erwähnt, erst nach dem Ersten Weltkrieg. Bier wird durch die Zugabe von Dunkelmalz, Farbmalz oder Zuckercouleur dunkel. In kleinen – aber feinen – Brauereien entsteht die satte braune Färbung allerdings durch einen bestimmten Röstgrad, den das helle Malz erreichen muss. Der Rest bleibt Geheimnis. Es gibt Biere, die durch dieses Verfahren fast schwarz sind und unvergleichlich gut schmecken!

Nun kommen wir zum so genannten **Export**. Dieses Bier unterscheidet sich insofern vom hellen Lagerbier, dass es eine höhere Stammwürze hat. Die Stammwürze bezeichnet den Anteil der löslichen Stoffe, z. B. Malzzucker, Eiweiß, Vitamine und Spurenelemente, in der Würze vor der Gärung. Das Exportbier wurde früher tatsächlich ausschließlich exportiert, und das bereits im Mittelalter. Den Namen des Bieres hat man beibehalten – exportiert wird es natürlich, neben vielen anderen Sorten, immer noch.

Das **Pils** schmeckt besonders bitter und herb. Es ist das weltweit berühmteste Bier und glänzt mit einer besonders steifen Schaum-

krone im eleganten Glas mit Stielbein. Es stammt eigentlich aus der tschechischen Stadt Pilsen – daher der Name –, ist aber trotzdem ein durch und durch bayerisches Bier. Denn in Pilsen arbeitete damals ein niederbayerischer Brauer. Er erfand das **kühle Blonde** in der Mitte des 19. Jahrhunderts und ziemlich bald danach trat das Pils bereits seinen Siegeszug rund um die Welt an.
Vom Pils ist es eigentlich gar nicht mehr weit zum **Weißbier** oder »Weizen« – vom Glas her gesehen jedenfalls. Denn auch das Weißbier liebt lange, schlanke Gläser, die zum Einschenken aus der Flasche schräg gehalten werden, damit sich eine schöne Schaumkrone bilden kann. Das Weißbier hat allerdings ein paar Jahrhunderte mehr auf dem Buckel: Es wurde Ende des 16. Jahrhunderts erfunden. Das Weißbier ist natürlich nicht weiß. Seine Farbpalette reicht über golden und bernsteinfarben bis hin zu einem sanften Orangerot. Es wird obergärig eingebraut und wirkte in früheren Zeiten neben dem dunklen Bier eben recht hell, also »weiß«. Erfunden wurde das Weißbier in Böhmen und im Bayerischen Wald. Das erste bayerische Weißbier kam aus Niederbayern.
Man mag es kaum glauben, aber als eines der jüngeren Biere geht der **Bock** in die **bayerische Biergeschichte** ein. Er wurde 1614 im Münchner Hofbräu aus der Taufe gehoben. Zuvor gab es das Bockbier nur im hohen Norden Deutschlands. Erfunden wurde es 1531 in der Nähe von Hannover. Zu **Luthers Hochzeit** soll es übrigens in Strömen geflossen sein. Das Bockbier ist also ein waschechter »Zuagroaster«. Das ist schwer zu verkraften! Nun, wir haben ja noch Gott sei Dank das starke Märzenbier, doch dazu kommen wir später.
Jedes Jahr im Frühjahr wird seit 1780 auf dem **Münchner Nockherberg** die **Starkbierzeit** eingeläutet und dann gibt es für kurze Zeit all die guten Bockbiersorten der verschiedenen Brauereien, auf die eingeschworene Bierfans schon warten. Auslöser dieser Starkbierzeit waren einst die **Mönche** des Paulanerklosters in der **Münchner Au**. Sie kreierten anno 1630 ein besonderes Bier, den so genannten »Salvator«, um während der Fastenzeit (siehe gleichnamiges Kapitel) von Aschermittwoch bis Ostern nicht vom Fleisch zu fallen.

150 Jahre später erlaubte Kurfürst Karl Theodor den findigen Mönchen den öffentlichen Verkauf ihres Starkbieres. Heutzutage hören die Bock- und Doppelbockbiere auf so gewichtige Namen wie »Maibock«, »Doppelbock« oder gar »Triumphator« – nicht zu verwechseln mit dem »Terminator« aus Übersee –, »Optimator« oder »Arcolator«!

Da kommt das bereits erwähnte **Märzenbier** vom Namen her fast schon leicht daher – wie eine Frühlingsbrise eben. Doch das täuscht. Das Märzenbier war traditionell das letzte Bier, das die Brauer vor der Erfindung der Kältemaschine herstellten, bevor es in die erzwungene Sommerpause ging. Damit es sich besser hielt, wurde es stärker eingebraut. Den Alkoholgehalt eines Bockbieres erreicht der Märzen trotzdem nicht. Der Bock bringt es auf bis zu 6,8 Prozent; das Märzenbier wartet mit »nur« 5,3 Prozent auf.

Ausgeschenkt wird das **letzte alte Bier**, wie das Märzenbier auch genannt wird, traditionell im Herbst. Natürlich kann man es heutzutage das ganze Jahr über kaufen und trinken, doch eigentlich ist der Märzen das klassische Bier der **Herbst-Bierfeste**. Auf dem Münchner Oktoberfest wurde es früher zum Beispiel fast ausschließlich ausgeschenkt. Wenn zur Hopfenernte im Spätsommer das neue Bier gebraut und anschließend eingelagert wurde, mussten die Bierkeller leer sein und das »alte Bier« fand dann seinen Weg in die Schänken. Im Bayerischen Wald und in Niederbayern bieten die Wirte heute noch von September bis Ende Oktober Märzenbier an.

Den Brauch, im Herbst Bierfeste auszurichten, gibt es in ganz Bayern. In der nördlichen Oberpfalz existiert aber zum Beispiel ein **Bierbrauch**, den man in ähnlicher Form nur in Franken kennt: der **Zoiglstern**. Dieser Stern wies einst den Weg der Durstigen zum so genannten Zoigl, einem untergärigen, dunklen Lagerbier, das in kleinen Mengen nur im Sommer, zwischen April und September, gebraut wurde. Es war nur für die Einheimischen zur Erfrischung nach einem harten und heißen Tagwerk auf dem Feld gedacht. Zum Brauen des Zoigls wurden jeweils drei Bürger ausgewählt, die sich vorher um das Braurecht für einen Sommer bewerben konnten. Am

Ende entschied das Los, wer sich mit dem Ausschank des Zoigls ein kleines Zubrot verdienen konnte. Ein sechseckiges, sternförmiges Schild wies den Weg zur provisorischen Sommerschänke. Während dieser Zeit erledigten die anderen Dorfbewohner die Feld- und Stallarbeit der drei Brauer, damit diese sich ganz auf die Produktion konzentrieren konnten. **Zoiglbier** bekommt man heute noch in der **Oberpfalz** während der Sommermonate. Man muss nur die Augen offen halten und nach dem Stern Ausschau halten.
Wenn Sie im Mai in der Oberpfalz unterwegs sind, dann lassen Sie sich keinesfalls das grenzüberschreitende **Bierfassrollen** entgehen! Im Rahmen eines zünftigen Bierfestes, mit so eigenartigen Wettbewerben wie zum Beispiel dem »Bierfilzlwerfen«, werden Bierfässer auf einer über fünfzig Kilometer langen Strecke über die tschechisch-bayerische Grenze gerollt. Der Schnellste darf zur **Weltmeisterschaft** (!), um uns auf internationalem Parkett zu vertreten.
Bevor wir nun endlich miteinander anstoßen, gedenken wir noch kurz dem **Radler** und dem **Russ'n**. Das sind keine Stammtischbrüder, sondern Bier-Limo-Gemische. Die beiden sind vor allem in der heißen Jahreszeit sehr beliebt und schmecken auch richtig gut. Der Russ' hat als Basis ein Weißbier. Das Radler dagegen ist eine Symbiose aus Zitronenlimonade und einem einfachen Hellen.
Also, jetzt hoch die Tassen! Verzeihung – die Krüge natürlich. Und schon scheiden sich wieder die Geister. Früher kamen ausschließlich **Steingutkrüge** auf den Tisch. Sogar auf der Wiesn, dem Münchner Oktoberfest, hatte anno dazumal ein Glaskrug nichts zu suchen. Der graue schwere Krug, der so genannte **Keferloher**, benannt nach seinem Herstellungsort, – ursprünglich einmal schlicht in Braun gehalten – hat heute noch seine Liebhaber. Das Bier soll daraus besser schmecken und sich länger schön kühl halten. Und wer als gestandener bayerischer Politiker verbergen möchte, dass er anstatt Bier lieber Salbeitee trinkt, kann dies mit einem Steingutkrügerl auch besser handhaben.
Beachten Sie beim Anstoßen, dass man in Bayern nach dem Berühren der Gläser den eigenen Krug – oder das Glas – noch einmal

kurz auf der Tischkante absetzt, bevor man das Gefäß zum Munde führt. Dass man sich beim Zuprosten in die Augen schaut, gebietet allein schon die Höflichkeit; außerdem bringt das Glück. Ein laut hervorgebrachtes **Prost** rundet das Ritual ab. Den Satz »Schwoam ma's obi!« rate ich Ihnen nur an, wenn Sie den bayerischen Dialekt einigermaßen beherrschen. Ansonsten genießen Sie einfach still Ihr Bier und danken dem **heiligen Florian**, dem heiligen Augustinus, dem Bonifaz, dem Nikolaus und dem **heiligen Vitus**, denn sie alle halten als **Schutzpatrone** ihre segnenden Hände über den Gerstensaft und seine Braumeister!

Brotzeit

Durch die Blätter mächtiger Kastanien flirrt das Sonnenlicht. Es ist der erste richtig warme Tag im Jahr und die Menschen strömen in die **Biergärten**. Die meisten von ihnen sind schwer bepackt mit geflochtenen Weidenkörben, in denen sich **mitgebrachte Köstlichkeiten** stapeln. Brotzeit heißt das magische Wort in Bayern und am liebsten wird ihr mit einer **Mass Bier** unter freiem Himmel gefrönt. Aber zuallererst ist die Brotzeit einmal ein Lebensgefühl, das es so nur im Süden Deutschlands gibt. Mit dem Begriff verbindet man hier Gemütlichkeit und absolutes Wohlbefinden und für manche Einheimische ist die Brotzeit geradezu zu einer Philosophie geworden.

Entwickelt hat sich diese Form der **Zwischenmahlzeit** aus dem bäuerlichen Alltag heraus. Früh am Morgen begann auf dem Land – und beginnt heute noch – der Tag mit der Stallarbeit; bevor es dann danach aufs Feld hinausging, stärkte man sich mit Brot, Käse, Bier oder Milch. Kam man am späten Nachmittag auf den Hof zurück, gab es noch mal eine Brotzeit. Erst später am Abend setzte man sich zum gemeinsamen Nachtessen an den Tisch.

Das Schöne an der Brotzeit ist, dass sie weder an einen Ort noch an eine bestimmte Zeit gebunden ist. Brotzeit macht man nach einer anstrengenden **Bergtour** oben auf dem **Gipfel** mit atemberaubender Fernsicht oder man verzehrt anstatt des Nachmittagskaffees ein Salamibrot auf der Terrasse und trinkt ein Helles. Am Vormittag, so gegen zehn, schicken die Leute vom Bau – hier stellvertretend für viele Berufsgruppen genannt – meist ihre Lehrlinge um eine Brotzeit zum Metzger. **Warmer Leberkäs** in der Semmel, im Brötchen also, ist der beliebteste Pausensnack zu dieser Tageszeit, auch wenn man uns per Fernsehwerbung etwas anderes weismachen will.

Heute weiß natürlich jedes Kind, dass im Leberkäse weder aromatischer Käse noch frische Leber vorkommen. Seine Form, nämlich die eines kastenförmigen Brotlaibes, hat ihm den irreführenden Namen gegeben. Zusammengesetzt ist er gemeinhin aus Ochsenbrat, Speck, Zwiebeln, Majoran, Muskat, Salz und Pfeffer, wobei die genaue Zutatenliste meist ein Geheimnis des Metzgermeisters bleibt und sich so mittlerweile unendlich viele Variationen entwickelt haben. Ein berühmter Verwandter des Leberkäses ist der Kalbskäs'.

Die einzige Brotzeit, die streng an ein Zeitlimit gebunden ist, erblickte im 19. Jahrhundert das Licht der Welt. Direkt am **Münchner Marienplatz**, in der Gastwirtschaft »Zum ewigen Licht« wurde die **Weißwurst** geboren. Dem Metzgergesellen Joseph Moser waren am Faschingssonntag anno 1857 einige wesentliche Zutaten, nämlich das Brat und die hauchdünnen Därme zum Stopfen, für seine Kalbsbratwürstl ausgegangen. In seiner Not nahm er die dicken Därme, die er in seiner Wurstkuchl noch vorrätig hatte, und wurstelte, im wahrsten Sinne des Wortes, aus Resten eine neue Wurstsorte zusammen. Die blassen Dinger, die dabei entstanden, ließ er im heißen Wasser ziehen und heraus kam die Weißwurst.

Sie soll, wie jeder weiß, das **12-Uhr-Läuten**, die Mittagsglocken, nicht mehr hören und hat es zu solch einer Berühmtheit gebracht, dass nach ihr sogar ein scheinbarer Grenzverlauf benannt wurde: der **Weißwurstäquator**.

Am besten schmeckt die Weißwurst mit einer **frischen Breze** und einem **groben Hausmachersenf**. Bei der Art des Verzehrens scheiden sich bis heute die Geister. Der eine »zutzelt« sie genüsslich aus ihrer Pelle, was nicht besonders appetitlich aussieht, der andere schneidet sie in Scheibchen und isst sie mitsamt der Haut. Ein Dritter lässt die Pelle links liegen und labt sich ausschließlich am

Inneren der Wurst. Weißwürste müssen aus mindestens 51 Prozent Kalbfleisch bestehen und sind mit Zitrone, Petersilie, Muskatblüte, Zwiebel und weißem Pfeffer gewürzt.
Nahe Verwandte der Weißwurst dürfen sich bekanntlich auch abends auf den Tellern der Genießer tummeln. Da sind, unter anderen, die Wollwurst, die Pfälzer und das Kalbsbratwürstl zu nennen. Heute isst man die Weißwust im Grunde, wann man will. Die Möglichkeit, Nahrung lange frisch zu halten, hat sich schließlich, im Gegensatz zu früher, auch entschieden verbessert; außerdem verlässt die Wurst ihren Entstehungsort nicht mehr ungebrüht. Die Gastwirtschaft **Zum ewigen Licht** gibt es übrigens heute noch, wobei man sich unter einer Traditionsgaststätte sicher etwas anderes vorstellt. Nichtsdestotrotz, die Currywurst schmeckt hier ganz hervorragend.
Bleiben wir noch ein bisschen bei den Würsten. Ein beliebtes Brotzeitwürstl ist der eckig-knackige **Landjäger**, aber auch die **Kabanossi** ist nicht zu verachten. Die **Wiener** ist ohnehin nicht totzukriegen. In Wien heißt diese Wurst übrigens Frankfurter. **Schweinswürstl mit Kraut**, Dicke, Regensburger und Lyoner, die **Leoni**. Letztere wird gerne in hauchdünne Scheiben geschnitten und mit Zwiebelringen zum Wurstsalat verarbeitet.
Die Wurstvielfalt ist hierzulande unendlich groß. Ganz zu schweigen von den anderen Schmankerln, die Sie beim Metzger für Ihre gemütliche Brotzeit erstehen können. Da haben wir zum Beispiel den **Presssack** – rot oder weiß, ganz nach Belieben –, die Knöcherlsülze, **Geselchtes** oder **Geräuchertes**, Ochsenmaulsalat und das Ripperl. Das so genannte »Schmankerl« bezeichnet im Grunde kleine Leckerbissen, die man in der Regel zwischen den Mahlzeiten zu sich nimmt.
Der Brauch, sich sein eigenes Essen mit in den Biergarten zu bringen, stammt übrigens aus jener Zeit, als den Besitzern und Betreibern von großen Bier- und Lagerhallen – meist vor den Toren der Stadt – zwar erlaubt war, ihren Gerstensaft an die Leute auszuschenken, der Verkauf von Speisen jedoch ausschließlich den Gastwirten vorbehalten war. In den großen städtischen Wirtshäu-

sern war das Mitbringen von Brotzeit nur in der **Schwemme** gestattet, also in dem Raum, in dem die Bierkrüge gewaschen, ausgeschwemmt, wurden.
Zu einer **original bayerischen Brotzeit** gehört natürlich auch der **Radi**, der weiße Rettich. Er wird hauchdünn aufgeschnitten – es gibt extra Radimesser im Handel, die dem Radi die Form einer dekorativen Girlande geben – und dann kräftig eingesalzen, bis er »weint« oder »schwitzt«. Das kleine rote **Radieserl** hat auf dem Brotzeittisch auch seine Daseinsberechtigung, aber dann hat es sich auch schon wieder mit dem Gemüse.
Wie wir alle wissen, der Bayer an sich mag's deftig. Norddeutsche Menschen lernen dies in Sendungen wie dem »Komödienstadel«. Da essen die Einheimischen auf der Theaterbühne zu Mittag grundsätzlich **Schweinsbraten mit Knödel** und zur Brotzeit immer einen Leberkäs oder ein Stück vom Geräucherten. Beides wird elegant mit der Messerspitze aufgespießt und zum Mund geführt. Bei so viel Freude an Deftigem wird klar, warum sich der Bayer auch beim Käse geradezu in die Extreme stürzt: Die übelriechendsten Vertreter dieser Spezies, der **Limburger** und der **Romadur**, landen regelmäßig auf den bayerischen Brotzeittellern.
Doch auch die milderen Sorten des beliebten Milchprodukts, wie Appenzeller, Emmentaler und andere **Bergkäse**, kitzeln gerne bayerische Gaumen. Hinzu kommt eine Kreation, die es als solche nur im Freistaat gibt: der **Obatzde**. Ein sehr reifer Camembert wird mit verfeinernden Zutaten zusammengemanscht, »gebatzt« also, und mit Paprikapulver bestäubt serviert. Auch wenn man nun das Gegenteil annehmen möchte, der »Obatzde« ist eine Delikatesse!
Etwas ganz Wesentliches fehlt natürlich neben dem Bier oder dem Radler zur Brotzeit, denn wo streichen wir unseren Obatzden oder zum Beispiel das **Griebenschmalz** und die Butter nun drauf? Da haben sich die bayerischen Bäcker schon sehr früh allerhand einfallen lassen.
Neben den berühmten **Brezen** findet man in ihren Auslagen Laugensemmeln, die so genannten **Kastanien**, oder **Laugenstangerl**.

Semmeln in allen Variationen, mal mit, mal ohne Körner, Dukaten, Milchsemmeln oder Krustis, und natürlich gibt es unendlich viele Brotsorten. Vom einfachen **Bauernbrot** über Vollkornbrote bis hin zum **Kümmellaiberl** oder dem neumodischen Walnussbaguette. Sie haben die Qual der Wahl. Guten Appetit!

Christi Himmelfahrt

Manch einer mag sich vielleicht schon einmal gefragt haben, warum mitten im Gewölbe einiger Barockkirchen ein kreisrundes Loch klafft, das im Volksmund sogar einen eigenen Namen hat: **Heilig-Geist-Loch**. Damit ist leider noch gar nichts erklärt! Denn, wie wir alle wissen, brauchen weder der Allmächtige noch der Heilige Geist ein Loch im Gemäuer, um uns arme Sünder auf Erden beim Beten zu beobachten. Die beiden besitzen bekanntlich ganz andere außergewöhnliche Fähigkeiten, um von einem Ort zum anderen zu gelangen.

Mit dem Loch hat es etwas Besonderes auf sich. Im oberbayerischen Anzing (Landkreis Erding), in der Stiftskirche zu Baumburg (Landkreis Traunstein), in Wasserburg (Landkreis Ebersberg) oder zum Beispiel in Mittenwald (Landkreis Garmisch-Partenkirchen) können Sie alljährlich im Mai, am so genannten **Auffahrtstag**, ein wahres Wunder erleben – zumindest die szenische Darstellung eines solchen.

Vierzig Tage nach Ostern begeht man seit dem späten 4. Jahrhundert eines der größten Kirchenfeste im Jahreslauf: **Christi Himmelfahrt**. Davor hatte man sich nicht auf einen speziellen Termin festlegen können.

Also feierte man die »Auffahrt« des Herrn in einem Aufwasch mit Pfingsten, sprich fünfzig Tage nach Ostern. Schon damals war es vor allem im Bayerischen Wald und im niederbayerischen Raum der Brauch – quasi unterstützend –, an diesem hohen Feiertag nur Geflügel, hauptsächlich Tauben, zu essen. **Fliegendes Fleisch** nannte man zu der Zeit dann auch passenderweise das liebe Federvieh. Im Allgäu backte man zum selben Anlass süße **Brotvögel**, die an die Kinder verteilt wurden.

Doch zurück zu unserem Heilig-Geist-Loch. Direkt darunter steht am »Auffahrtstag« ein geschmückter Tisch. Darauf eine Statue des Heilands, der in der Hand die Sieges- oder **Osterfahne** hält. Aus seinem Kopf ragt ein dickes, straff gespanntes Seil. Flankiert wird der **Sohn Gottes** von zwei putzigen Engeln, die an extra Schnüren befestigt sind. In ihren Armen halten sie echte, flackernde Kerzen.

Umrahmt vom Geläut der **Glocken**, bewegt sich der auferstandene Christus nun langsam per Seilwinde gen Himmel, während die Engel einzeln und in Handarbeit hochgezogen werden. Fast scheint es, als würden sie den nach oben Strebenden umflattern. Früher wurde ganz genau darauf geachtet, in welche Richtung sich der Heiland während seiner Himmelfahrt drehte. Blickten seine Augen nach Süden, dann war von dort das nächste Unwetter zu erwarten. Das Gleiche galt natürlich auch für die verbleibenden drei Himmelsrichtungen. »Wo sich unser Herrgott hindreht – da der Wind hergeht«, heißt heute noch ein altes Sprichwort (Rattelmüller, P. E.: Bayerisches Brauchtum im Jahreslauf).

Unser Holzjesus landet selbstverständlich nicht im wirklichen Heiligenhimmel, sondern auf dem Dachboden des Gotteshauses, wo der Mesner schon wartet, um ihn von seinen Seilen zu befreien. Bis zur nächsten **Himmelfahrt** nimmt der **Heiland** dann meistens wieder seine angestammte Nische unten im Kirchenschiff ein. Dieses beeindruckende Schauspiel ist bis ins 18. Jahrhundert zurückzuverfolgen. Dann fiel es dem **Zweiten Vatikanischen Konzil** zum Opfer. Heute erfreut es sich wieder einer immer größer werdenden Beliebtheit. In vielen Kirchen wird die Figur des Auferstandenen jedoch nach wie vor nur in einem feierlichen Akt aus dem Gotteshaus hinaus in die Sakristei getragen.

An den so genannten **Bitt- oder Kreuztagen**, die mit dem Bittsonntag, vier Tage vor Christi Himmelfahrt, beginnen, finden in ganz Bayern **Flurprozessionen** und **Bittgänge** statt (→ Wallfahrt). Früher legte ein Bauer großen Wert darauf, dass die Prozession mit dem mitgeführten Kreuz auch ja seine Felder passierte, denn mit dem Segen des Pfarrers war man vor Hagelschlag, Blitz und Donner und allem anderen Übel gefeit.

Der Brauch, Äcker und Felder zu umkreisen und sie damit zu segnen, geht bis in die vorchristliche Zeit zurück. Schon im alten Rom veranstaltete man zum Beispiel am 25. April jeden Jahres Bittgänge, um die Feldfrüchte zum Wachstum anzuregen. Dieser Tag, der **Markustag**, ist bis in unsere Zeit hinein ein wichtiger Bitttag geblieben. Am Markustag betet man traditionell darum, dass einen der gefürchtete Mehltau verschont. Doch zurück zu den Römern. Die glaubten damals, dass mit dem Umschreiten der Flur eine hohe, unsichtbare Mauer gezogen werde, an der böse Geister und sonstiges Unheil abprallten wie Gummibälle.

Heute findet man echte Flurprozessionen mit im Freien aufgebauten Fluraltären nur mehr selten. Dafür begegnet man auf dem Land immer noch den großen Bittgängen mit hunderten von Menschen, deren Ziel hochverehrte Heiligtümer sind. **Schauerprozessionen** werden diese Wallfahrten auch genannt, denn auf dem gemeinsamen Weg beten die Gläubigen um eine gute Ernte, also zwangsläufig um passables Wetter für die kommenden Monate. Viele große und bekannte Wallfahrtsziele, aber auch die kleinen, fast schon vergessenen Kleinode christlicher Frömmigkeit werden in diesen Tagen angesteuert: **Andechs**, **Altötting** und wie sie alle heißen. Man »wallt« von Pfarrei zu Pfarrei. Und da man schließlich in Bayern ist, gehört zu einer anstrengenden Wallfahrt auch die anschließende Einkehr in ein Wirtshaus dazu. Dort kamen und kommen noch immer vereinzelt neben einer kühlen, wohlverdienten Halbe dann die so genannten **Kreuzwürstl** auf den Tisch.

Das Aufsuchen eines einschlägigen Gasthauses hat an Christi Himmelfahrt Tradition, gerade bei den Männern. Eine Amerikanerin kam Anfang des 20. Jahrhunderts auf die glorreiche Idee, den Vätern einen eigenen Festtag zu widmen. Schließlich durften sich die Mütter schon seit geraumer Zeit an einem eigens für sie eingeführten Ehrentag verwöhnen lassen. Richtig etabliert hat sich der **Vatertag** bei uns allerdings erst nach dem Zweiten Weltkrieg und so wurde der »Auffahrtstag« ab diesem Zeitpunkt für viele Familienväter zum alkoholischen »Absturztag«.

Dirndl

»Es war amal a Diandl z'Alm bei ihre Küah, bei ihre Kalm, sie jodelt fruah, sie jodelt spat, es war a Freud, der's gsechn hat.« So geht ein überliefertes Lied über ein fesches Dirndl in den bayerischen Bergen. Der berühmte **Kiem Pauli**, seines Zeichens passionierter Volksmusikforscher und Archivar, hatte diese Zeilen einst in seine **Sammlung oberbayerischer Volkslieder** aufgenommen (→ Musik).

Sie merken schon, ich möchte Sie ein bisschen hinters Licht führen, »aufspitz'n«, wie man das in Bayern landläufig nennt. Denn natürlich geht es in diesem Kapitel nicht um schöne Mädchen, sondern um das bis über den »Großen Teich« hinüber bekannte **Dirndlgwand**. Im Internet gibt es zahlreiche englischsprachige Seiten über dieses Kleidungsstück. Inklusive Einkauftipps, wo man als Tourist vor Ort das authentischste Kleid finden kann, damit man auf dem Münchner Oktoberfest von den Einheimischen nicht mehr zu unterscheiden ist.

Die große »Dirndl-Hysterie« setzte in Amerika in den 40er-Jahren ein, als die singende **Familie Trapp** aus Österreich in das Land der unbegrenzten Möglichkeiten kam und bei ihren Konzerten mit ihren niedlichen Kindern in heimatlicher Tracht auftrat. Ja, Sie haben richtig gelesen, das Dirndl als Tracht ist eine **österreichische Kreation**, und das auch erst seit Anfang der 20er-Jahre des 20. Jahrhunderts.

Natürlich gab es das Dirndl durchaus schon zuvor, nur hatte es da noch nicht diesen Namen. **Leibegwand** hieß es bei uns in Bayern, »Leiblkittel« bei den Nachbarn in Österreich. Das Leibegwand war die Arbeitskleidung der weiblichen Landbevölkerung. Ein **einteiliges Kleid** aus strapazierfähigem Stoff, wie Baumwolle oder Leinen, über das eine Schürze gebunden wurde. Unter dem Gewand trug man gewöhnlich ein Hemd. Wohl Anfang des 19. Jahrhunderts kam diese praktische Kleidung auf.

Später dann entdeckte das Bürgertum Land und Heimat. Das bäuerliche Leben wurde romantisch verklärt und in der Mitte des 19. Jahrhunderts schwappte von Salzburg aus eine Welle von **Trachtenbegeisterung** zu uns herüber. Gerade **Kaiser Franz Joseph**, der einsame Ehemann der kapriziösen **Sisi**, war ein begeisterter Joppen- und Lederhosenträger. Mit dem Tragen der Jägerkleidung fühlte er sich mit seinem Volk verbunden und machte so das einfache »Gwand« salonfähig (→ Lederhose). Denn es war klar, dass sich nun der feine, adelige Kreis um Seine Majestät selbstverständlich auch in mehr oder weniger fantastische Trachten warf.

Zu Beginn des 20. Jahrhunderts gehörte die Tracht zum alltäglichen Bild in den Städten. Trachtenkleidung wurde nun gezielt beworben und konfektioniert. Die Stunde des Dirndls schlug endgültig in den 20er-Jahren. Es trat – erneut von Salzburg aus – einen unglaublichen Siegeszug an und eroberte als **modisches Trachtenkleid** ganz Bayern, es war jedoch nie Teil der Tracht. In Österreich hingegen hat sich der ehemalige »Leiblkittel« zum festen Bestandteil der Tracht gemausert und ist regional jeweils eindeutig zuzuordnen.

Der Fantasie sind beim Dirndl in Bayern keine Grenzen gesetzt, was manch traditionsbewussten Bayern gelegentlich empfindlich zusammenzucken lässt. Der Trend geht aber eindeutig, nach einigen Geschmacksverirrungen wie dem Minidirndl, wieder hin zum Schlichten und Einfachen. Ein **echtes Dirndl** kann übrigens auch der Laie sofort als ein solches identifizieren: Oberteil und Rock sind immer miteinander verbunden. Dazu kommt eine Schürze, die in manchen Gegenden Bayerns von den verheirateten Frauen rechts, von den jungen Mädchen links mit einer Schleife gebunden wird. Unter dem Kleid wird meist eine **Dirndlbluse** getragen.

Wer sich sein Dirndl nicht nach Maß auf den Leib schneidern lassen will, der hat zum Beispiel die Qual der Wahl in einem der vielen Trachten-Secondhandläden, die neuerdings wie Pilze aus dem Boden schießen. Von den neckisch karierten Exemplaren aus der Wirtschaftswunderzeit, über die bereits erwähnten Minis aus den 60er- oder 70er-Jahren, bis hin zu den **prächtigen Abenddirndl** aus den 80ern bleiben – oft zu regelrechten Dumpingpreisen – keine Wünsche mehr offen. Sie können jedoch auch den traditionellen Weg beschreiten und sich bei einer professionellen **Trachtenschneiderin** in Bayern Ihr **Traumdirndl** maßschneidern lassen. Das kostet mit Sicherheit mehr – bis zu 400 Euro –, dafür hängt bei Ihnen dann ein Unikat im Schrank. Eine letzte Möglichkeit ist ein neuwertiges Dirndl von der Stange. Das ist leider oft auch nicht recht viel billiger und man läuft zudem Gefahr, seinem Kleid auf der Straße oder in einem Festzelt wieder zu begegnen.

Dult

Es herrscht ein Gedränge und Geschiebe, dass einem kaum noch Luft zum Atmen bleibt. Die kleinen, von **Buden** gesäumten Gässchen sind voll gestopft mit großen und kleinen Menschen, eine schubsende Masse, die sich nur träge vorwärts bewegt. Aus der Ferne sind laute Rufe zu hören: Marktschreier preisen ihre Waren an, hauptsächlich Haushaltswaren werden an den Mann, besser an die Frau gebracht. Beschichtete Pfannen, Putzlappen – absolut fusselfrei –, Gurkenhobel und Pfeffer- oder Salzmühlen mit Mahlwerken aus Keramik sollen das Leben und den Geldbeutel der Hausfrauen erleichtern. Es duftet nach **gerösteten Mandeln**, nach Gewürzen aus dem Orient und nach **Steckerlfisch** – es ist Auer Dult.

Drei Mal im Jahr ist auf dem **Münchner Mariahilfplatz** der Bär los, dann ist Dult-Zeit und ca. hunderttausend Menschen folgen pro Termin dem Duft von Zuckerwatte und Bratwürsteln aus längst vergessen geglaubten Kindheitstagen. Die **Auer Dult** ist mit Sicherheit eine der bekanntesten Dulten in Bayern, aber auch andere Städte, wie zum Beispiel Regensburg, haben die Dult schon seit geraumer Zeit für sich entdeckt. Ganz zu schweigen von den vielen kleinen Dulten, die auf dem Land jedes Jahr in mehr oder weniger großem Rahmen abgehalten werden.

Den Begriff »Dult« und das Veranstalten einer solchen kann man über Jahrhunderte hinweg zurückverfolgen. Das Wort ist vor allem im oberbayerischen Dialekt gebräuchlich und bezeichnet im Grunde einen **Jahrmarkt** oder ein **Volksfest**. Anders als heute war die Dult in vergangener Zeit eng mit dem Festtag eines Heiligen oder

überhaupt mit einem hohen Kirchentag verbunden. Namen wie **Jakobidult**, **Kirchweihdult** oder **Martinsdult** erinnern noch daran. Am Tag des Namensfestes wurden Verkaufsstände und Buden rund um die Kirche aufgebaut. Händler boten religiöses Kunsthandwerk, kostbare Wachswaren und Votivgegenstände feil. Hungrige Kirchgänger konnten sich an selbst Gebackenem und anderen Köstlichkeiten gütlich tun; und die Herzen der Kinder schlugen beim Anblick bunter Süßigkeiten in allen Formen und Geschmacksrichtungen sicher einen Takt schneller.
Im Mittelalter versuchten vor allem Klöster, die Menschen mit großen Jahrmärkten zu ihren Reliquienschreinen zu locken. Eine **Pilgerfahrt** zu solch heiligen Stätten war für den einfachen Gläubigen jener Zeit quasi ein Muss, erhielt er so doch »seinen Reisepass zum Paradies« (Foster, N.). Im Angesicht geweihter Knochenstücke, brüchiger Haarlocken oder verblichener Lendenschurze war es möglich, sein Seelenheil durch einen so genannten **Ablass** zu erkaufen (→ Wallfahrt, → Fronleichnam).
Freilich, nicht immer wurde ein Ablass ausschließlich durch bare Münze gewährt. Manchmal reichte es schon, die Schwelle einer geweihten Stätte zu übertreten, und man hatte ein Jahr lang Ruhe vom allgegenwärtigen Sündenpfuhl. Meistens aber erwarteten das Kloster oder die Kirche schon einen mehr oder weniger großen Obulus – je nachdem, wie dick das Sündenkonto des Betroffenen war – für die Besichtigung des **Reliquienschatzes** und für die Erlösung von irdischen und allzu menschlichen Gepflogenheiten. Der Ablass galt als Absolution von der Sündenschuld und war eine der Haupteinnahmequellen vieler kirchlicher Einrichtungen im Mittelalter.
Hatte man schließlich sein Scherflein abgedrückt und war so dem Himmelreich wieder ein Stückchen näher gerückt, konnte man sich endlich getrost ins Getümmel vor den Kirchentoren stürzen. Diverse **Pilgerabzeichen** waren auf den Dulten damals sicher der Verkaufsrenner, gefolgt von kleinen Andenken und Geschenken für die Daheimgebliebenen.
Eine **Wallfahrt** bot damals oft die einzige Gelegenheit, auf Reisen zu gehen, sich frischen Wind um die Nase wehen zu lassen

und ein bisschen was von der Welt jenseits des Heimatdorfes kennen zu lernen. Die Pilger waren in der Regel Tage oder gar Wochen unterwegs und nicht selten war die Reise mit großen Gefahren verbunden: **Wegelagerer** und andere **Halunken** warteten schon in den dichten Wäldern links und rechts der unbefestigten Straßen und für manch einen endete so eine Pilgerfahrt anders, als erwartet. Diejenigen aber, die glücklich und gesund am **Wallfahrtsort** eintrafen, wurden schon vom regen Treiben der Dulten erwartet. Und weil das Angebot gar zu verlockend war, traten nicht wenige ihren Heimweg zwar mit erleuchteten Herzen, aber auch mit leeren Taschen an.

Eisheilige

»**Pankraz**, **Servaz** und **Bonifaz**, die machen erst der Sonne Platz.« Diese drei »gestrengen Herren« aus dem illustren Kreis der riesigen Heiligenfamilie – bei der letzten Zählung waren es weltweit gut elf Millionen, konfessionsübergreifend, versteht sich – werden in Sachen Wetter oft zitiert. Die **Eisheiligen**, wie sie landläufig genannt werden, im Alpenraum auch als die drei »Bazi« bezeichnet, stehen für ein letztes Aufbäumen des Winters mit **Nachtfrösten** und **eisigen Temperaturen**. Im Norden Deutschlands gesellt sich zu den »Eismännern« der heilige Mamertus dazu, der sein Namensfest am 11. Mai feiert. Im Süden hat man sich für das weibliche Geschlecht entschieden. Die **kalte Sophie** (15. Mai) bringt alljährlich so manch unverbesserlichen Gartenbesitzer zur Verzweiflung; ihr eisiger Frosthauch ist gefürchtet.
Dem »Sopherl« ist eine gewisse Vorliebe für Eis und Schnee jedoch nicht zu verdenken; ihre Erfahrungen zu Lebzeiten in einer öffentlichen Badeanstalt haben sie allem Anschein nach bis über den Tod hinaus geprägt. Wann die **Heilige** gelebt hat, weiß man nicht. Doch ihr Besuch in ebenjenem Badehaus, gemeinsam mit ihrer Freundin Quirilla, ist genau beschrieben. Angeblich wurden die beiden dort in flagranti ertappt, wie sie fremden Göttern Opfer darbrachten. Sophie und Quirilla stritten dies jedoch ab. Um die beiden Frauen zu einem Geständnis zu bewegen, sperrte man sie in einen Raum und leitete heißen Dampf ein. Die Freundinnen blieben standhaft und als drei Gladiatoren auch noch versuchten, die jungen Mädchen zu vergewaltigen, erschien ein **Engel**, der das

Schlimmste verhindern konnte: Sophie und Quirilla bewahrten ihre Jungfräulichkeit und bevorzugten wohl fortan kältere Temperaturen. Andere Überlieferungen hingegen berichten von Sophie als römischer Matrone. Sie soll im Laufe ihres Lebens mehrere Töchter zur Welt gebracht haben, die allesamt den **Märtyrertod** starben.

Den verbliebenen drei Heiligen blieb heißer Dampf erspart, doch gingen auch sie als mutige Männer, und zwei von ihnen sogar als Märtyrer, in die Geschichte ein. **Pankraz** (12. Mai, gestorben 305), auch Pankratius genannt, verlor schon als Säugling seine Eltern und wurde von einem Vormund zum Christen erzogen. Mit vierzehn Jahren wurde Pankraz getauft und kurz darauf von Kaiser Diokletian vor dessen Thron berufen, um sich für seinen Glauben zu rechtfertigen. Wie jeder weiß, war Diokletian ein grausamer Verfolger des Christentums, doch der Bub blieb standhaft und der Kaiser verurteilte ihn zum Tode durch Enthauptung.

Neben seiner Aufgabe als Eisheiliger wird Pankratius gelegentlich zu den **Nothelfern** gezählt (→ Nothelfer) und ist zudem ein zuverlässiger Helfer bei Kopfschmerzen, Meineid und falschem Zeugnis.

Der **heilige Servatius** (13. Mai, gestorben 384) oder Servaz lebte und wirkte als Bischof im gallischen Tongern. Er stammte aus einer jüdischen Familie und besaß die ungewöhnliche Gabe, so zu predigen, dass ihn alle Menschen, egal welche Sprache sie sprachen, verstanden. Außerdem sagt man dem Bischof nach, dass alle Gebete, die er gen Himmel schickte, sofort erhört wurden. Als die Hunnen sich zu jener Zeit anschickten, Gallien zu erobern, sandte man deswegen Servatius nach Rom, damit er dort für seine Heimat beten konnte.

Servaz begab sich an das Grab des heiligen Petrus und blieb dort drei Tage und Nächte lang, ohne zu essen oder zu schlafen. In der letzten Nacht erschien ihm der Himmelspförtner und verkündete dem erschrockenen Servatius, dass Gallien unwiderruflich verloren sei. Der Allmächtige hatte beschlossen, Gallien den Heiden zu überlassen, als Strafe für all die Laster und Sünden der Christen.

Servatius solle nun nach Hause zurückkehren, um seinen Freunden den göttlichen Ratschluss mitzuteilen. Petrus erzählte dem Bischof auch, dass er selbst den Einfall der Hunnen nicht mehr erleben würde und er sich deshalb schon mal um ein geeignetes Grab, am besten in Maastricht, kümmern sollte.

Servatius verließ Italien, verkündete das Gehörte, regelte seinen Nachlass und begab sich nach Maastricht. Dort starb er kurz bevor der große Hunnenzug die Grenzen Galliens überschritt. Der Heilige kümmert sich bis heute um Menschen mit Fußleiden, er setzt sich ein gegen Ungeziefer wie Ratten und Mäuse und er ist ein zuverlässiger Beistand bei Todesfurcht.

Der letzte des himmlischen »Eistrios«, lassen wir die Sophie mal außen vor, ist der **heilige Bonifatius** von Tarsus (14. Mai), der um das Jahr 290 auf grauenhafte Weise das Zeitliche segnete. Bevor Bonifaz jedoch zum **christlichen Märtyrer** wurde, lebte er wenig tugendhaft auf dem Anwesen einer reichen Dame namens Aglaë. Aglaë war Christin, unterhielt aber zu Bonifatius ein sündiges Verhältnis, der sich als Aufseher um ihr Landgut kümmerte. Bonifatius selbst war ein richtiger Schwerenöter. Er soff wie ein Loch und war zudem der Spielsucht mit Haut und Haaren verfallen.

Als nun immer mehr beunruhigende Nachrichten vom Verfolgungswahn des Kaisers Diokletian gegen die Christen durchsickerten, sandte Aglaë, die augenscheinlich ein gutes Herz besaß, ihren Verwalter nach Rom. Ausgestattet mit einer großen Menge Geld, sollte Bonifatius Glaubensbrüder und -schwestern loskaufen oder wenigstens versuchen, deren Knochen habhaft zu werden, damit sie später als Reliquien verwendet werden konnten.

Bonifatius wurde, kaum in Rom angekommen, beim **Stadthalter Simplicius** vorstellig, nachdem er am Tag seiner Ankunft voller Schrecken beobachtet hatte, wie auf einem öffentlichen Platz zwanzig Christen zu Tode gemartert worden waren. Er verkündete dem verdutzten Simplicius, dass er alles gegen diese Folterungen tun würde, was in seiner Macht stünde.

Bonifatius von Tarsus bezahlte seine flammenden Worte mit einem grausamen Tod. Man riss ihm das Fleisch mit Haken von den Kno-

chen und trieb zugespitzte Schilfrohre unter seine Fingernägel. Die Versuche, ihm glühendes Blei einzuflößen und seinen geschunden Körper in heißes, flüssiges Pech zu tauchen, schlugen allerdings fehl. **Bonifatius** blieb wie durch ein Wunder unversehrt. Seine Peiniger trugen hingegen schwere Wunden und riesige Brandblasen davon. Tags darauf enthauptete man den Gemarterten. Als der Kopf des Heiligen zu Boden fiel, soll die Erde spürbar gebebt haben.
Die Gebeine dieses dritten Eisheiligen wurden auf dem Landgut Aglaës beerdigt. Die einstige Geliebte Bonifatius' entsagte nach dieser Tragödie allem Weltlichen und verbrachte ihre verbleibenden fünfzehn Lebensjahre in Einsamkeit und frommer Kasteiung. Bonifatius machte im Himmel eine Karriere als **Wetterpatron** und **Schutzheiliger** der **Bierbrauer** – Zweites vermutlich in Anlehnung an seine ehemalige Trinkfreudigkeit.

Die **Eisheiligen** gelten in Bayern auch heute noch als **Lostage** (→ Wetter). An diesen Tagen ist es möglich, das Wetter vorherzusagen. Der mit den Eisheiligen einhergehende Frost hat sich allerdings im Zuge der Klimaerwärmung auf dem Kalender nach vorn verschoben und insgesamt deutlich an Kraft verloren. Ende April, Anfang Mai »zieht« es also heutzutage – wenn überhaupt – noch einmal kräftig an, und es wird »zapfig« kalt.
In manchen Gebieten Deutschlands, vor allem in den Weinregionen, war es früher üblich, durch das **Reifheizen** den gefürchteten Maifrösten zu trotzen. Die Bauern und Winzer entzündeten an den Eisheiligen feuchtes Holz und Laub. Der dadurch entstandene Rauchnebel legte sich schützend um die Blüten und jungen Triebe.

Erntedank

Die Ursprünge des Erntedankfestes liegen weit zurück. Bereits die Griechen brachten **Demeter**, ihrer Göttin des Getreides, Opfergaben dar. Die Römer ihrerseits ließen sich auch nicht lumpen und bedachten **Ceres** mit einem Teil ihres jährlichen Ertrages.
Die Germanen wiederum versammelten sich nach dem Abernten ihrer Felder um ein paar stehen gelassene Ähren, um zu **Wotan** zu beten. Sie baten ihn darum, sie auf seiner **Wilden Jagd** zu verschonen, damit auch im folgenden Jahr ihre Familien genügend zu essen hätten.
Auf diesen Jagden nahm Wotan grundsätzlich keine Rücksicht auf bebautes Ackerland. War seine Meute vorüber, konnte man das Feld für den Rest des Jahres vergessen, so zertrampelt und verwüstet war es. Übrigens frönte nicht nur Wotan der Jagdleidenschaft, auch **Odin** zog es mitsamt seiner Verwandtschaft zum göttlichen Stelldichein hoch zu Ross.
War das Erntejahr erfolgreich, so wurde den Göttern gedankt. War es schlecht verlaufen – buchstäblich ins Wasser gefallen oder die Hitze hatte den Boden rissig werden lassen –, brachte man den erzürnten Gottheiten **Ernteopfer** dar.
Reste dieser frühen Bräuche haben sich über die Jahrtausende hinweg gerettet, wobei sie heute leider vom Aussterben bedroht sind. So ist es noch gar nicht lange her – im Vergleich zur Antike jedenfalls –, dass die Bauern in Altbayern früher ebenfalls ein paar Halme auf ihren Feldern stehen ließen, um die so genannten **Troadgeister** zu besänftigen, Geister, deren Heimat die Getreide-

felder waren und die, hielt man sie nicht bei Laune, Böses anrichten konnten.

Auch **Bilmes**, ein **Korndämon**, bevorzugte wogende Ähren als Spielfeld und konnte äußerst empfindlich reagieren, brachte man ihm nicht den nötigen Respekt entgegen. Er stammte ursprünglich aus Oberfranken, trieb aber recht bald schon sein Unwesen auch in Altbayern. Das Aussehen dieses Tunichtguts ist recht anschaulich überliefert: ein großes haariges Geschöpf mit knolliger Nase in einem griesgrämigen Gesicht. An seinen behuften Klumpfüßen trägt der wilde Geselle große blitzende Sicheln, mit denen er das Getreide abtrennt. Dabei geht er nicht etwa behäbig durch das Kornfeld, sondern bewegt sich hüpfend vorwärts. Seine Beute versteckt er meist in einer nahe gelegenen Höhle. Man konnte den Bilmes nur am Betreten eines Feldes hindern, indem man in die jeweiligen Ecken geweihte Kohlestücke in Kreuzform, vom Oster- oder **Sonnwendfeuer**, legte oder **Palmbuschen** in die Erde steckte.

Kam dann der Frost, wurden die Halme schließlich vom Feld geholt und das restliche Jahr hindurch über die Stalltüre gehängt. Dies garantierte Gesundheit und Wohlstand für Haus und Hof.

Im oberbayerischen Landkreis Rosenheim ließen die Bauern an den Apfelbäumen die letzten drei Äpfel hängen – auch ein Opfer für die Geister. In der Oberpfalz brachten die Landwirte früher Samenkörner zur Weihe mit in den Gottesdienst und mancherorts in Bayern backte man als **Fruchtbarkeitsymbole** Brote in Form von **Hahn** und **Henne**.

Seit dem **Mittelalter** bringen die Christen nun einen Teil ihrer Erträge zu den Altären. Heute türmen sich wahre Kunstwerke in unseren Kirchen vor dem Allerheiligsten auf, wobei dem **Brot** traditionell eine besondere Bedeutung beigemessen wird, versinnbildlicht es doch seit jeher Nahrung und Leben schlechthin.

In Au bei Aibling (Landkreis Rosenheim) kreieren die Frauen der Gemeinde jedes Jahr ein **Erntebild** aus Samen, Beeren und getrockneten Hülsenfrüchten, daneben wird das ganze Gotteshaus festlich mit Früchten und Blumen geschmückt. Solche beeindruckenden »Gemälde« findet man in ganz Bayern. Zudem werden

landauf, landab riesige **Erntekronen** oder **Erntekränze** in feierlichen Prozessionen durch die Dörfer getragen, um anschließend in der Kirche gesegnet zu werden. Am Ende des Festes kommt der Altarschmuck meist den Bedürftigen zugute.
Auf dem Land hieß das Erntedankfest früher **Sichlhang**. Die Sichel wurde an diesem Tag nach einer langen arbeitsreichen Saison an den buchstäblichen Nagel gehängt und für die Mägde und Knechte gab es zu Erntedank mancherorts den Lohn für das ganze Jahr. Erntedank und **Kirchweih** wurden oft am gleichen Tag gefeiert und so manch einer brachte sein sauer verdientes Geld auf einem der rauschenden Kirchweihfeste gleich wieder unters Volk. Es wurde gegessen und getrunken, was in die Bäuche passte, vorausgesetzt die Scheunen waren voll bis unters Dach.
Da es keinen festen Termin für Erntedank gab, feierte man von Gemeinde zu Gemeinde bis ins späte 18. Jahrhundert hinein an unterschiedlichen Tagen. Erst als es Friedrich dem Großen 1772 wegen der »ständigen Völlerei« zu bunt wurde und er **Erntedank** auf den **Michaelitag** (29. September) legte, beging man das Fest zunächst bei den Protestanten einheitlich. Im Jahr 1972 beschloss dann die Deutsche Bischofskonferenz den Erntedanktermin auf den ersten Sonntag im Oktober zu legen. Seitdem werden oft die Gotteshäuser beider Konfessionen an diesem Tag festlich herausgeputzt und Erntedank hat endlich einen festen Platz im Kirchenjahr gefunden.

Fasching

Fremdartige Außerirdische mit kahlen Köpfen und großen Glubschaugen, zarte Prinzessinnen in rosa Tüll, stolze Indianer und breitbeinige Cowboys tummeln sich einhellig nebeneinander auf dem Münchner Marienplatz. Bunter Konfettiregen mischt sich mit vereinzelten Schneeflocken und die frostige Winterluft ist erfüllt von rhythmischer Musik. Auf dem Viktualienmarkt drehen sich die Marktfrauen in ihren fantasievollen Kostümen auf einer kleinen Bühne im Walzertakt und der DJ eines großen Radiosenders wird schön langsam heiser. Am **Faschingsdienstag** ist in der Landeshauptstadt – und nicht nur da – der Bär los. Überall wird gefeiert, getrunken und getanzt bis zum Umfallen und tatsächlich kann man am **Aschermittwoch** noch so manche Faschingsleiche nach Hause wanken sehen.

Zuvor aber durchläuft ein **Maschkera**, wie ein verkleideter Mensch hierzulande auch genannt wird, mehrere Stationen, sprich Tage, bis zum finalen Show-down am Faschingsdienstag. Das Faschingstreiben beginnt mit dem **unsinnigen Donnertag**, auch als »gumpiger Donnerstag« (»gumpen« ist schwäbisch und bedeutet »hüpfen« oder »springen«), **Weiberfasching**, »nascher Pfingsta« (in der Oberpfalz) oder »gumbada Pfinzda« (in Oberbayern) bezeichnet. An diesem Tag haben vor allem die Frauen das Zepter in der Hand – bis in das 18. Jahrhundert hinein war der Fasching übrigens ein rein männliches Vergnügen. Überall im Land lassen die Herren der Schöpfung an diesem unsinnigen Tag Federn, genauer ihre Krawatten: die werden von weiblicher Hand blitzschnell mit einem sauberen Scherenschnitt gnadenlos auf Zentimeterlänge gekürzt.

Besonders lustig wird es am unsinnigen Donnerstag zum Beispiel auch im oberpfälzischen **Dietfurt** (Landkreis Neumarkt in der Oberpfalz), dann ist es Zeit für den alljährlichen **Chinesenfasching**. Ganz Dietfurt verwandelt sich für einen Tag in eine chinesische Kleinstadt, in die mit Prunk und Pomp und einem prachtvollen Umzug der Kaiser von China höchstpersönlich Einzug hält.

Nach dem turbulenten Donnerstag folgt der **ruassige Freida**, an dem früher die Gesichter der Leute von umherziehenden Faschingsfans mit Ruß geschwärzt wurden; er gilt als der ruhigste Tag des Faschingswochenendes. Danach kommt der **schmalzige Samstag**, auf den wir gleich eingehen werden, gefolgt vom **Faschingssonntag**, dem Tag der großen Faschingsbälle. Der **Rosenmontag** hat seinen blumigen Namen vermutlich aus dem 11. Jahrhundert. Damals hieß der dritte Sonntag im Kirchenjahr »Rosensonntag«. An diesem Tag überreichte der Papst in der Regel eine goldene Rose an herausragende Persönlichkeiten, die sich um die Kirche verdient gemacht hatten. Der **Faschingsdienstag** steht dann wieder ganz im Zeichen der **großen Faschingsbälle** und natürlich des **Kehraus** um Mitternacht, dem der bayerische Kabarettist Gerhard Polt ein unvergessliches Denkmal setzte.

Der Fasching, der in Bayern offiziell mit dem Dreikönigstag, dem 6. Januar, beginnt – nur München macht eine Ausnahme und gibt den Startschuss bereits am 11.11. um 11 Uhr 11 –, spaltet die Menschen seit jeher in zwei Lager: Die einen können die so genannte **fünfte Jahreszeit** (→ Fastenzeit) kaum erwarten, fiebern dem wilden Treiben sehnsüchtig entgegen und blühen in der stickigen Atmosphäre eines alkoholgeschwängerten Ballsaals so richtig auf. Während hingegen eingefleischte Faschingsmuffel beim Anblick einer simplen roten Pappnase oft schleunigst und mit versteinerter Miene das Weite suchen und dieses Treiben vermutlich meiden werden wie der Teufel das Weihwasser.

So richtig schwer hat es ein überzeugter Grantler natürlich in den Faschingshochburgen wie Köln oder Mainz, doch in diese Richtung verschlägt es den Bayer an sich bekanntlich eher selten und in diesen Zeiten schon gar nicht. In seiner Heimat, dem Süden, hält sich das Ganze ziemlich im Rahmen des Erträglichen – sehr zum Leidwesen der Maschkera-Freunde. Doch auch in Bayern gibt es glücklicherweise allerhand lustige Rituale und Traditionen rund um den Fasching, man denke nur an die unterfränkischen Städte Würzburg und Veitshöchheim, die ihren nördlichen Kollegen in nichts nachstehen. Und der Brauch an sich, die Zeit des ausgehenden Winters und den **Beginn der Fastenzeit** besonders zu feiern, lässt sich bei uns sogar bis in das 13. Jahrhundert zurückverfolgen. Auch das Wort Fasching kommt aus dem »dunklen« Mittelalter. Damals galt der »Vaschanc« oder auch »Vastschang«, also der Ausschank des **Fastentrunkes**, als ein wichtiges Ritual zum »Einläuten« der vierzigtägigen vorösterlichen Fastenzeit. Zudem war es schon zu dieser Zeit Brauch, sich vor den langen Wochen der Kasteiung und Läuterung noch einmal gründlich den Bauch voll zu schlagen. Nicht umsonst nennt man den Faschingssamstag deswegen auch landläufig den »schmalzigen Samstag« oder »schmoizana Samsda«. Milch und Eier, die während der Fastenzeit verboten waren, mussten irgendwie verarbeitet werden und so entstanden leckere Kreationen, wie die Schmalznudel und der legendäre **Faschingskrapfen** (→ Nudeln).

Heutzutage übertreffen sich die Bäcker geradezu im Erfinden von neuartigen Krapfenvariationen mit den abenteuerlichsten Füllungen; von der einfachen mit Puderzucker bestäubten Kugel mit einem Herzen aus Kirsch- oder Aprikosenkonfitüre bis hin zur nougatgefüllten Kalorienbombe – alles ist zu haben.

Den Krapfen kannten übrigens schon die alten Ägypter, sie nannten ihn vermutlich nur anders. Heutzutage kursieren so fantasievolle Namen wie **Nonnenpfoten**, **Ballen** und **Kreppel** für das fettige Gebäck. Lediglich die Berliner haben es sich ganz einfach gemacht: Sie benannten das süße Teilchen einfach nach ihrer Stadt.

Natürlich darf beim großen Schlemmen das Fleisch nicht fehlen. Alles in allem gilt für die Faschingszeit: Reinhauen, was das Zeug hält! Bei der Menge an Alkohol, die während der letzten Faschingstage im Allgemeinen so konsumiert wird, empfiehlt sich grundsätzlich eine solide Magengrundlage. Der Begriff **Karneval**, wie der Fasching ja auch genannt wird, leitet sich übrigens aus dem Lateinischen ab und bedeutet übersetzt **Fleisch, lebe wohl!**

Doch nun hinein ins Getümmel. Unterschiedliche Faschingsveranstaltungen finden in den verschiedensten bayerischen Regionen statt, man muss nur wissen wo. Bei der Suche helfen, wie so oft, das Internet und diverse Veranstaltungskalender. Da finden Sie dann von den großen **Bettelhochzeiten**, die nur alle zehn bis fünfzehn Jahre gefeiert werden, über die legendären maskierten Skiveranstaltungen im Alpenraum am Faschingssonntag und das **Haberfeldtreiben** am Faschingsdienstag in einigen Gemeinden in der Oberpfalz und in Niederbayern bis hin zu den alten, traditionellen Bräuchen, wie das **Schellenrühren**, den **Fasenickl**, eine Faschingsfigur aus dem Altmühltal, und den berühmten Münchner **Schäfflertanz**, alles, was das Faschingsherz begehrt. Der Schäfflertanz ist allerdings genau genommen kein Faschingsbrauch, fällt aber trotzdem alle sieben Jahre in die »fünfte Jahreszeit« (→ Tanz).

Der Fasching wurde von den Menschen des Mittelalters als eine Zeit verstanden, in der das Böse die Herrschaft an sich gerissen hatte und Chaos und Obszönität in das Leben Einzug hielten. Es galt, fremde Mächte in Schach zu halten und **hartnäckige Wintergeister** aus ihren Löchern und Verstecken zu jagen; mit Hilfe von Glocken und **knallenden Peitschen** (→ Goasslschnalzen) den Winter zu vertreiben und das Frühjahr mit seinen ersten wärmenden Sonnenstrahlen anzulocken. Und so ziehen heute noch die »Schellentreiber«, in zünftigen kurzen Lederhosen und mit Holzmasken, den Larven, vor den Gesichtern am unsinnigen Donnerstag durch das oberbayerische Mittenwald (Landkreis Garmisch-Partenkirchen), um mit um den Leib gebundenen Kuhglocken die Frühlingsgeister zu wecken.

Einen ähnlichen Zweck erfüllen in manchen Gemeinden – vor allem im Allgäu – die Verwandten des Maibaums, die so genannten

Narrenbäume. Der nackte **Narrenbaum**, an dessen Spitze nur noch ein grüner Baumwipfel in den Himmel zeigt, wird am unsinnigen Donnerstag von extra ungeschickten Zimmermännern umständlich aufgestellt und mit einem Schild versehen, auf dem zu lesen steht: »Stammbaum der Narren«. Erst wenn der Narrenbaum steht, kann das wilde Treiben der Fastnacht beginnen, denn dann sind die Narren vor Hexen, bösen Geistern und unheilvollen Naturgewalten geschützt.

So richtig große **Faschingsumzüge**, die sich wie bunte Schlangen durch die Städte wälzen, findet man, wie bereits erwähnt, eher im Norden Bayerns und in der Mitte Deutschlands; dort herrscht am **Rosenmontag** traditionell der absolute Ausnahmezustand. In Bayern heißt dieser Tag auch **blauer Montag**, »damischa Moda« oder »geiler Montag«. Nun, Letzteres muss ich Ihnen sicher nicht näher erläutern; der Fasching erreicht nun bekanntlich seinen Siedepunkt und die eine oder andere Hülle kann da schon mal in der Hitze des Gefechts fallen. Der blaue Farbton im Zusammenhang mit dem ersten Wochentag bedarf schon eher einer Erklärung, denn er leitet sich weder vom allgemeinen Alkoholbedarf noch von den beliebten Landesfarben ab. Das Blau wird hier im Sinne des Blaumachens verstanden. Das ist schließlich auch verständlich, denn wer kann schon nach Tagen des exzessiven Feierns am Montag einfach frisch und ausgeruht in die Arbeit spazieren, als wäre nichts geschehen?

Fastenzeit

Eingefallene Wangen und asketische Gesichtszüge, spitze Knie und hervorstehende Beckenknochen: vierzig Tage strenges Fasten hinterlassen ihre Spuren – möchte man meinen. Von wegen! Die Zeiten, in denen man sich noch ganz brav an die Fastenregeln der Kirche gehalten hat, sind längst passé. Zudem ist heute den meisten von uns nur noch die **vorösterliche Fastenzeit** – sie beginnt mit dem **Aschermittwoch** und endet am **Karsamstag** – geläufig. In früheren Zeiten fastete man im Grunde vor jedem hohen Kirchentag und am eigentlichen Feiertag sowieso. So lebte man zum Beispiel um **Martini** und **Erntedank** herum genauso enthaltsam wie vor dem Christfest am 24. Dezember. Es gab ein **Silvester-** und ein **Dreikönigsfasten**; und neben der wochenlangen Askese kamen noch einzelne, separate Fastentage hinzu, sodass man es nicht selten auf die stolze Summe von 120 Hunger- und Bußtagen im Jahr brachte (Bichler, A.: Wie's in Bayern der Brauch ist).

Der heutige Mensch tut sich mit dem enthaltsamen Leben im Allgemeinen ziemlich schwer, zu groß sind die kulinarischen Verlockungen auf Schritt und Tritt, sei es im Supermarkt, im Restaurant oder an der simplen Würstchenbude. Doch auch in vergangenen Zeiten war der Verzicht nicht immer leicht, man denke nur an die armen **Mönche**, die aus schierer Angst vor dem Verhungern heraus ein **extrastarkes Bier** brauten, um während der Fastenzeit nicht vollends vom Fleisch zu fallen. Zu den findigen Klosterbewohnern kommen wir gleich noch einmal zurück. Doch bevor wir uns gemeinsam in Richtung **Nockherberg** aufmachen – dort hat das gehaltvolle Gesöff nämlich seinen Ursprung –, werfen wir einen Blick in die Kochtöpfe von anno dazumal, als sich die Menschen noch strikt an die Fastengebote hielten. Ganz schön mager, im wahrsten Sinne des Wortes, sah es da aus.

Bereits im 8. Jahrhundert war es unter Strafandrohung verboten, Fleisch während der Fastenzeit zu essen. Das ging sogar so weit, dass Gasthäuser und Wirtschaften streng kontrolliert wurden, um eventuelle Missetäter hinter ihren Haxen und Schlachtplatten am Mittagstisch an Ort und Stelle dingfest zu machen. Bei so einer »Razzia« hatte selbstverständlich auch der Wirt nichts zu lachen, denn der durfte im Grunde seinen Schweinebraten gar nicht erst anbieten.

Zu den **traditionellen Fastenspeisen** gehörten – und gehören heute noch – bekanntlich der Fisch, in all seinen Zubereitungsarten, das bereits erwähnte **Bier**, die **Fastenbreze** und diverse **Einbrennsuppen** (→ Mahlzeit). Da das nahrhafte Gerstengebräu seit jeher als Nahrungsmittel durchging und somit nicht zu den verbotenen Alkoholika zählte, war es kein Wunder, dass es schon sehr früh seinen angestammten Platz auf dem Fastenspeiseplan einnahm. Ein mittlerweile unter Naturschutz stehendes Tier fand in früheren Zeiten ebenfalls den Weg auf die Teller der Darbenden: der Biber. Da alles, was im Wasser schwamm, erlaubt war, musste auch dieser possierliche Baumnager daran glauben – neben Fröschen, Muscheln und, man staune, Gänsen und Enten! Die schwammen schließlich auch, wenn auch nicht im Wasser, sondern auf dessen Oberfläche.

Grundsätzlich verboten waren, neben dem Fleisch, alle Milchprodukte und Eier, die als **flüssiges Fleisch** bezeichnet wurden. Eier und Milch wurden kurz vor der Fastenzeit zu Nudeln und im Fasching zu Krapfen (→ Nudeln, → Fasching) verarbeitet und zu den großen Schlemmergelagen gereicht, die den enthaltsamen Wochen und Tagen immer vorangingen.

Die angeordnete **Askese** im Zeichen des Glaubens beinhaltete natürlich nicht nur die leiblichen Genüsse. Das Hauptansinnen einer jeden Fastenzeit war die **Läuterung**, die selbstverständlich mit sexueller Enthaltsamkeit und allgemeinem Bußetun einherging. Stichtag für das Fasten vor dem Osterfest ist auch heutzutage der **Aschermittwoch** (auch »Aschenmittwoch« genannt) – frühester Termin 6. Februar, spätester Termin 10. März – und das damit verbundene **Einascherln**. Mit diesem religiösen Ritual, bei dem der Geistliche im Rahmen einer Messe den Gläubigen Kreuze aus der Asche verbrannter und geweihter Palmbuschen auf die Stirnen zeichnet, wird es ernst: Es beginnt die vierzigtägige Fastenzeit. Traditionell nimmt man übrigens am Aschermittwoch eine Mehlspeise oder ein Fischgericht im Kreise der Familie zu sich, deswegen findet man in den bayerischen Brauchtumskalendern auch an diesem Tag den Hinweis **Dampfnudelbacktag** verzeichnet.

Der Brauch des »Einascherlns« lässt sich bis in das 10. Jahrhundert zurückverfolgen. Die Asche gilt als ein Symbol der Vergänglichkeit; und auch der Begriff »in Sack und Asche gehen« bezieht sich auf den Aschermittwoch und das **Aschekreuz**. Am Aschermittwoch bestreute früher der Bischof höchstpersönlich die ganz schlimmen Sünder, also die Mörder, Diebe, Schwerenöter, Ehebrecher und die Ungläubigen, mit der verbrannten Palmbuschenmischung vom letzten Jahr und verlangte von ihnen, dass sie während der gesamten Fastenzeit öffentlich Buße taten, eben in Sack und Asche gingen. Noch früher, nämlich bis in das 6. Jahrhundert hinein, mussten die armen Teufel sich noch dazu die Haare gänzlich abrasieren lassen und dem Geschlechtsverkehr abschwören.

Schon immer ist es Brauch gewesen, den Menschen zu Beginn einer Fastenzeit gehörig ins Gewissen zu reden; dies geschah meist von der Kanzel aus. Aus diesem rein kirchlichen Levitenlesen hat sich im Laufe der Zeit der **Politische Aschermittwoch** herausgebildet. Heute finden zum Beispiel jedes Jahr im niederbayerischen Passau und in Vilshofen regelrechte Schlagabtäusche der verschiedenen Parteien statt. Und noch ein zweiter von Politikern gerne praktizierter Brauch hat sich am Aschermittwoch etabliert: das Geldbeutelwaschen. So lässt es sich auch alljährlich der Münchner Oberbürgermeister nicht nehmen, sein chronisch leeres Stadtsäckel im Fischbrunnen auf dem Münchner Marienplatz auszuwaschen, um einen reichen Geldsegen für das kommende Jahr heraufzubeschwören. Dabei ist der Aschermittwoch, einem alten Volksglauben nach, eigentlich ein Unglückstag, an dem es tunlichst vermieden werden sollte, überhaupt irgendetwas zu säubern oder zu waschen.

Kommen wir noch einmal zu den politischen Redegefechten zurück. Um dem Gegner so richtig einheizen zu können, braucht es schon eine laute, klare Stimme und eine gut befeuchtete Kehle, sonst gleitet das Ganze in ein höchst peinliches Gekrächze ab. Wie gut ist es da, dass der Politische Aschermittwoch in die Zeit der **Starkbieranstiche** fällt. Die **Starkbierzeit** ist untrennbar mit der Fastenzeit verbunden und wird in Bayern sogar als »fünfte Jahreszeit« bezeichnet. So ist zum Beispiel der Starkbieranstich mit dem traditionellen **Politiker-Derblecken** auf dem Münchner Nockherberg Mitte März – genauer am 19. März, dem **Josephitag** – ein gesellschaftliches Großereignis, das alljährlich heiß herbeigesehnt wird.

Der Ursprung des Münchner **Salvator-Anstichs** geht auf die Mönche des Paulanerklosters Neudeck op der Au zurück. Die brauten um das Jahr 1630 herum ein besonders starkes Bier, das so genannte »Sankt-Vaters-Bier«, um die Fastenzeit ohne nennenswerten Schaden an Leib und Seele zu überstehen (→ Bier). Es versteht sich von selbst, dass sich um so ein denkwürdiges Ereignis eine »bierselige« Sage rankt, in der sogar der Papst vorkommt.

Als die bayerischen Mönche damals hinter **dicken Klostermauern** erstmals ihre Sudpfannen erhitzten, dauerte es gar nicht lange und die Kunde vom Brechen des Fastengebots drang hinunter bis nach Rom zum Heiligen Stuhl. Doch der Papst, der von seinen Kundschaftern bekniet wurde, das Brauen des **starken Fastenbieres** sofort zu unterbinden, ordnete an, dass man ihm ein Fass von dem Getränk auf direktem Wege zusenden sollte, damit er sich selbst ein Bild machen konnte.

Kurze Zeit später schaukelte ein großes Fass Starkbier gemächlich auf einem Ochsenkarren unter strengster Bewachung über die Alpen Richtung Italien. Als das Fuhrwerk nach wochenlanger Reise endlich in Rom angekommen war, war das Bier schlecht und schal geworden. Der Papst, der dennoch davon kostete, verzog angewidert den Mund und teilte den verblüfften Umstehenden mit: Wer so etwas Schreckliches während der Fastenzeit trinke, der tue dies nicht aus einem Vergnügen heraus, sondern um die Buße noch zu verschärfen! Seitdem trinken die Bayern ihr **Starkbier** mit päpstlichem Segen.

Das vierzigtägige Fasten vor **Ostern** erreicht mit der **Karwoche** schließlich seinen Höhepunkt (→ Ostern). Danach warten Schokoladeneier und Festtagsbraten in Hülle und Fülle auf die ausgehungerten Mägen und das Schlemmen ist von allerhöchster Stelle aus wieder erlaubt.

Fronleichnam

Im Juni, wenn die Rosen in voller Blüte stehen und das Grün der Bäume noch jung und frisch ist, dann begeht man in Bayern eines der prachtvollsten Feste im Jahreslauf: Fronleichnam. Als **Königin der Prozessionen** bezeichnet man den Fronleichnamsumzug und tatsächlich entfaltet die katholische Kirche an diesem Tag – gerade in Bayern, aber auch zum Beispiel in Italien und Spanien – ihre ganze **barocke Vielfalt**. Junge Birkenbäume, die so genannten **Prangerstauden**, säumen den Prozessionsweg, der mit einem Teppich aus Blumen, Gräsern und Kräutern bedeckt ist, auf dem Trachtler und Schalkfrauen, Kommunionkinder, Schützen, die Musikkapelle, der Pfarrer und die Ministranten dahinschreiten. Den **filigranen Birkenzweigen** sagt man zauberkräftige Wirkung nach. Zu Hause, neben dem Kruzifix im **Herrgottswinkel** aufgestellt, schützen sie das Haus vor allen Widrigkeiten der Natur wie Sturm, Hagel und Blitzschlag.

Angeregt durch eine göttliche Eingebung der belgischen Ordensschwester Juliana (Julia) von Lüttich, setzte Papst Urban IV. im Jahr 1264 Fronleichnam auf den zweiten Donnerstag nach Pfingsten fest. Der Name des neuen Festes setzte sich aus den beiden Worten »frôn«, das bedeutet »Herr« oder »heilig«, und »lichnam«, was mit »lebender Leib« zu übersetzen ist, zusammen (Werner, P. u. R.).

Juliana hatte eines schönen Tages, man zählte das Jahr 1246, in ihrer kargen Klosterzelle eine eigenartige **Vision** erlebt: Vor ihrem inneren Auge war plötzlich eine **strahlende Sonnenscheibe** mit einem dunklen Fleck darauf erschienen. Jesus Christus selbst teilte ihr mit, dass die Sonne das Kirchenjahr darstellen würde und der schwarze Punkt darauf ein Fest symbolisiere, das im Kirchenjahr noch fehlte. Die Nonne handelte sofort und setzte buchstäblich Himmel und Hölle in Bewegung, um dieses Fest »Verum Corpus Domini«, das **Fest** vom **wahren Leib des Herrn**, durchzusetzen. Sie stieß auf taube Ohren, auf Hohn und Gelächter. Niemand nahm die Ordensfrau ernst. Am 5. April 1258 starb Juliana, ohne irgendetwas erreicht zu haben. Erst als fünf Jahre nach dem Tod der Seherin einem böhmischen Priester während einer Messe, die er in der Nähe der italienischen Stadt Orvieto abhielt, plötzlich warmes, dunkles Blut aus der Hostie auf seine Finger tropfte, reagierte Rom und der Heiland konnte sich im Himmel droben endlich entspannt zurücklehnen: Das Kirchenjahr war nun komplett.

Schon sehr früh – der erste historische Umgang ist 1277 im oberbayerischen Benediktbeuern belegt, dicht gefolgt von Würzburg und Köln im Jahr 1298 – begann man zu Ehren des **Großen Antlasstages**, wie Fronleichnam auch genannt wird, Prozessionen durchzuführen, wobei das Mitführen der **Monstranz**, dem Allerheiligsten, unter dem »Himmel« aus schwerem Stoff besonders wichtig ist. Der Begriff »Antlass« lässt sich aus dem mittelhochdeutschen Wort »Antlaz« ableiten und ist mit Erlass, Lossprechung oder Ablass zu übersetzen. An solch einem »Antlasstag«, am **Gründonnerstag** feiert man traditionell den **Kleinen Antlasstag**, wurden früher die öffentlichen Kirchenbüßer von ihren Sünden losgesprochen.

In vergangenen Zeiten nahmen bei den großen Fronleichnamsprozessionen grundsätzlich die verschiedenen Vertreter der Zünfte teil. So ist aus dem Jahr 1484 die genaue Auflistung der 43 Berufsstände erhalten, die dem Umgang, so nennt man in Bayern landläufig eine Prozession, eine strenge Reihenfolge einhaltend, in München beiwohnten. Vom Schuhmacher zum Weber über Sattler, Goldschmied und Metzger bis hin zum Gerber, alle waren sie an diesem feierlichen Tag auf den Beinen. Den Abschluss bildeten traditionell meist die Bäcker und Müller. Ganz hinten, am Ende

des Zuges, gingen die Bettler und Armen, Witwen und Waisen. Heute haben Bruderschaften, Gebirgsschützen und andere Schützenvereine samt Musikanten die Zünfte ersetzt. Sie begleiten die ortsansässigen Geistlichen auf den vier Stationen des Umgangs. Diese vier Haltestopps sind durch **geschmückte Altäre** gekennzeichnet, an denen der Pfarrer jeweils den Anfang eines der **vier Evangelien** vorträgt, umrahmt von lauten **Böllerschüssen**. Dann geht es langsam weiter, begleitet von Fronleichnamsgesängen, deren Ursprünge weit in die Vergangenheit zurückreichen.
Auch das Schmücken, das so genannte **Prangen**, der Häuser und Straßen an Fronleichnam hat eine lange Tradition. Bereits im 15. Jahrhundert begann man mit dem Aufstellen von Bäumen entlang des Prozessionsweges und rote goldbestickte Tücher wehten aus den Fenstern in Anlehnung an das Blut des Heilands. Schon damals streute man, genau wie heute, vor dem Baldachin, unter dem sich die geweihte Hostie befindet, Rosen- und andere Blütenblätter. In manchen Orten legt man dem Allerheiligsten kunstvoll »gewebte« Blütenteppiche zu Füßen und überall werden reich verzierte **Prozessionsstangen** und Fahnen von den verschiedenen Vereinen mitgetragen.
Eine Fronleichnamsprozession der besonderen Art können Sie jedes Jahr im oberbayerischen Murnau am Staffelsee (Lkrs. Garmisch-Partenkirchen) bestaunen. Dort begibt sich die gesamte Prozession auf prächtig geschmückte Boote. Vor malerischer Kulisse wird die Monstranz über den See gerudert, wobei auch hier vier Mal angehalten wird, um dem Pfarrer die Gelegenheit zum Vortragen der Evangelien zu geben.

Gamsbart

Ein Tourist, egal ob aus Übersee, Japan, Korea oder »nur« aus dem Norden Deutschlands, hat es in Bayern – einem der beliebtesten Urlaubsziele weltweit! – mitunter recht schwer. Es gilt **regionale Besonderheiten** zu begreifen und zu verstehen, deren Bedeutungen sich auf den ersten Blick nicht so recht erschließen mögen. Schaut man dann noch ein zweites Mal hin, kann es passieren, dass man vollkommen in die Begriffsstutzigkeit abgleitet. Das ist nicht weiter tragisch, denn das passiert gelegentlich auch den Einheimischen.

Die **bayerische Tracht** hat da an Fallbeispielen so einiges zu bieten. Regelrecht »sinnfrei« mag einem Asiaten – hier stellvertretend für alle Bayernabenteurer genannt – zum Beispiel das so genannte **Loferl** vorkommen, das er vielleicht zufällig beim alljährlichen **Trachtenumzug** des Münchner **Oktoberfestes** an einem der vielen strammen »Wadln« erspäht. Im Gegenzug wundert sich ein Bayer im fernen Tokio vielleicht über den dicken, stoffverstärkten Po einer Geisha im Kimono, doch der ist hier nicht Gegenstand der Diskussion.

In manchen Gebieten des Freistaats trägt das »g'standene« Mannsbild zur **Lederhose** besagte »Loferl«. Das sind gestrickte »Wadlstutzen«, aus Wolle natürlich, oft grau-grün gemustert, die früher einmal das gesamte Bein vom Knie abwärts bis zu den Knöcheln bedeckt haben. Ein Fußteil gab es nicht; um einen besseren Halt in den Schuhen zu haben, stieg man meist barfuß in dieselben (→ Haferlschuh). Im Laufe der Zeit reduzierte sich dieser unfertige Kniestrumpf zum zentimeterbreiten »Wadenband«, das heute nur noch als schmuckes Accessoire dient und absolut keinen praktischen Zweck mehr hat.

Ganz anders der **Gamsbart**. Seine Bestimmung ist durchaus sinnig und nachvollziehbar. Je größer und prächtiger dieser Hutschmuck beim Mann ausfällt, denn nur dieser ist zum Tragen des »Bartes« berechtigt, desto mächtiger ist sein Besitzer zu bewerten. Manche Gamsbärte spannen sich wie **pilzförmige Schirme** über die Hüte ihrer Träger. Begegnen Sie einem solchen **Prachtexemplar** – Frauen aufgepasst! –, dann steht vor Ihnen ein Mann mit bärenstarken Kräften und einer ebensolchen Potenz.

Diese Behauptungen stammen natürlich aus dem Reich der Legenden und Mythen, wobei da schon was dran sein kann. Unsere Besucher aus Fernost kennen potenzfördernde Mittel aus dem Tierreich auch, denken wir nur an die Tigerkralle, an Nashornpenisse oder Haifischflossen. Letztere zum Süppchen verkocht, sollen wahre Wunder bewirken.

Der Gamsbart war – und ist – in erster Linie eine **Jagdtrophäe**. Und wer den dicksten Gamsbock erlegt, der ist, im übertragenen Sinne, nun mal der Beste und Stärkste. Heutzutage kann man auch im Internet Jagd auf Gamsbärte machen und bequem vom Schreibtisch aus seine Beute erlegen – sprich ersteigern –, aber darüber reden wir hier erst gar nicht.

Die **Gämse** ist ein ziegenähnliches Geschöpf, das im **Hochgebirge** bis in die Gletscherregionen hinauf lebt und den gesamten **Alpenraum** bevölkert. Zwei Mal im Jahr verfärbt sich das Haarkleid der »Gams«, und zwar im Frühjahr und im Herbst. Der Gamsbart selbst stammt selbstverständlich nicht vom Kinn dieses behänden Wildtieres; er wächst im Winter auf dem **Widerrist**, also auf dem erhöhten Teil des Rückens, der erwachsenen **Gamsböcke**.

Hat der Jäger seine Beute erlegt und ist er zudem scharf auf den Gamsbart, dann rupft er die langen dunklen Haare mit ihren hellen Spitzen aus dem noch warmen Körper. Das ist ganz wichtig, sonst wird das Haar von der Wurzel her beschädigt. Dieses im Idealfall ca. zwanzig Zentimeter lange Büschel wird in mitgebrachtes Zeitungspapier fest eingepackt und triumphierend zu Tal gebracht, wobei es für einen stattlichen Gamsbart schon mindestens sechs erlegte Tiere braucht. Zu Hause kümmert sich dann ein so genannter **Gamsbartbinder** um den Rest. Menschen, die diesen Beruf ausüben, findet man heutzutage nur mehr selten. Im Berchtesgadener Land gibt es aber immerhin noch vier davon.

Der Gamsbart wird nun also in die rechte Form gebracht. Dazu werden die Haare erst einmal gesäubert. Waschen, Föhnen, Legen, fast wie beim Friseur. Nach dem Reinigen werden die Haare gekämmt und dann der Länge nach sortiert und in kleine Büschel zusammengefasst. Diese feinen Haarbüschel, ca. neunzig Einzelhaare, werden dann mit einem einzigen Faden verbunden und um einen Metallkern gebunden. Ein Gamsbart kann aus bis zu **dreißigtausend Haaren** bestehen. Dafür braucht der Gamsbartbinder nahezu vierhundert einzelne Büschel, wobei die kürzeren das Herz des Bartes bilden. Nach außen hin wird das Ganze immer länger, damit dieser charakteristische, weich fallende Schirm, im Fachjargon als **Reif** bezeichnet, entsteht.

Das Gamsbartbinden, auch »Wildbartbinden« genannt, ist mittlerweile sogar zu einer **olympischen Disziplin** geworden. Alle zwei Jahre treffen sich die Männer – und Frauen! – dieser Zunft, abwechselnd im oberbayerischen Berchtesgaden und im österreichischen Bad Goisern zur **Gamsbartolympiade**, um sich ihre prächtigsten Exemplare von einer Jury bewerten zu lassen. Die Konkurrenz aus Tirol ist gefürchtet. Benotet werden die Dichte, der Reif, die Qualität des Haares und der Bund. Nicht zugelassen sind Exoten wie Antilopen- oder Wapitibärte. Wildsau-, Hirsch- oder Dachsbärte kommen hingegen durchaus zur Bewertung.

Im Chiemgau nennt man den Gamsbart »Wachler« und im Berchtesgadener Land trägt man das gute Stück vorn am Hut und nicht hinten, wie sonst üblich. Bei den Hüten gibt es natürlich wieder regionale Unterschiede: **Scheibling**, Dreher oder **Stopselhut** und wie sie alle heißen. Von der Bezeichnung »Seppel-Hut« sollte der Ortsunkundige lieber Abstand halten. Man outet sich damit sofort als Laie.

Ein gängiger Hutschmuck ist in Bayern auch der **Adlerflaum**. Ihn trägt man traditionell zur Lederhose, wobei das heutzutage nicht mehr so eng gesehen wird. Sehr beliebt ist auch der **Hackl**, die dunkle Feder des Spielhahns, die von den Gebirgsschützen bevorzugt wird.
Den Gamsbart sieht man heute in allen Lebenslagen und zu fast jedem »Gwand«, wobei er eigentlich, strengen Trachtlern zufolge, der krönende Abschluss des klassischen Trachtenanzugs sein sollte.

Goasslschnalzen

Schreckhafte Wintergeister haben in Bayern nichts zu lachen; ihnen wird mit gewaltigem Lärm Beine gemacht. Vom Glockenläuten über das **Böllerschießen** bis hin zum berühmten »Goasslschnoizen« wird alles versucht, um es dem Winter so richtig ungemütlich zu machen. Dabei sehnen wir uns doch alle jedes Jahr »Weiße Weihnacht« herbei und die Skifahrer beginnen zu stöhnen, wenn im Januar immer noch keine geschlossene Schneedecke auf den Bergen liegt. Nichtsdestotrotz, klirrende Kälte und lange, finstere Nächte haben schon unseren Vorfahren vor vielen hundert Jahren Unbehagen und sogar Angst bereitet. So entstanden Rituale und **heidnische Bräuche**, um den Dämonen, Hexen und Druden, die im Dunklen munkelten, habhaft zu werden und um die **guten Geister des Frühlings** zu wecken (→ Rau- und Rauchnächte).
Eine äußerst wirksame Methode, das böse »G'schwerl« in seine Schranken zu verweisen, ist das bereits erwähnte Goasslschnalzen oder »Schnoizen«, wie man zum Beispiel in Oberbayern sagt. Dieser Brauch des Peitschenschwingens hat auf der ganzen Welt seine Bewunderer gefunden und wird neben der Tracht – oder was man landläufig alles darunter versteht –, dem **Jodeln** und **Juchzen** (→ Musik), dem **Platteln** (→ Tanz) und natürlich dem **Bier** als typisch (ur)bayerisch verstanden (→ Bier). So gibt es zum Beispiel sowohl in Amerika als auch im nahe gelegenen Frankfurt am Main begeisterte **Trachtenvereine**, die neben anderen alpenländischen Traditionen auch dem Goasslschnalzen frönen.

Die Goassl, auch »Goissl« oder »Gassl« genannt, bezeichnet die **Fuhrmannspeitsche**, also die »Geißel«, wobei hier zwischen der **Kutscherpeitsche** – langer Stiel und kurze Schnur – und der Fuhrmannspeitsche – kurzer Stiel und lange Schnur – noch einmal unterschieden wird. Das soll uns aber nicht weiter kümmern, es sei denn, Sie liebäugeln mit der Belegung eines Goasslschnalz-Kurses.

An den **Fuhrleuten** kommen wir trotzdem nicht vorbei, denn die Vertreter dieses Berufsstandes waren quasi die Erfinder des Goasslschnalzens. Fuhr in vergangenen Zeiten ein beladenes Fuhrwerk in einen Ort oder in eine Stadt ein, ließ der Fahrer auf dem Kutschbock einen charakteristischen Knall mit seiner Peitsche ertönen. So wusste gleich jeder Bescheid, wer da mit welcher Fuhre ankam. Zur besseren Unterscheidung der verschiedenen Fuhrwerke entstanden verschiedenartige Knallfolgen. Richtige »Erkennungsmelodien« wurden da erfunden. Irgendwann wurde dann ein erster **Schnalz-Wettbewerb** ausgeschrieben und Bayern war, im wahrsten Sinne des Wortes, »schlagartig« um eine Eigenart reicher.

Mittlerweile hat sich diese Form des Sich-aneinander-Messens zu einer Meisterschaft gemausert. Alljährlich finden überall im Land so genannte **Preisschnalzen** statt. Dabei müssen sich die Teilnehmer an ein strenges Reglement halten. Bei den Bayerischen Meisterschaften dürfen zum Beispiel grundsätzlich nur Gruppen, die man **Passen** nennt, auftreten; Einzelschnalzer haben auf der Bühne – oder, je nach Veranstaltungsort, auf dem offenen Feld – nichts zu suchen. Einem alten Brauch nach treten die Männer traditionell in **ungerader Personenzahl** auf. Drei, sieben, neun oder elf Teilnehmer sind am häufigsten. Strenge »Werter« beobachten das Treiben und vergeben Punkte. Bewertet wird neben dem Schnalzen, das manchmal auch Schnallen oder Schnellen heißt, unter anderem der Gesamteindruck der Gruppe, wobei auch auf die Tracht geachtet wird, das Zusammenspiel mit den Musikern – falls vorhanden – und die Schwierigkeit der Schläge. Doch dazu kommen wir später.

Bei näherem Betrachten wirkt so eine Geißel recht unspektakulär und man kommt gar nicht auf die Idee, dass sie einen solch ohrenbetäubenden Krach hervorbringen kann. Die richtig lauten **Goassln** haben einen relativ kurzen Stiel, an dem eine drei bis vier Meter **lange geflochtene Schnur** befestigt ist, die sich zu ihrem Ende hin zum »Schmitz« oder »Poschn« verjüngt. Dieser **Schmitz** ist eine kleine, farbig eingefärbte Quaste aus Hanf oder – neuerdings – aus Perlon. Er ist zuständig für den Ton. Die Schnur selbst, das **G'häng**, wird ebenfalls aus Hanf gefertigt und mit alter Wagenschmiere, Sattlerpech oder Huffett eingelassen. Sie ist durch eine **Lederschlaufe**, dem **Team**, mit dem Stiel verbunden, der heutzutage oft aus Fiberglas gearbeitet ist und einen Griff aus Gummi hat. Früher verwendete man für die Stiele meistens mit Leinen überzogenen Judenstrick oder Holz.

Es heißt, dass man das Goasslschnalzen nur dann beherrscht, wenn man schon als kleiner Bub damit begonnen hat. Ein Erwachsener lernt diese Kunst angeblich nicht mehr. Und tatsächlich schaut das Schnalzen leichter aus, als es ist. Man braucht dafür vor allem **Kraft**, das nötige **Geschick** und ein ausgeprägtes Gefühl für **Rhythmus**. Vereint man dies alles in seiner Person, dann packt man beherzt den Griff der Goassl fest mit beiden Händen und lässt die Schnur gemächlich mehrmals um den eigenen Kopf kreisen. Eine ruckhafte Bewegung lässt die Geißel dann erstmals schnalzen. Man achte dabei auf die Beinstellung. Stehen Sie locker, aber breitbeinig auf der Erde. Das sieht gut aus und verleiht Ihnen die nötige Standfestigkeit. Traditionell begibt man sich übrigens mit aufgekrempelten Hemdsärmeln auf die Goasslschnalzer-Bühne. Aber verheddern Sie sich nicht mit Ihren Nachbarn, meine Herren; das gibt Punkteabzug! Übrigens haben auch die Frauen das Schnalzen schon längst für sich entdeckt und so gibt es heutzutage bereits reine **Mädchen-Passen**, die souverän ihren Mann stehen.

Wie beim Tennis gibt es auch beim Goasslschnalzen die Unterscheidung zwischen Vor- und Rückhand. Der so genannte **Doppelschlag** ist eine Folge von abwechselnden Vor- und Rückhand-

schlägen. Die Krönung ist allerdings die **Triangel**, eine für Laien komplizierte Form des Doppelschlages.
Während man die kurze Goassl meist in geschlossenen Räumen, auf diversen Festwägen oder in Bierzelten bewundern kann, wird die lange Geißel als **Böller-Ersatz** draußen eingesetzt.
Aperschnalzen oder »Aper-Goassln« nennt man das laute Vertreiben des Winters in vielen Gebieten des Alpenraums. Wobei der Begriff »aper« von dem althochdeutschen Wort »apir« abgeleitet wird, was übersetzt »offen« bedeutet und die vom Schnee unbedeckte Erde meint. Das Aperschnalzen beginnt traditionell am **Stephanitag**, am 26. Dezember, und endet mit dem **Faschingsdienstag**. Heutzutage nimmt man das allerdings nicht mehr so genau und so sieht und hört man die lange Goassl auf vielen Festen das ganze Jahr über schnalzen.
Im Rupertiwinkel – so wird der oberbayerische Landstrich zwischen Traun und Salzach genannt – treten alljährlich im Februar große und kleine Aperschnalzer und Aperschnalzerinnen im Rahmen eines beeindruckenden Preisschnalzen gegeneinander an. Bei oft lausigen Temperaturen heißt es dann: **... oans, zwoa, dahi' geht's!** Auf dieses Kommando hin schwingen bis zu hundert verschiedene Passen – schön nacheinander – die langen Goassln beängstigend nah über ihre Köpfe hinweg und erzeugen dabei einen Lärm, der kilometerweit zu hören ist. Die »Siegerpass« nimmt die so genannte »Wandergoassl« mit nach Hause. Zwölf Monate lang bleibt sie als Trophäe bei den Gewinnern – bis sie im nächsten Jahr erneut im Mittelpunkt des Wettkampfes steht.

Haferlschuh

Wohl im Jahr 1803 erblickte der erste Haferlschuh das Licht der Welt. Ein Schuhmacher aus dem Allgäu hatte sich schon länger mit dem Gedanken getragen, einen **soliden Arbeitsschuh** für die Jäger und Bergbauern der Gegend zu fertigen. Eine **Gämse** soll Franz Schratt letztendlich dann zum so genannten **Haferl** inspiriert haben. Und die trittsicheren Hufe des eleganten Tieres erinnern tatsächlich an die schlicht-schöne Form des Haferlschuhs.

Da es heutzutage den wenigsten von uns vergönnt ist, die Beine einer Gämse genauer unter die Lupe zu nehmen, um die Urform des Schuhs zu untersuchen, besuchen wir lieber gemeinsam einen der wenigen **Haferlschuhmacher**, die es noch gibt. An den Fingern einer Hand kann man die Handwerker abzählen, die sich in Bayern noch auf das Meisterwerk verstehen, Haferlschuhe in Handarbeit herzustellen. Über die Legende von der Gämse aus dem Allgäu wird da meist nur müde gelächelt und auch dass der Name »Haferlschuh« von **britischen Sommerfrischlern** geprägt worden sein soll, wird in der Zunft auch nur als nettes Gerücht gehandelt. Die Urlauber aus dem nebelumwogten Norden haben der Überlieferung nach angeblich beim Anblick des Schuhwerks der einheimischen Bergbauern erstaunt ausgerufen: **Oh look, half shoes!** Selbst in elegante Stiefel gekleidet, galt es im 19. Jahrhundert als unschicklich, zu viel Bein zu zeigen. Die nackten, braun gebrannten Knöchel der Allgäuer – einen original »Haferl« betrat man früher übrigens oft unbesockt (→ Gamsbart) – erregten naserümpfendes Aufsehen.

Doch zurück in die Schuhwerkstatt des 21. Jahrhunderts. Es riecht nach Leder und Kleister, im Hintergrund dudelt ein Radio. In den Regalen drängen sich edle Damenschuhe neben ausgelatschten Straßentretern. Allesamt frisch besohlt, warten sie auf ihre Besitzer. Den Haferlschuhen ist ein Extraplatz eingerichtet worden. Sie harren in einer liebevoll dekorierten Ecke ihrer Bewunderer.

Zunächst fällt die eigenartige Spitze am Schuh auf. Sie ist keck nach oben gezogen und garantiert so größtmöglichen Raum für die Zehen beim bergab gehen. **Schiffchen** wird diese Spitze ihrer Form wegen genannt. Der seitlich tiefe Ausschnitt, der unseren englischen Freunden vor zweihundert Jahren sofort aufgefallen ist, soll verhindern, dass die **empfindlichen Fußknöchel** am Leder scheuern. Auffällig ist neben der großen Lasche des Schuhs auch sein ursprünglich **hoher, eleganter Absatz**. In früheren Zeiten, denken wir nur an die Renaissance oder an das üppige Barock, war es oft üblich, dass auch der Mann auf erhöhten Absätzen einherstöckelte. Die Frau hingegen trug eine Zeit lang flache »Ballerinaschuhe«, doch gerade die Schuhmode wechselte häufig. Beim **original Haferlschuh**, der ja einst nur für das männliche Geschlecht konzipiert war, hat sich der erhöhte Absatz bei Liebhabern noch erhalten. Heute kann man natürlich auch Schuhe mit flacher Profilsohle aus Gummi in Auftrag geben; und auch den Frauen wird der Haferlschuh nicht mehr vorenthalten. Die **großzügige Lasche** aus Leder erinnert uns dann wieder daran, dass wir eigentlich einen Arbeitsschuh in Händen halten. Sie sollte verhindern, dass sich Staub und Dreck ins Schuhinnere schlich.

Das Charakteristische am »Haferl«, der sich im Laufe der Zeit vom Arbeits- zum Trachtenschuh entwickelt hat, ist seine **Machart**. Schwört der eine Schuhmacher darauf, dass das Leder für das so genannte Oberteil des Schuhs aus einem Stück zu fertigen ist, ohne Naht an der Ferse quasi, achtet der andere auf ein authentisches Innenleben der Sohle mit Brandsohle, Korkeinlage und Holzkeil. Beim Vernähen des guten Stücks sind sich dann alle wieder uneingeschränkt einig: **Zwiegenäht** muss er sein, der Schuh. Und wenn er schon nicht mit dieser charakteristischen sichtbaren

Doppelnaht versehen wird, dann sollte er zumindest **rahmengenäht** werden! Diese beiden Arten des Verbindens des Schuhs mit seiner Sohle garantiert **höchstmögliche Belastbarkeit**, ähnlich wie bei der Doppelnaht der Jeans, die ja ursprünglich auch nicht für einen Achtstundentag im Büro entworfen wurde.

Haben Sie sich nun entschlossen, Ihren geplagten Füßen eine maßangefertigte Behausung zu gönnen, sollten Sie erst einmal viel Zeit mitbringen. Im Schnitt beträgt die Wartezeit für ein Paar Haferlschuhe ein Jahr, so ausgebucht sind unsere Haferlschuhmacher. Vom **Leisten** – aus Buche gefertigt – bis zum **fertigen Schuh** benötigt der Meister dann in der Regel noch einmal ca. fünfunddreißig Arbeitsstunden. Bei Abholung müssen Sie dann tief in die Tasche greifen: Zwischen tausend und tausendfünfhundert Euro kostet ein Original-Haferl, der dann, bei guter Pflege, mindestens zehn Jahre hält. Entsprechende Fabrikschuhe stammen übrigens meistens aus Ungarn oder Tschechien und halten einem direkten Vergleich nicht stand.

Heiligdreikönig

Aus dem schwarz bemalten Gesicht blitzen zwei kecke blaue Augen; auf dem Kopf balanciert eine golden gezackte Pappkrone, deren Werbeaufschrift für eine große amerikanische Hamburger-Kette ungelenk überpinselt ist. Flankiert wird diese seltsame Erscheinung von zwei orientalisch angehauchten Gestalten, unter deren weiten Umhängen bunte Schneehosen und dick wattierte Stiefel hervorlugen. **Kaspar**, **Melchior** und **Balthasar** im Miniformat haben sich aufgemacht, um die Kunde von der Geburt des Erlösers unter die Leute zu bringen.

Seit dem Ende des 15. Jahrhunderts pflegt man am 6. Januar, dem **Dreikönigstag**, in Bayern den Brauch des **Sternsingens**. Dabei ziehen – entweder am Vorabend des eigentlichen Feiertages oder direkt an Heiligdreikönig – verkleidete Kinder, und manchmal auch erwachsene Männer, von Haus zu Haus, singen ihre Weisen und zeichnen mit weißer, geweihter Kreide das berühmte C+M+B (inklusive Jahreszahl) an die Türstöcke. Diese drei Buchstaben sind die Abkürzung des lateinischen Segensspruches **Christus Mansionem Benedicat** und mit »Christus segne diese Wohnung (dieses Haus)« zu übersetzen ist. Einem **alten Volksglauben** nach hindern die Zeichen **böse Geister** daran, die Schwelle zu übertreten.

Bereits seit dem 12. Jahrhundert, genauer seit dem Jahr 1164, verehrt man die **drei Männer** aus dem **Morgenland** in Deutschland wie Heilige, denn genau genommen wurden Kaspar, Melchior und

Balthasar nie wirklich heilig gesprochen. Damals kamen die sterblichen Überreste der **Drei Magier**, wie sie auch genannt werden, durch Kaiser Barbarossa nach Köln in den berühmten Dom. Dort werden sie heute noch in einem bombastischen, über und über mit glänzenden Goldornamenten und zahlreichen Figuren verzierten Schrein aufbewahrt.

Der Festtag der Drei Könige wird gleichzeitig als **Epiphaniasfest**, als das **Hochfest der Erscheinung des Herrn**, bezeichnet. Das Wort Epiphanie kommt aus dem Griechischen und bedeutet so viel wie »Erscheinung einer Gottheit«. Bis zum Ende des 4. Jahrhunderts feierten die Christen die Geburt des Heilands, also Weihnachten, am 6. Januar, dann verlegte die Kirche, wohl auch, um dem heidnischen Fest der **Wintersonnwende** etwas an Kraft und Anziehung zu nehmen, Jesus' Geburtstag auf den 24. Dezember (→ Sonnwend). Von da an gedachte man am 6. Januar mit dem Epiphaniasfest der **Taufe Christi** im Jordan. Und auch der Beginn eines neuen Jahres war bis zum Jahr 1690 der 6. Januar und wurde als Oberneujahr oder Hochneujahr bezeichnet.

Doch bleiben wir bei den ersten Besuchern, die dem Jesukind in seiner ärmlichen Krippe ihre Aufwartung machten. Ganz sicher ist man sich übrigens nicht, ob sich damals tatsächlich **drei weise Männer** per Kamel – ein Elefant soll auch dabei gewesen sein – auf den beschwerlichen Weg gemacht haben, um einem strahlenden Stern am Himmel zu folgen, der sie schließlich nach Bethlehem führte. Der **Evangelist Matthäus** jedenfalls berichtet in seinen Aufzeichnungen von Magiern – über die genaue Anzahl schweigt er sich aus –, die beladen mit Geschenken am Ort des wundersamen Geschehens auftauchten. Also, dann gehen wir mal davon aus, dass etwas Wahres an der Geschichte dran ist.

Gold, Myrrhe und Weihrauch hatten die mächtigen Männer auf den Rücken ihrer Wüstenschiffe im Gepäck verstaut; und jede dieser Gaben hatte, für sich gesehen, einen großen Symbolwert. Da haben wir zum einen **Gold**, das edelste Metall überhaupt. Es gebührte schon in der Antike ausschließlich den Königen. Gold bedeutete Macht und Kraft und mit diesem kostbaren Geschenk hul-

digten die drei Weisen dem Sohn Gottes und erkannten ihn als Herrscher über die Welt an.
Mit der **Myrrhe** hingegen, einem wohlriechenden, zu Harz erstarrten Saft, weisen die fremden Männer auf die ferne Zukunft hin. Myrrhe ist ein **Symbol** für den **Kreuztod** und gleichzeitig zeichnet sie den jungen Jesus als Heiler aus. Zu Christi Zeiten verwendete man das flüssige Baumharz gerne zum Einbalsamieren von Leichen. Und im Mittelalter galt es als **wirksames Heilmittel** gegen Migräne und schlecht heilende Wunden.
Als letzte Gabe zogen unsere weit gereisten Herren **Weihrauch** aus ihren Taschen, ebenfalls ein Harz, und ungleich kostbarer als die Myrrhe. Der Weihrauch wird auch heute noch als der **Duft Gottes** bezeichnet und in heidnischer Zeit verband man mit ihm die Möglichkeit, per Rauchzeichen Kontakt zu den Göttern aufzunehmen. Mit diesem Geschenk ehrten die Heiligen Drei Könige das kleine Kind als Weltenpriester.
Mit Hilfe des Weihrauchs schaffen wir nun auch ganz leicht und elegant den Übergang zu einem uralten heidnischen Ritual, das schon seit Jahrhunderten die Nacht auf den Dreikönigstag prägt. Mit Heiligdreikönig finden nämlich die **zwölf Raunächte** (siehe gleichnamiges Kapitel) ihr Ende und in dieser letzten, so genannten **Kleinen Raunacht** ist es Brauch, Haus und Hof durch **rituelles Räuchern** zu segnen und zu reinigen. Dabei können die drei Weisen aus dem Morgenland gute Hilfestellung leisten, denn mit der Bitte um ihre schützenden Hände ist man auf alle Fälle wirkungsvoll vor Unfällen im Haus, Feuer und Krankheiten geschützt. Zusätzlich ist es ratsam, **Weihwasser** zu versprengen und Salz zu streuen; beides wird am Vorabend des Dreikönigstages in den Kirchen geweiht.
In den Raunächten treiben sich allerhand Geister und Dämonen im Schutze der Dunkelheit herum; die **Wilde Jagd** galoppiert durch die Lüfte und die Druden kriechen verstärkt aus ihren Unterschlüpfen (→ Hexen). Da ist es ratsam, auf der Hut zu sein und auch in der letzten Raunacht Augen und Ohren offen zu halten. Außerdem sollte man sich an einige zwingend notwendige Regeln halten.

Wer zum Beispiel bis Heiligdreikönig seine **Weihnachtsplätzchen** immer noch nicht komplett verspeist hat, dem droht im kommenden Jahr Unheil – ganz zu Schweigen davon, dass die Dinger irgendwann hart wie Stein werden. Wer am Dreikönigstag zudem noch einen Löffel, verkehrt herum im Erdboden steckend, findet, der braucht sich auf das Weihnachtsgebäck im nächsten Dezember erst gar nicht mehr zu freuen; dieses ungewöhnliche und Gott sei Dank recht seltene Zeichen bedeutet nämlich, dass man bald sterben muss. Das Damoklesschwert des Todes trifft übrigens auch denjenigen, der sich vor dem gemeinsamen **Räucherritual** am 6. Januar drückt. Es heißt, dass grundsätzlich die komplette Familie eines Hauses zum Ausräuchern anwesend sein muss, sonst geschieht ein schreckliches Unheil. Zum Schluss noch eine gute Nachricht: Wer in der **Epiphaniasnacht** von der Heiligen Dreieinigkeit träumt, der wird im neuen Jahr etwas verloren Geglaubtes wieder finden (Werner, P. u. R.).

Hexen

Ist Ihnen schon aufgefallen, dass es in diesem Buch nur so wimmelt von Hexen, Druden und Geistern? An allen Ecken und Enden sind sie anzutreffen. In den **Geister- und Orakelnächten** jagen sie ums Haus, begehren Einlass und wehe, sie haben es geschafft, sich den Zugang zu erschleichen oder gar zu erhexen! In den Ställen verschrecken sie das Vieh, dass die Milch über Wochen nur noch sauer aus den Eutern strömt – wenn dann überhaupt noch was aus den verängstigten Tieren herauszuquetschen ist. Die **Druden** haben sich auf arme unschuldige Kinder spezialisiert. Sie kriechen, dünn wie Stricknadeln, durch Fensterritzen und Schlüssellöcher, um sich als Albträume in den Köpfen Schlafender zu manifestieren. Kurz und gut, wir sind umgeben von üblem Gesinde – mal abgesehen von ein paar **guten Hausgeistern** vielleicht – und es gilt, diesem aufmüpfigen Volk das Handwerk zu legen.
Vieles in unserem regionalen Brauchtum hat sich aus dieser **Geisterabwehr** entwickelt, denken wir nur an das »Ausräuchern« von Haus und Hof in den **Frei-** oder **Raunächten** (→ Rau- und Rauchnächte).
Im Winter plagen uns die **dunklen Mächte**, denen wir versuchen, mit Lärm und Licht Herr zu werden, und im Sommer gilt es, die **Wetterhexe** in Schach zu halten, damit sie uns nicht die ganze Ernte verhagelt. Falls in Ihrem Stall eine besonders hartnäckige Hexe ihr Unwesen treibt, dann pusten Sie doch einfach mal kräftig in die Nasenlöcher Ihres lieben Viehs. Das mag das freche Weib nämlich überhaupt nicht und so kommt sie erst gar nicht auf die

Idee, in einen der Tierleiber einzufahren, um es sich dort gemütlich zu machen.

Eine besonders grausige Hexe ist Luzia, die **schiache Luz**, die im Dezember aus ihrem Unterschlupf kriecht, ausgehungert nach frischem Menschenfleisch (→ Sonnwende, → Advent). Sie bevorzugt die zarten Innereien von Kindern und zieht am 13. Dezember mit Messer und einem großen Weidenkorb auf dem krummen Rücken durch die Straßen, um sich für das kommende Jahr einzudecken.

Den meisten von uns ist natürlich in Sachen Hexen die **Walpurgisnacht** ein Begriff; doch kaum einer weiß, dass schon in den Tagen und Wochen vor der Nacht auf den 1. Mai einige wichtige Termine im Festtagskalender der Hexen verzeichnet sind. Und auch nach dem legendären Tanz auf dem **Blocksberg** geht es bis in den Dezember hinein rund.

So steht am Anfang des Jahres gleich der Februar ganz im Zeichen von Magie und Zauberei: Der 1. Februar gilt in einschlägigen Kreisen als **Hexensabbat**, der in der Nacht vom 1. auf den 2. Februar mit einem großen Fest begangen wird. An geheimen Orten finden, zumeist bei frostigen Temperaturen, Zusammenkünfte statt, bei denen die Aufnahme der neuen Hexen in die Gemeinschaft eine herausragende Rolle einnimmt. Traditionell treffen sich **bayerische Hexen** zum Hexensabbat gerne am Südende des schönen **Tegernsees** auf dem Ringberg. Doch auch der Gipfel der **Brecherspitze**, zwischen Schliersee und dem Spitzingsee gelegen, wird gerne aus den Lüften angesteuert. Dort oben tanzen sie, einem alten Volksglauben nach, gegen den Uhrzeigersinn ums lodernde Feuer und huldigen dem Mond.

Hexensabbate sind über das ganze Jahr verteilt. So zählt zum Beispiel auch die erste Nacht im August zu den großen Hexensabbaten. In jener Nacht soll einst der **Engel Luzifer** in die Hölle gestürzt worden sein. Ein bisschen bescheidener werden in Hexenkreisen die **Tag-und-Nacht-Gleichen** im Frühling (20. März–23. März) und im Herbst (20. September–23. September) gefeiert. Dafür geht es in den **Freinächten** (zum Beispiel in der Walpurgisnacht und zur Sommersonnwend im Juni oder in der Nacht von Allerheiligen auf Allerseelen) dann wieder so richtig rund. Ganz zu schweigen von den **Geister- und Drudennächten** (z. B. an Heiligabend und in den darauf folgenden zwölf Raunächten), in denen sich die Hexen mit anderen **unheimlichen Geschöpfen** zusammentun, um auf der Erde Angst und Schrecken zu verbreiten. Doch auch in der Geisterwelt existiert eine gewisse Rangordnung; die Hexen liegen da auf den hinteren Plätzen. Sie sind bei **Kobolden**, **Dämonen** und **Waldgeistern** gar nicht gerne gesehen, also spuken sie meist für sich oder mit ihresgleichen.

Menschen mit übersinnlichen Begabungen können diese besonderen Nächte nutzen, um in die Zukunft zu schauen; die Türe zur magischen Welt steht ihnen offen. Aber auch die nicht so ganz sensiblen Zeitgenossen unter uns haben in den Geisternächten die Möglichkeit, das **Orak**el zu befragen – ob es antwortet, das sei dahingestellt. In den **Freinächten** gilt nicht nur für Hexen im wahrsten Sinne des Wortes **Freie Fahrt**, auch die Normalsterblichen, vor allem junge, unverheiratete Burschen, dürfen im Schutze der Dunkelheit Schabernack treiben. Alles, was nicht niet- und nagelfest ist, wird versteckt oder an den unmöglichsten Plätzen deponiert. So hat schon mancher Bauer am nächsten Morgen seinen Heuwagen, den er am Abend zuvor vor lauter Müdigkeit nicht mehr in die Scheune gefahren hat, auf dem Dachgiebel gefunden. Es ist ratsam, in der Freinacht keine Wäsche draußen hängen zu lassen und Gartenmöbel gut zu verräumen.

Vom 30. April auf den 1. Mai ist Walpurgisnacht. Wie bereits erwähnt, tanzen dann die Hexen nicht nur auf dem berühmten Blocksberg unter nachtschwarzem Himmel; im ganzen Land gibt es heimliche Orte, an denen sie sich zum Stelldichein treffen. Dazu zählen vor allem alte **verlassene Friedhöfe**, abgelegene Wiesen und Felder und **einsame Berggipfel**. Im Bayerischen Wald sind es bevorzugt große, vom Mond beschienene Lichtungen, im oberbayerischen Alpenraum die bereits erwähnten Berge rund um den Tegernsee; abgelegene Seen und **verfallene Burgruinen** sind ebenfalls sehr beliebt.

Eine Hexe würde niemals zu Fuß zu einem Fest kommen, die anderen würden sich vermutlich schlapp lachen. Neben Besen aller Art sind Mistgabeln und lange Holzstecken schon seit Jahrhunderten der Renner in Hexenkreisen. Ab und zu wurde auch schon mal ein Staubsaugerrohr gesichtet, doch das halte ich, ehrlich gesagt, für ein Gerücht.

Das bekannteste Attribut einer Hexe ist neben **Zauberstab** und **Besen** der **Hexenkessel**. In ihm brodelt und blubbert es unablässig; farbige Dämpfe steigen empor und übel riechende Dunstschwaden vernebeln das **Hexenhaus**. Hexen wissen mit **Kräutern** aller Art umzugehen. Liebestränke, Beruhigungsmittel und sogar Salben, nach deren Anwendung auf der Haut kleine Federn sprießen und man sich in die verschiedensten Vögel verwandeln kann, gehören zum Repertoire einer gestandenen Hexe.

In Bayern kennt man vor allem die bereits erwähnte **Wetterhexe**. Sie besitzt die Fähigkeit, Sturm und Hagel heraufzubeschwören, lässt ganze Felder kurz vor der Ernte im Regen ertrinken und streut ein fein geriebenes Pülverchen – Rezeptur streng geheim! – in die Luft, um Nebel zu erzeugen. Der Wetterhexe kann man mit Hilfe von **genagelten Wetterkreuzen** (→ Wetter) das Handwerk legen oder man wirft **geweihte Palmbuschen** ins **Sonnwendfeuer**.

Eine ganz üble Sorte der Spezies Hexe hat es auf Wöchnerinnen und deren Neugeborene im Kindbett abgesehen. Sie saugen – warum auch immer – Blut aus den Brustwarzen der Säuglinge. Vor solch dreisten und ekeligen Übergriffen kann man sich schützen, indem man das Kind in Weihwasser badet; oder Sie legen ein 1,66 Meter langes, geweihtes Papierband, **Die natürliche Länge Christi** genannt, unter die Matratze der jungen Mutter. Nicht weniger unangenehm als diese Blutsauger-Hexe ist die so genannte **Schmalzhexe**. Dieses unselige Exemplar hat es auf die Milch fremder Kühe abgesehen und melkt so lange an den Eutern herum, bis nur noch Blut und Wasser aus den geplagten Zitzen fließen.

All diese fliegenden Damen treffen sich also in der Nacht auf den 1. Mai zum großen Walpurgisfest, wobei es natürlich noch Hexen ganz anderen Kalibers gibt: Denken wir zum Beispiel nur

an **Frau Percht** (→ Rau- und Rauchnächte), die in manchen Kreisen quasi als **Oberhexe** gilt. Eigentlich ist die »Perscht« eine **Göttin** aus der finsteren Unterwelt, aber ich vermute, sie zeigt sich trotzdem ab und zu auf dem Ringberg – zwecks der Gaudi!
Fälschlicherweise wird auch die **heilige Walburga** oft mit der Walpurgisnacht in Verbindung gebracht – und das nur, weil ihre Gebeine zwischen den Jahren 870 und 879, so ganz genau weiß man das nicht, in der Walpurgisnacht nach Eichstätt überführt wurden. Seitdem ist die Heilige untrennbar mit der wilden Hexenparty verbunden, dabei ist sie doch, unter anderem, die **Patronin** der **Wöchnerinnen** und könnte bei Anrufung gute Arbeit gegen Hexen leisten.
Kommen wir nun, wie versprochen, noch zu den Druden. Die sind auf den Hexenfestplätzen dieser Welt keine gern gesehenen Gäste. Das mag vielleicht daran liegen, dass sie eine ausgeprägte Neigung haben, Artfremden die Kehlen zuzudrücken. So ein Drang stört bei einem rauschenden Fest natürlich gewaltig, obwohl die Druden im Grunde zu den entfernten Verwandten der Hexen zählen. Als Drud, oder »Trud«, wird man geboren, aber erst im Alter von ca. vierzig Jahren entfaltet sich ihr volles »Talent«. **Druden** sind in der Regel extrem hässlich und fallen durch einen irren, unsteten Blick auf. Ihr Wirkungsfeld ist das menschliche Schlafzimmer. Druden können sich sehr dünn machen, etwa wie ein Strohhalm, und so gelangen sie dann durch Schlüssellöcher oder Türritzen hindurch zu ihren Opfern. Ganz übel sind übrigens die **Teufelsdruden**; sie sind generell unsichtbar und schweben den ganzen Tag über in der Luft, um während der Nacht dann gnadenlos zuzuschlagen.
Ist die »Trud« erst einmal in Ihr Schlafzimmer eingedrungen, dann gibt es kaum mehr eine Chance, ihr zu entrinnen. Ganz in Weiß gekleidet und mit einer eigenartigen Papiermütze auf dem Kopf, setzt sie sich blitzschnell auf Ihren Brustkorb und drückt zu. Das feige Weib bevorzugt, wie schon erwähnt, allerdings kleine Kinder, vor allem Neugeborene, was erklärt, warum manche Babys in ihren ersten Lebensmonaten ununterbrochen schreien. Die Drud hat Albträume aller Art in ihrem Gepäck und der Begriff **Albdruck** wurde maßgeblich von ihr geprägt.

Natürlich haben sich die Menschen in ihrer Not so manchen **Abwehrzauber** gegen den Einfall der Druden ausgedacht. Am besten wirkt noch der **Drudenstern** (→ Rau- und Rauchnächte) oder Sie schaffen es, trotz zugedrückter Luftröhre, das irre Weib anzusprechen. Mit den Worten: »Komm morgen wieder, kriegst auch eine schöne Suppe«, punkten Sie enorm, denn die »Trud« ist dann gezwungen, von Ihnen abzulassen. Sie wird zwar in der folgenden Nacht noch einmal erscheinen – keine Sorge, eine Suppe müssen Sie ihr nicht anbieten –, aber nur, um sich von Ihnen für immer zu verabschieden. Eine andere Methode, von der eher abzuraten ist, ist das Schlafen mit einem **geschärften Messer** auf dem Bauch. Dabei muss die Klinge in Richtung Füße zeigen, damit der Zauber wirkt. Es kann dabei allerdings passieren, dass Sie vorzeitig das Zeitliche segnen – und das ist nun wirklich nicht der Sinn der Sache!

Wie gesagt, Druden werden wir beim heimlichen Bespitzeln einer Originalwalpurgisnacht vermutlich kaum zu Gesicht bekommen, außer, es hat sich eine von ihnen unters Hexenvolk gemischt. Dafür gibt sich wahrscheinlich der **leibhaftige Satan** die Ehre. Alle Hexen haben sich nämlich bei ihrer Aufnahme in die Hexengesellschaft dem Höllenfürsten verschrieben, also ist klar, dass sich der Chef dieser Bagage auch bei einem solch wichtigen Termin blicken lassen muss.

Aus der Nähe betrachtet ist das Ganze schon ein extrem unheimliches Schauspiel, wie sie da alle in Trance um das meterhohe Feuer tanzen und wanken, den schwarzen Kräften huldigen, immer wieder in hysterisches Gelächter ausbrechen und ihrem gehörnten Meister zu Füßen liegen. **Schwefelgestank** liegt in der Luft und riesige, grotesk verzerrte Schatten beleben die Nacht. Manchmal kann man in der **Walpurgisnacht** das Gekreische der Feiernden von weit her hören oder man fühlt einen zarten Lufthauch, der von einem fliegenden Besen herrührt. Früher entzündeten auch die Menschen in jener Nacht **große Holzstöße**, um ein Gegengewicht zur magischen Welt zu schaffen – heute macht man das nur noch, um Spaß zu haben. Um Mitternacht läuteten dann zusätz-

lich die Kirchturmglocken und in den Höfen und Ställen wurde sorgsam darauf geachtet, dass Mistgabeln, Rechen und Besen aufrecht an die Wände gelehnt standen. In manchen Ortschaften Bayerns flochten die Burschen Schweifhaare von Rindern in ihre Peitschen, um dann mit knallendem Lärm der wilden Gesellschaft entgegenzutreten (Heres, H.).
Es gab auch eine Zeit, in der man versuchte, **unschuldige Frauen** mittels **Folter** und **Scheiterhaufen** den Garaus zu machen. »Dämonische Frauen«kennt man schon seit Urzeiten, sie tauchen in allen Kulturen rund um den Erdball auf, aber erst im 13./14. Jahrhundert kam bei uns die Bezeichnung »Hexe« auf. Und wir alle kennen die unsägliche Geschichte der **Hexenverfolgungen**, die gerade auf der Schwelle zur Neuzeit, nämlich im 15. und 16. Jahrhundert, ihren Höhepunkt fand. In Bayern lief die ganze Sache noch relativ glimpflich ab, doch auch innerhalb der weißblauen Grenzen fielen unschuldige Frauen der **Inquisition** zum Opfer und so wurde anno 1703 im Fürstbistum Passau die letzte Hexe verurteilt und verbrannt.

Hochzeit

Auf dem Tanzboden fliegen die Schürzenbänder. Die Luft im Saal ist rauchgeschwängert und den Musikanten rinnt der Schweiß über die hochroten Schläfen. Auf einer **typisch bayerischen Bauernhochzeit** geht es laut und fröhlich zu. Es wird gesungen, getanzt, geschmaust und getrunken, was das Zeug hält. Und inmitten all des Trubels bewegt sich der **Hochzeitslader**, neben dem Brautpaar die wichtigste Person auf solch einem Fest. Ohne den **Prograder**, wie er oft auch genannt wird, läuft quasi gar nichts. Bei ihm laufen alle Fäden zusammen; er ist Hauptorganisator, Sänger, Stimmungsmacher und er lädt die Gäste ein – kurz, er ist Mädchen für alles! Doch lassen wir zunächst das glückliche Brautpaar auf der Tanzfläche zurück und geben wir dem Hochzeitslader noch einmal die Gelegenheit durchzuatmen, um sich für die kommende **Gstanzl-Einlage** mit einer Mass Bier zu rüsten.

Vor einer jeden **großen Hochzeit** stehen deren Planung und eine Menge an Vorbereitungen, ganz zu schweigen vom nötigen Kleingeld. Da ist es egal, ob nun typisch bayerisch, orientalisch märchenhaft oder stilvoll ganz in Weiß geheiratet wird. Heutzutage gehen wir natürlich davon aus, dass sich Mann und Frau in Liebe finden und vereinigen, um dann aus freien Stücken heraus vor den **Traualtar** zu treten. Diese Art von Romantik war auf dem Land früher meist nicht üblich. Im Gegenteil, es zählten die harten Fakten, gerade wenn es ans Heiraten ging. Schließlich wollte man »sei' Sach« beieinanderhalten. Und nicht standesgemäß wurde sich eh nicht vermählt, da hatten Bauer und Bäuerin schon ein Auge drauf.

Außerdem konnten sich eine große Hochzeit im Grunde nur wirklich stattliche Bauern leisten, denn so ein Fest war schließlich mit enormen Kosten verbunden. Einem einfachen »Kleinhäusler«, einem Handwerker oder einem Arbeiter war es im Übrigen gar nicht erlaubt, dermaßen prachtvoll die Tochter unter die Haube zu bringen, ganz zu schweigen davon, dass sie es sich auch nicht leisten konnten. Der Standesdünkel lässt grüßen.

Den Hochzeitslader, im Niederbayerischen manchmal **Schmuser** genannt, was so viel wie Ehevermittler bedeutet und mit dem Küssen an sich angeblich rein gar nichts zu tun hat, benötigte man oft schon zum Herstellen des ersten Kontakts zwischen den in Frage kommenden Familien. Für so ein Gespräch brauchte der »Prograder« Einfühlungsvermögen, Fingerspitzengefühl und die rechten Worte. Es versteht sich von selbst, dass man für diesen Job nur Männer mit ausgezeichnetem Leumund nahm. Die Bezeichnung **Ehrvater**, wie der Hochzeitslader auch gerufen wird, spricht für sich. Er gehörte irgendwie zur Familie. Die Vertreter dieses »Berufsstandes« waren hauptberuflich meist Viehhändler, Schulmeister, aber auch Maurer oder Zimmermänner. In manchen Gemeinden übernahm sogar der Bürgermeister dieses Amt. Heute kann man im Internet zwischen ca. hundert Hochzeitsladern aus den verschiedensten Berufen wählen. Die Fortgeschrittenen unter ihnen rücken sogar mit vollelektronischen Heimorgeln zum Fest an. Jedes Jahr, meistens im Dezember, findet in Oberbayern ein **großes Hochzeitsladertreffen** statt. Man trifft sich, um sich auszutauschen, zu singen und zu musizieren.

Die Hauptsache war und ist vor allem natürlich eine schlagfertige Zunge und das Talent, Menschen unterhalten zu können. War zwischen den zukünftigen Eheleuten mit seiner Hilfe alles ausgemacht, das **Mahlgeld** festgelegt und die Aussteuer ausgehandelt und bei der »Nahterin«, der Schneiderin, in Auftrag gegeben, dann konnten die Hochzeitsvorbereitungen beginnen. Keine Feier ohne Gäste und weil die Zeiten der Telekommunikation noch auf sich warten ließen, schickte man den Hochzeitslader von Haus zu Haus, um persönlich die Einladungen zu überbringen.

Zu dieser Gelegenheit putzte sich unser Prograder natürlich fein heraus. In der Hand hielt er einen langen, mit bunten Bändern geschmückten Stock aus Rosenholz. Rote Stoffstreifen als Zeichen der Liebe, Blau für die Treue, Weiß für die Jungfräulichkeit und Grün als Symbol der Hoffnung. Am Hut – manchmal auch im Knopfloch – trug er ein frisches **Rosmarinzweiglein**. Rosmarin wehrt, einem alten Volksglauben nach, mit seinem intensiven Duft die bösen Geister ab. Die Pflanze war einst Aphrodite, der Göttin der Liebe, geweiht. Sie gilt als fruchtbarkeitsfördernd und beflügelt das Lachen und die Lebendigkeit. Neben **Myrte**, dem »Ewigkeitskraut«, findet man den Rosmarin auch oft im Brautstrauß, im **Brautkranz** und an den Revers der Hochzeitsgäste.

So zog der Hochzeitslader also von Tür zu Tür und brachte die Einladung der Brautleute in Versform an die Frau und an den Mann. Das erwartete (Geld-)Geschenk und die Höhe des Mahlgeldes, also die finanzielle Beteiligung der Gäste an Speis und Trank, ließ er dabei geschickt einfließen. Ein Stamperl Schnaps und ein kleines Trinkgeld nach vollbrachtem Vortrag und schon zog er weiter zum nächsten Hof. Vom Brautpaar erhielt der **Hochzeitsbitter** für seine Dienste in der Regel meist nur ein Oberhemd und Naturalien, da kam ein bisschen Bargeld für die Unkosten schon gelegen. In manchen Gegenden schrieb der »Schmuser« noch Ort, Termin und die Höhe des Mahlgeldes mit Kreide an die Türstöcke, damit auch ja keiner den wichtigen Termin verpasste. Er pries in **Liedern** und **Gstanzln** die Festivitäten, das zu erwartende Festmahl und die Tugenden des Brautpaares in den höchsten Tönen. Bis zu dreihundert Gäste wurden früher auf eine große Bauernhochzeit oft eingeladen, da hatte der Hochzeitslader viel zu tun!

Währenddessen ging es im Haus der Braut geschäftig zu. Das »Gwand« musste angefertigt und angepasst werden. Die junge Frau trug zu ihrer Hochzeit erstmals den **Schalk**. Das ist auf dem Land bis in unsere Zeit hinein so geblieben (→ Schalk, → Dirndl).

Auch die **Aussteuer** wurde nun zusammengestellt; alles in Handarbeit von einer eigens beauftragten **Nahterin** ge- und bestickt, eingesäumt und mit Monogrammen versehen: Bettwäsche, Leintücher, Tischdecken, Bänder, Handtücher und vieles mehr. Das Ganze wurde sauber gefaltet und zusammengelegt und kam schließlich zusammen mit verzierten Wachsstöcken, Heiligenbildern, dem Hochzeitsschmuck, Festtagskleidern und dem Gebetsbüchlein – um nur einiges zu nennen – in einen Schrank, in den so genannten **Kasten**, um ganz bewusst den kritischen, oft auch neidischen Blicken der Nachbarinnen und weiblichen Verwandten ausgesetzt zu werden. Als Lückenfüller fungierten dabei geflochtene Flachsstränge, denn nicht jede Braut hatte genügend »Sach«, um den Aussteuerschrank voll zu bekommen.

Später zierte der Kasten dann, neben Himmelbett, Wiege – ja, man war vorausschauend! – und diversen Küchengeräten den Kammerwagen der Braut. Dieser verließ ein, zwei Tage vor der Hochzeit festlich geschmückt das Anwesen der Eltern, um zum künftigen Hof gebracht zu werden. Dabei kamen oft auch die **Schützen** zu ihrem Vergnügen. Sie säumten den Weg mit ihren kleinen Handböllern, Vorderladern und Bockbüchsen (→ Schützen). Das **Hochzeitsschießen** sollte böse Geister und Dämonen vertreiben, wobei meistens nur die Pferde vor dem Kammerwagen versuchten, Reißaus zu nehmen.

Der Ehrenplatz auf dem Wagen, zwischen Tisch, Stuhl und Bett, gebührte dabei immer der »Nahterin«, die sich wochenlang die Finger wund gestochen hatte, um die Braut vor ihren neuen Schwiegerleuten nicht zu blamieren. Bevor aber die Rösser anzogen, um den heimischen Hof zu verlassen, stellte die Braut vor eines der vorderen Wagenräder einen irdenen Krug auf die Erde. Ging die Fahrt los zerbrach dieser in tausend Scherben und die Ehe lag unter einem guten Stern.

Begleitet wurde der **Kammerwagen** von einer prächtigen Kuh, die als Brautgabe keinesfalls fehlen durfte. Sie stand später tagelang, mit Blumen geschmückt, im neuen Stall, damit auch jeder sehen konnte, was die junge Frau für ein Prachtstück mit in die Ehe gebracht hatte. Heutzutage hält man sich ja mit der Angabe über die Höhe der Aussteuer hübsch bedeckt. Früher hingegen war eine Zurschaustellung der Habe selbstverständlich. Nur der

Bräutigam brachte seine Scherflein schon immer still und leise mit in die Ehe.

Der Begriff **Hochzeit** leitet sich vom althochdeutschen hochzit ab und wurde für alle weltlichen und geistlichen Feste angewendet. Bereits im Nibelungenlied findet sich diese Bezeichnung. Rituale gibt es um diesen Festtag zuhauf und gerade in Altbayern ist die Vielzahl der zu beachtenden Bräuche fast unüberschaubar. Das Wort **Verlobung** kennt man im alten bayerischen Sprachgebrauch nicht. Bis in die Mitte des 19. Jahrhundert hinein war in Oberbayern dafür der Begriff »Festen« im Gebrauch. In der Oberpfalz und in Teilen Niederbayerns hieß die Verlobung »Anhalten«, »Brautschau«, »Anschau«, »Heiratsausmachen« oder schlicht »Heirat«. Erst viel später meinte man mit »Hochzeit« und »Heirat« das Gleiche. Bis dahin hatte das »Heiraten« – die Verlobung – einen vertraglichen Charakter und wurde als Laientrauung vor der eigentlichen kirchlichen Hochzeit angesehen.

Die Vermählung zweier Menschen ist in unserer westlichen Welt in erster Linie ein zutiefst christlicher Akt. Damit alles glatt läuft in der Kirche und sich die Brautleute auch über Sinn und Zweck einer Trauung vor dem Allmächtigen im Klaren sind, steht vor der eigentlichen Hochzeit noch das so genannte **Stuhlfest** im Pfarrhaus an. Das Stuhlfest ist ein vertrauliches Gespräch zwischen Brautleuten und Pfarrer. In früheren Zeiten waren dabei auch die **Trauzeugen** zugegen. Nach der Vorbereitung des Aufgebots wurden diese jedoch entlassen und der Geistliche begann, über die Pflichten und Aufgaben eines neu gegründeten christlichen Hausstandes zu sprechen. Hatten die beiden dieses wohlmeinende Levitenlesen hinter sich, konnte der große Tag endlich kommen (Thoma, Ludwig: Hochzeit).

Beginnen wir also mit dem Tag der Hochzeit, nachdem Braut und Bräutigam am Abend zuvor, dem **Polterabend**, endgültig vom süßen Singledasein Abschied genommen haben; **Kunkelhochzeit** nennt man dieses Fest vor der eigentlichen Hochzeit in Bayern. Freunde und Verwandte bringen altes Geschirr, das dann gemeinsam zerschlagen wird, von zu Hause mit, um böse Geister zu ver-

treiben. Dabei sollte darauf geachtet werden, dass nur irdenes Tonzeug und Porzellan kaputtgemacht wird. Zerbrochenes Glas bringt nur Glück, wenn es zufällig, also nicht mutwillig zerstört wird.
Die darauf folgende Nacht ist kurz, denn noch bevor die Sonne aufgeht, werden die zukünftigen Eheleute höchst unsanft aus ihren Federn geholt. Mit **Böllerschüssen** – ein paar zerplatzte Luftballons tun es auch – beenden Freunde, unter Anleitung des Hochzeitsladers, meist gegen vier Uhr morgens den Schlaf der beiden. In Oberbayern steht im Garten, dort, wo das frisch gebackene Ehepaar einmal wohnen wird, der **Hochzeitsbaum**. Dieser lange Fichtenstamm wird von Verwandten und Freunden mit Bändern, Girlanden und Kränzen geschmückt. Aber auch Babyutensilien wie Strampler und Schnuller finden am Hochzeitsbaum ihren Platz, ein dezenter Hinweis auf das, was von den jungen Leuten schnellstmöglich erwartet wird. Stellt sich innerhalb eines Jahres nach der Hochzeit kein Nachwuchs ein, muss das Paar ein Fest mit **Freibier** ausrichten.
Doch weiter mit den Feierlichkeiten: Braut und Bräutigam haben sich mittlerweile aus den Betten geschält und bewirten ihre Freunde mit dem ersten Schnaps des Tages. Am Tag zuvor hat der Bräutigam in einer stillen Minute seiner Verlobten den so genannten **Gmachlring** angesteckt. Heutzutage findet man diese Art von Ringen kaum mehr. Dieser Gmachlring, auch »Mahelring« genannt, war aus Silber oder Gold gearbeitet und mit sieben Steinen verziert. Die Braut trug ihn ein Leben lang und legte ihn bis zu ihrem Tod nicht mehr ab. Im Bayerischen Wald bekam der Bräutigam im Gegenzug von seiner Liebsten ein **verziertes Schnupftabakglas** samt edlem Inhalt, dem **Schmai**, als so genannte Morgengabe (→ Schnupftabak). Das Glas wanderte den gesamten Hochzeitstag über von Gast zu Gast und jeder bediente sich daraus. Schließlich landete es auf dem Gabentisch, dem so genannten »Schenktisch«, doch dazu kommen wir später.
Jetzt wird es Zeit, dass sich Braut und Bräutigam allmählich ankleiden. Vor allem vor der Frau, heiratet sie traditionell im Schalk, liegen noch etliche anstrengende Stunden, bis sie in voller Montur

vor dem Traualtar steht. Das Anlegen eines Schalks ist eine Kunst für sich – und ohne Hilfe geht da gar nichts. Mittlerweile sind prächtige **Festtagsdirndl** bei Bauernhochzeiten auch in Mode gekommen, doch wer was auf sich hält, heiratet heute noch im **Schalk** (→ Schalk). Der Mann hat es da schon einfacher. Sein Anzug ist bei weitem nicht so aufwändig wie das Kleid der Frau. Von 1880 an bis ca. 1960 heiratete der Bräutigam grundsätzlich in Schwarz. Dann kam allmählich »Farbe« ins Spiel. Heute ist der so genannte **Tegernseer Trachtenanzug**, ein grauer Zweiteiler mit grünen Seelaub-Stickereien, das beliebteste »Gwand« der Männer für diesen Anlass (→ Tracht).

Es kann also losgehen. Das Paar gibt sich vor dem Altar in der Kirche das Jawort. Früher wurde die geschmückte Braut zuvor noch mit viel Aufhebens von ihrem Elternhaus verabschiedet. Der Hochzeitslader bedankte sich im Namen der jungen Frau bei den Eltern für die behüteten Jahre und eine – hoffentlich – schöne Kindheit. Tränen wurden zerdrückt, dann verfrachtete man die Braut in die **Hochzeitskutsche** und ab ging es in die Kirche.

Eine gute Stunde später erscheint das frisch gebackene Ehepaar glücklich vor dem Kirchenportal. Und schon stehen sie vor den ersten »Stolpersteinen« ihrer Ehe. Einem alten Brauch folgend, stehen Freunde und Verwandte vor dem Gotteshaus Spalier. Manchmal werden bunte Papierbahnen aus Krepp dazwischen gespannt. Die Brautleute müssen sich dann einen Weg bahnen, um zu beweisen, dass sie Hindernisse und Schwierigkeiten gemeinsam bewältigen können. Auch das gemeinsame Zersägen eines dicken Baumstammes soll symbolisieren, dass man von nun an zu zweit alles schafft.

Bevor man Hand in Hand – durch einen Regen aus **Reiskörnern**, einem Symbol der **Fruchtbarkeit**, und Blütenblättern – ins gemeinsame Leben geht und die ersten Schwierigkeiten meistert, versperren die Ministranten den Ausgang der Kirche mit einem dicken Seil. Brautpaar und Gäste müssen eine »Maut« entrichten, um durchgelassen zu werden. Das bringt den Erwachsenen Glück und den kleinen Wegelagerern zusätzliches Geld für Süßigkeiten.

Nach der Trauung ging man früher gemeinsam auf den Friedhof zum Familiengrab. Die Musikanten, die später zum Tanz aufspielen würden, spielten eine herzzerreißende Weise und man dankte und gedachte mit einem stillen Gebet der **Ahnen**. Danach gab es kein Halten mehr. Alles drängte zum Wirtshaus. Heutzutage fährt, mit dröhnendem Hupkonzert, der gesamte Hochzeitstross im Blechkonvoi zum Austragungsort der Feierlichkeiten. Damals zog man im so genannten **Hochzeitszug**, allen voran das frisch vermählte Paar samt Blaskapelle, durch das Dorf zum Gasthaus.
Dort angekommen wartete in aller Regel schon die Wirtin auf die Braut. Gemeinsam ging man in die Küche und die junge Ehefrau kostete das Festessen mit einer mit Buchs und roten Bändern geschmückten Gabel. Symbolisch wurde noch einmal nachgesalzen. Mit diesem Verkosten zeigte die Braut ihre Qualitäten als zukünftige Hausfrau. Anschließend warf sie, auf Bitte der Wirtin hin, ein Trinkgeld in das Salzfass. Diese **Brautgroschen** gelten auch heute noch als **Glücksbringer**, obwohl der Brauch nur mehr selten praktiziert wird.
Im Saal haben mittlerweile die Gäste Platz genommen und es wird Zeit, dass endlich aufgetischt wird. Bis in unsere Zeit hinein hat sich in manchen Gegenden der Brauch erhalten, dass die Eingeladenen zur Hochzeitsfeier so genannte **Bescheid-Tücher** mitbringen. Darin wurde früher das **Mahlgeld** eingeknotet – und nach dem Festessen wickelte man dann die übrig gebliebenen Reste ins »Bescheid-Tücherl« ein, damit die Daheimgebliebenen auch was von der Feier hatten.
Auf so einer Hochzeit lässt man sich bekanntlich kulinarisch nicht lumpen. Bei einer **Bauernhochzeit** beginnt man traditionell mit einem »Voressen«. Das waren früher oft saure Kutteln oder andere Innereien. Heute spart sich der Gastgeber meist dieses Amuse gueule und es wird gleich die **Hochzeitssuppe** aufgetragen. In einer klaren Fleischbrühe schwimmen da ein Grießnockerl, Brätknödel und Streifen vom Pfannkuchen. Die Zahl Drei bringt Glück und die langen »Frittaten«, wie die Pfannkuchenfäden auch genannt werden, symbolisieren ein langes gemeinsames Leben.

Auf die Suppe folgt oft ein Braten, meist vom Schwein, mit Knödeln und Kraut. Wer was auf sich hält, lässt natürlich zwei verschiedene Gerichte zur Auswahl servieren. Zum Nachtisch findet oft die gute alte Bayerische Creme ihren Weg auf die Hochzeitstafel. In Ludwig Thomas »Hochzeit, Eine Bauerngeschichte« verspeist die Hochzeitsgesellschaft zum Abschluss Zwetschgen in Brühe mit Semmeln (Thoma, Ludwig: Hochzeit). Die Semmeln wurden am Tisch ausgehöhlt, die Zwetschgen entkernt und in das jeweilige Semmelloch gesteckt. Dann überträufelte man das Ganze mit der süßen Brühe.

Die Bäuche sind voll, die ersten Obstler zwecks Verdauung schon bei der Kellnerin bestellt, das Feiern kann also beginnen. Keine Hochzeit ohne Tanz und Musik! Der Hochzeitslader übernimmt nun wieder die Koordination und bald schon drehen sich die ersten Paare auf der Tanzfläche, wobei der **Ehetanz** der Brautleute den Tanzreigen eröffnet. Vom **Boarischen** bis hin zum **Zwiefachen**, alles wird mehr oder weniger professionell aufs Parkett gelegt (→ Tanz). Hauptsach', mir ham a Gaudi! Dabei kommt der größte Spaß erst noch. Auf einer großen Bauernhochzeit wird das Schenken richtiggehend zelebriert. Nicht umsonst nannte man so ein Fest früher auch **Schenkhochzeit**. Die Übergabe der Hochzeitsgaben an Braut und Bräutigam nimmt in der Regel Stunden in Anspruch – aber langweilig wird es dabei keinem!

In einigen Gegenden Bayerns gab es bis in die 60er-Jahre hinein eine feste Reihenfolge der zum Schenken angetretenen Gäste: Nach den Eltern der Brautleute kamen die Ehrenjungfrauen, gefolgt von den Geschwistern, dann die Tauf- und Firmpaten, die Onkel und Tanten und schließlich Cousins und Cousinen. Den Schluss bildeten die restlichen Gäste.

Das Geschenk wurde vom Schenkenden feierlich nach vorn zum Tisch der Brautleute getragen. Dabei sang der Hochzeitslader seine **Schnaderhüpfl**, die immer im Bezug zum jeweiligen Gast und dessen Geschenk standen.

»Schnaderhüpfl« sind Vierzeiler, die in einer immer gleich bleibenden Melodie gesprochen oder gesungen werden (→ Musik). Zim-

perlich darf man bei so einem **Ab- oder Aussingen** keinesfalls sein. Vom Aussehen der Gäste bis hin zum mehr oder weniger großzügigen Geschenk, alles wird »derbleckt«, also auf den Arm genommen. Früher war es der Brauch, dass der Gast dem Hochzeitslader mit einem eigenen »Schnaderhüpfl« schlagfertig antwortete, wodurch sich sehr zum Vergnügen der Anwesenden richtige Schlagabtäusche entwickeln konnten, die sich ewig hinziehen konnten.
Die **guten Gaben** wanderten nach der Begutachtung durch das Brautpaar auf den **Brauttisch**, wo sich irgendwann auch die Morgengabe der Braut, das mittlerweile leere Schnupftabakglas – Sie erinnern sich! –, einfand. Das Gros der Geschenke machten diverse Geldbeträge aus. Übrigens wurde feinsäuberlich aufgeschrieben und registriert, wer was und wie viel schenkte. Hochzeitsgeschenke galten streng genommen als Leihgaben, die man irgendwann, im Rahmen einer anderen Hochzeit, zu der man eingeladen war, zurückzugeben hatte. Neben Geld schenkte man nützlichen Hausrat, Teller, Tassen, Besteck und Einrichtungsgegenstände.
Auch das schönste Fest neigt sich irgendwann dem Ende zu. Im Laufe des Abends ist die Braut noch von ihren Freunden entführt worden und der **Bräutigam** hat sich bei der Suche nach ihr zum Affen gemacht: Angetan mit Schürze, Kopftuch, Kerze und einem Besen hat er sie in einem nahe gelegenen Gasthaus aufgestöbert und sie mit dem Bezahlen der **Zeche** ausgelöst. Angeblich lässt sich dieser Brauch bis ins Mittelalter zurückführen, als unverheiratete Männer, nach erfolgloser Werbung, eine passende Frau mit Gewalt entführten und zu Hause versteckten.
Um Mitternacht wird das Paar nun von den Musikanten »hinausgespielt«. Die Hochzeitsgesellschaft löst sich langsam auf. Ein paar Unverbesserliche bestellen sich noch eine letzte Runde Schnaps, während die Frauen zeternd zum Aufbruch drängen. Der Wirt stellt die Stühle schon auf die Tische, damit morgen in aller Herrgottsfrühe sauber gemacht werden kann. Die Bierleichen dürfen trotzdem ihren Rausch im Saal ausschlafen, irgendwann werden sie dann mit brummenden Schädeln nach Hause torkeln.

Kini

Viel geliebt, oft verkannt, geisteskrank – oder doch nur ein Träumer, ein liebenswerter Spinner, der sich neben Luftschlössern auch reale Märchenschlösser baute? Wenn es um unseren **Kini** geht, dann scheiden sich die Geister und es trennt sich die Spreu vom Weizen. **König Ludwig II.**, geboren am 25. August 1845 und gestorben unter tragischen Umständen am 13. Juni 1886, spaltet wie kaum eine zweite historische Persönlichkeit Bayerns die Menschen im Freistaat in zwei Lager, wobei die so genannten »Königstreuen« heutzutage immer weiter ins Hintertreffen geraten – oder einfach nur langsam aussterben.
Nichtsdestotrotz erscheinen immer noch Jahr für Jahr neue Bücher auf dem Markt, die den mystisch umrankten Kini ins rechte Licht rücken wollen. Vor allem der Tod des zuletzt recht beleibten Monarchen gibt bis heute Rätsel auf und bietet Raum für die wildesten Spekulationen. Tatsache ist jedenfalls, dass Ludwig am 13. Juni des Jahres 1886 tot im Starnberger See trieb und neben ihm die Leiche des Obermedizinalrats Doktor Bernhard von Gudden, der über den vierzigjährigen König ein paar Tage zuvor, genauer am 8. Juni, auf Geheiß des Ministerpräsidenten ein Gutachten erstellt hatte, das Ludwig für geisteskrank erklärte. Tags darauf, am 9. Juni, übernahm Prinzregent Luitpold die Staatsgeschäfte.
Bis heute wurde der Leichnam des **Märchenkönigs** nicht zur Obduktion freigegeben – und bis in unsere Tage hinein hält sich hartnäckig die Vorstellung, dass Ludwig II., vielleicht sogar im Auftrag Bismarcks, ermordet wurde.

An die zehntausend Mitglieder zählen die »Monarchisten-Vereine« vom oberbayerischen Garmisch bis hinauf ins oberfränkische Bamberg. Dazu gehören auch so seltsame Vereinigungen wie der Geheimbund der so genannten **Guglmänner**, der sich die lückenlose Aufklärung des Königstodes auf seine Fahnen geschrieben hat. Für die Guglmänner ist klar, dass der Kini einem **Mordkomplott** zum Opfer fiel. Sie zeigen sich, grundsätzlich von Kopf bis Fuß verhüllt, mitsamt unheimlicher schwarzer Kapuzen (»Gugln« genannt) in der Öffentlichkeit und demonstrieren regelmäßig am Todestag mit Transparenten und Plakaten. Guglmänner entstammen übrigens ursprünglich der Zeit, als die Pest das Land und die Menschen noch in ihren mit Eiterbeulen besetzten Klauen hielt. Damals galten diese Kapuzenmänner als Boten und Symbol des Todes.
Der Werdegang des viel geliebten und in jungen Jahren äußerst attraktiven Märchenkönigs ist den meisten von uns mehr oder weniger geläufig. Ludwigs Mutter **Königin Marie**, eine ehedem preußische Prinzessin aus dem Hause Hohenzollern, liebte ihre beiden Söhne abgöttisch – im April 1848 hatte Otto das Licht der Welt erblickt – und führte mit ihrem Mann **König Maximilian II.** eine mustergültige und sehr glückliche Ehe. Schon früh zeichnete sich bei ihrem Zweitgeborenen Otto eine schwere Geisteskrankheit ab – er starb im Oktober 1916, von der Welt abgeschottet, im Schloss Fürstenried – und die Angst, dass dieser »Makel« auch den Kronprinzen befallen könnte, war groß. Marie war eine äußerst beliebte Landesmutter und eine wahre Schönheit. Ihr von Joseph Stieler gemaltes Konterfei hielt sogar Einzug in die berühmte **Schönheitsgalerie** Ludwigs I., dem Großvater des späteren »Kini«.
Im Jahre 1864 starb Maximilian II. im Alter von zweiundfünfzig Jahren vollkommen unerwartet und Ludwig, damals erst achtzehn Jahre alt, bestieg den Thron. Die Jahre, die daraufhin folgten, sind im wahrsten Sinne des Wortes Geschichte. Und wer kennt sie nicht, all die Anekdoten und Vorlieben, all die Erzählungen, die sich von nun an um den jungen Mann rankten: Seine fast schon an Besessenheit grenzende Liebe zu **Richard Wagner**, die unglückliche Verlobung mit seiner kleinen Cousine Sophie, der Schwester

der seltsamen und mit ebenso vielen Mysterien belegten **Kaiserin Sisi**. Endlose Kutschfahrten bei Nacht, prachtvolle Schlösser, die er nie bewohnte und für die er horrende Bauschulden in Kauf nahm, was ihm letztendlich das politische Genick brach.

Nun, eines ist auch klar – dafür sprechen die Fakten: Ludwig hat, neben all seinen Eigenarten, auch ab und zu ganz ordentlich regiert. Die vielen Touristen aus Übersee und dem Rest der Welt verdanken wir jedoch nicht der Gründung der Technischen Hochschule oder des Deutschen Wetteramts in München durch Seine Majestät, sie werden von Schlössern wie **Neuschwanstein**, Linderhof oder **Herrenchiemsee** angezogen. Ohne diese wahr gewordenen Träume des Märchenkönigs wäre Bayern für viele ausländische Gäste nur halb so schön.

Den bereits erwähnten **Königstreuen** ist es natürlich vor allem zu verdanken, dass »unserem Kini« alljährlich sowohl zum Todes- als auch zum Geburtstag die entsprechenden Ehrungen zuteil werden. So lodert zum Beispiel jedes Jahr im Hochsommer, am Vorabend des 25. August, in Oberammergau das so genannte **König-Ludwig-Feuer**, an dem der Monarch sicher seine helle Freude gehabt hätte. Auf dem Kofel, dem Hausberg der Oberammergauer, entflammt bei Einbruch der Dunkelheit, umrahmt von getragener Musik, ein gewaltiger Holzhaufen, der zuvor in tagelanger, mühseliger Arbeit zusammengetragen wurde. Auf den umliegenden Bergrücken brennen zeitgleich riesige Gebilde in Form von Königskrone, Kreuz oder einem großen »L«. Nachdem das Feuer erloschen ist, zieht ein langer **Fackelzug** hinunter ins Tal, wo dann in den Wirtshäusern vor Ort bis in die frühen Morgenstunden hinein kräftig gefeiert wird. Am hoch in den Bergen gelegenen **Schachenhaus** hingegen, bei Garmisch-Partenkirchen, geht es dann am 25. August selbst etwas ruhiger zu. Zu Ehren Ludwigs wird in luftiger Höhe eine Bergmesse abgehalten.

Zehn Jahre nach dem tragischen Tod Ludwigs II. ließ Prinzregent Luitpold vor den Toren des Berger Schlosses am **Starnberger See** eine **Votivkapelle** errichten. Steile Treppen führen hinunter zum See, aus dessen Fluten ein schlichtes Kreuz an ebenjener Stelle ragt, an der Ludwig vermutlich den Tod fand. Dieser Ort ist jedes Jahr um den 13. Juni herum Schauplatz einer ergreifenden Gedenkfeier, bei der der Verein **König Ludwig – deine Treuen** Fahnenträger und Trachtler zusammentrommelt, um dem Verstorbenen gebührend zu huldigen. Sehenswert ist dabei eine große, an einem langen Stab befestigte »Seerose«, die in ihrem Inneren eine Büste des Kini trägt. Im Zuge des so genannten **Kronentanzes** öffnet sich per Zugmechanismus die Blüte und das Antlitz des Königs wird sichtbar. Im Allgäu, genauer in Schwangau, wird zur gleichen Zeit eine Messe zu Ehren des Monarchen gelesen; und nachts erhellen **Bergfeuer** die traumhafte Kulisse um Neuschwanstein und Hohenschwangau.

Kirchweih

Wenn der Herbst die Blätter an den Bäumen golden einfärbt, der Frost sich hungrig in die nackte Erde beißt und zarte Nebelschwaden sich frühmorgens der Sonne entgegenstrecken, dann ist Kirchweih nicht mehr fern. Immer am dritten Sonntag im Oktober wird dieses hohe **katholische Kirchenfest**, das in seiner Bedeutung auch heute noch bei den Menschen auf dem Land ganz hoch im Kurs steht, feierlich begangen. Es heißt, ein Bauer verzichtet lieber auf Weihnachten oder Ostern, als dass er sich die **Kirta** entgehen lassen würde, bedeutet das Fest doch oft das Ende von harter Arbeit auf dem Feld für dieses Jahr. Die Ernte ist eingefahren, das Vieh von den Almen und Wiesen wieder in den heimischen Stall zurückgekehrt; die Sense kann nun endlich – wenn man dies nicht schon zu Erntedank getan hat – beiseite geräumt werden. Es ist an der Zeit, zu schmausen, zu feiern und zu tanzen.

Die erste historisch belegte **Kirchenweihe** fand im Jahr 335 auf Veranlassung der kaiserlichen Spürnase Helena in Jerusalem statt. Die betagte Dame, sie hatte die achtzig bereits überschritten, war um das Jahr 326 anlässlich einer Familientragödie ins **Gelobte Land** gepilgert und hatte begonnen, wahre Schätze des Christentums zu heben. Auf ihr Konto geht unter anderem die Auffindung des Kreuzes, an dem der Heiland zu Tode kam – samt Nägel und Lendenschurz! Leider befand sich über dem spektakulären Fundort ein Tempel zu Ehren der Göttin Venus. **Helena** ließ ihn kurzerhand dem Erdboden gleichmachen und ein Gotteshaus an seiner statt errichten. Nach Bauende wurde in einem feierlichen Akt die **Kreuzkirche** eingeweiht und von diesem Zeitpunkt an beging man in der Heiligen Stadt jedes Jahr eine Kirchweihgedächtnisfeier. Wen verwundert es da noch, dass Helena später heilig gesprochen wurde (→ Wallfahrt).

Bei uns feierte jede Gemeinde bis in die Mitte des 19. Jahrhunderts hinein – genauer bis ins Jahr 1866 – ihr eigenes Kirchweihfest. Zumeist am Jahrestag des jeweiligen **Kirchenpatrons**, an dem das Gotteshaus auch ursprünglich geweiht worden war. In der Gemeinde Ruhstorf/Rottal steht übrigens die einzige Kirche Mitteleuropas, die sogar sieben Heiligen gewidmet ist, nämlich den heiligen Hirten in Ephesus, also den **Siebenschläfern** (27. Juni).

Nun einigte man sich also unter dem Habsburger Kaiser Joseph II. auf ein festes Datum und die so genannte **Allerweltskirchweih** war geboren; nur in der Oberpfalz und in Franken feiert man bis heute die Kirchweih von den Sommermonaten an bis in den Herbst hinein. Und manche Gemeinden in Bayern packen die Gelegenheit beim Schopf und feiern gleich zweimal im Jahr »Kirta«.

So begehen im malerischen Schliersee (Lkrs. Miesbach) in Oberbayern die Einheimischen heute noch zusätzlich im August die **Altschlierseer Kirta**. Dabei rudern die Bewohner des Ortsteils Fischhausen, das am Südende des Sees liegt, in grün bekränzten Booten – prächtig in historische Trachten gekleidet – nach Schliersee, um dort vom Bürgermeister und einer Blaskapelle empfangen zu werden. Dann geht es gemeinsam mit anderen Trachtlern aus dem ganzen Landkreis in einer wunderschönen **Prozession** zum Gottesdienst.

Am Samstag vor Kirchweih laufen die Vorbereitungen auf Hochtouren. Es ist **Kirchweihnudel-Backtag** und so manche Bäuerin steht heute noch schwitzend in der Küche, um die Kirtanudeln im flüssigen, heißen Fett – am besten eignet sich ein Gemisch aus halb Butterschmalz und halb gehärtetem Pflanzenfett – golden und knusprig herauszubacken. Bei der original Kirtanudel werden übrigens die Hefeteigfladen mit der Schere auf der Oberseite fünfmal eingeschnitten, sodass sich beim Backen eine Art Krone bildet. **Zipfelnudel** wird dieses leckere Gebäck auch genannt. Aus dem Fett genommen, werden die Nudeln noch heiß mit Puderzucker bestäubt. Und es versteht sich natürlich von selbst, dass neben der aufwändigen Nudelherstellung bereits das **Kirchweih-Ganserl**, schön herausgemästet und sauber gerupft, im Kühlschrank liegt und alle Zutaten für Blaukraut und Knödel für das Mittagessen am Kirchweihsonntag bereitliegen. Denn »Kirta« ist von jeher ein traditionelles Familienfest, an dem man sich trifft, gemeinsam isst und feiert.

In Unterammergau (Lkrs. Garmisch-Partenkirchen) findet jedes Jahr am Vorabend des Kirchweihfestes, in der **Kirnacht**, das »Kirtasingen« statt. In den Jahren 1777 und 1836 soll es auf Grund zweier unaufmerksamer Kirtanudel-Bäckerinnen zu gewaltigen Dorfbränden gekommen sein, bei denen jeweils das halbe Dorf Raub der Flammen wurde. Nach dem zweiten Brand hatte der Nachtwächter Unterammergaus damit begonnen, zu Kirchweih ein Lied zu singen, das vor den Gefahren am heimischen Herd warnte. Seit 1933 ziehen alljährlich die Männer des hiesigen Volkstrachtenvereins singend durch die Ortschaft, um an das Lied des Nachtwächters zu erinnern.

Die ganzen Festtage über weht auf allen Kirchtürmen Bayerns die **rot-weiße Kirchenfahne**, die im Volksmund **Zachäus** heißt. An einen Mann mit diesem Namen wird im Evangelium des Kirchweihsonntags erinnert. Man erzählt sich, dass Zachäus, seines Zeichens Oberzöllner zu Zeiten Jesu, eines schönen Tages davon erfuhr, dass der Heiland durch jene Gegend kommen würde, wo er selbst Dienst tat.

Nun war unser Zöllner aber von äußerst kleinem Wuchs, ja fast zwergenhaft, und aus Angst, den Sohn Gottes nicht sehen zu können, kletterte er auf einen Baum, um auf ihn zu warten. Zachäus bekam Jesus schließlich zu Gesicht und die Kirchenfahne hoch oben, direkt unter der Kirchturmspitze, erhielt so ihre ungewöhnliche Bezeichnung. Zudem ist es kein Geheimnis, dass der Zöllner kein Kind von Traurigkeit gewesen ist; er verstand es zu feiern und wo immer sich die Menschen trafen, um zu tanzen und zu tafeln, mischte der kleine Mann kräftig mit. Nicht von ungefähr weht also der »Zachäus« zur fröhlichen Kirchweih über den Dörfern und Städten.

Der **Kirchgang** ist an solch einem Festtag natürlich obligatorisch, doch dann geht's nach Hause zum großen Gans-Essen. Aber auch Schweinebraten, Spanferkel und Wildgerichte stehen auf manchem Speiseplan. Nach dem üppigen Festessen, das vom Schmalzgebäck gekrönt wird, hält es in der Regel niemanden mehr auf den Stühlen; vor allem die Kinder zog es früher hinaus zum »Kirtahutschen«. Den Brauch des **Kirtahutschens** lassen viele Gemeinden heute wieder aufleben. Noch in den 70er-Jahren gab es in fast jeder großen Scheune auf den Bauernhöfen diese riesigen Schaukeln, die, an Ketten befestigt, von den Balken hingen. Bis zu zwanzig Leute hatten darauf Platz. Vorn und hinten standen die kräftigsten Burschen auf dem breiten, bis zu sechs Meter langen Schaukelbrett, um der ganzen Gaudi, der Länge nach, den nötigen Schwung zu geben. Nicht selten landete man schreiend und juchzend im Heu – wenn man Glück hatte. Verletzungen waren an der Tagesordnung.

Das Freilichtmuseum Glentleiten mit seinen alten Bauernhöfen in traumhafter Landschaft nahe des Kochelsees lässt diese Tradition, neben dem **Kirchweihtanz** und dem **Schmalznudelbacken**, alljährlich wieder aufleben. Zwar sind die Ketten der Hutschn etwas kurz gehalten, sodass es am nötigen Schwung fehlt, dafür ist das Schaukeln auch für die Kleinsten unter uns absolut ungefährlich. Am Nachmittag lädt das Museum zum Kirchweihtanz ein. Viele Gaststätten und Wirtshäuser in ganz Bayern besinnen sich wieder auf den ausgelassenen Tanz zu »Kirta«, auch wenn sich heutzutage das Feiern meist auf Kirchweihsonntag und -montag beschränkt. Früher konnte es schon mal passieren, dass sich das Fest bis auf zwei Wochen hinaus ausdehnte.

Fast ganz verschwunden sind hingegen die so genannten Kirchweih-Märkte; die **Kirchweihdult** in München, die berühmte Auer Dult (→ Dult), erinnert noch daran. Auf den Kirchweih-Märkten schenkten die Burschen ihren Liebsten ein Lebkuchenherz, einen so genannten **Kirta**, oder ein verziertes Wachsstöckl; und die Mädchen revanchierten sich mit einem Rosmarinzweiglein, das sich der Beglückte an den Hut steckte. Handwerker zeigten ihre Fingerfertigkeiten: Sattler, Säckler, Schuhmacher und Zuckerbäcker gaben sich ein Stelldichein. Und nicht selten wurde ein **Tanzboden** errichtet, auf dem sich zur flotten Musik einer **Blaskapelle** die Paare drehten.

Klosterarbeiten

Aus großen zart bewimperten Augen blickt ein kleines Kind durch blank geputztes Glas hindurch vom Seitenaltar herunter. Weiche, helle Locken umrahmen das wachsbleiche Gesicht und filigrane Blüten aus Gold- und Silberdraht, mit glitzernden Steinen in der Mitte, liegen der anmutigen Gestalt, einem kostbaren Teppich gleich, zu Füßen. Wir stehen vor einem **Trösterlein**, einer Figur des segnenden Jesukindes, auf der Weltkugel balancierend, unter einem Glassturz.

Klosterarbeit wird so ein Kunstwerk landläufig genannt und das **pausbäckige Christkind** aus Wachs, unter seiner vor Staub schützenden durchsichtigen Behausung, ist nur eines von vielen Motiven, das unter diese Bezeichnung fällt. Liebevoll dekorierte **Fatschnkinderl** (→ Weihnachten), ein prachtvoll umrahmtes Heiligenbild, das Herzen Mariens auf Leinwand, die Heilige Familie in Holz geschnitzt, sie alle dienen als Mittelpunkte für das **Fensterl zum Paradies**, fürs **Eingrichtl**, oder sind das Herz eines mit feinen Spitzen umrahmten Wandbildes.

Schon seit dem Mittelalter kennt man diese Art von religiösem Kunsthandwerk, das im Grunde der Erbauung von Nonnen diente, um ihr strenges Leben zwischen Klausur, Arbeit und Gebet etwas aufzulockern und um die karge Klosterzelle mit ein bisschen Glanz zu erhellen. Und später, im 16.Jahrhundert, als römische **Katakombenheilige** erstmals in ihrer ewigen Ruhe gestört wurden, um ihre morschen Knochen nördlich der Alpen zur **Reliquienverehrung** zur Verfügung zu stellen, da war es die Aufgabe der Klosterschwestern, die breit grinsenden Skelette kunstvoll zu kleiden oder einzelne, zerbrechliche Knochensplitter zu verzieren, um dem Tod seinen Schrecken zu nehmen oder um aus einem simplen Zahn einen **lebendigen Heilsbringer** zu gestalten.

So richtig prächtig wurde es dann natürlich – wen wundert's – im **Barock**, als man damit begann, in Formen und Farben zu schwelgen, und den Kirchen flächendeckend, innen wie außen, ein neues Gesicht verpasste. Mit Gold, Papierblumen und Flitter beladene **Andachtsgegenstände** hatten von nun an Hochkonjunktur, aber auch einfache **Wachsstöckl** und schlichte Kerzen wurden reichlich verziert und beklebt, um später einmal einen Altar oder den zelleneigenen Herrgottswinkel zu schmücken; kleinen Heiligenbildchen wurde mit feinen Pinseln und kräftigen Farben Leben eingehaucht und so manche Madonna in ihrem pompösen »Eingricht«, wie so ein Arrangement hinter Glas im Allgemeinen genannt wird, erhielt ein kostbar genähtes Kleid aus Brokat oder Seide.

Eine Klosterarbeit diente vor allem der inneren Einkehr, dem Zwiegespräch mit Gott, vielleicht ähnlich einem tibetischen Mandala, das ebenfalls ein Ergebnis religiöser Hingabe ist und nicht als reines Kunstwerk verstanden werden möchte. Klosterarbeiten legen Zeugnis ab für Glaube und **tiefe Frömmigkeit** – und sind noch dazu wunderschön anzusehen.

Heutzutage erfahren Klosterarbeiten geradezu eine Renaissance. In extraangebotenen Kursen hantieren Hausfrauen neben Ordensschwestern mit hauchdünnen Silber- und Golddrähten, mit kleinen Muscheln und Glasperlen, mit Goldlamé, Buntpapier, Wachs, Samt, Seide und Brokat. Dabei gelten streng genommen nicht nur diese kleinen Wunderwerke hinter Glas, früher als **schöne Arbeiten** oder **schöne Tafeln** bezeichnet, als religiöses Kunsthandwerk, auch der handgetriebene Kerzenleuchter, eine schön geschwungene **goldene Madonnenkrone**, das zierliche Weihwasserkesselchen und die feinen Stickereien auf Altartüchern oder liturgischen Gewändern, **Paramentenstickereien** genannt, gehören im weitesten Sinne zur Familie der Klosterarbeiten oder zumindest zur sakralen Volkskunst.

Kräuter

Kräuter, vor allem **Heilkräuter**, in Bayern: Das Thema ist so ergiebig, dass es ein dickes Buch füllen könnte. Bereits **Karl der Große** (742–814), der ja bekanntlich viel in der Weltgeschichte herumgekommen ist, wusste um die Wirksamkeit von Kräutern. Ihm haben wir es zu verdanken, dass Salbei, Ysop, Lavendel und andere mediterrane Pflanzen schon seit Jahrhunderten bei uns heimisch sind (→ Bauerngarten). Immer wieder brachte er aus Italien unbekannte Gewächse mit, die dann, zunächst in den **Klostergärten** nördlich der Alpen, sorgsam gehegt und gepflegt wurden. Freilich waren die Mönche von damals noch weit davon entfernt, Pasta und Pizza mit den aromatischen Kräutern zu verfeinern. Rosmarin, Thymian und all die andern »Südländer« dienten ausschließlich der **Kräuterapotheke**.

Doch auch unser heimischer Boden hat immer schon eine Fülle an Schmackhaftem und Heilkräftigem hervorgebracht. Denken wir nur an den frühlingszarten Bärlauch, der seine Verwandtschaft mit dem Knoblauch schon vom Geruch her nicht leugnen kann. Moderne Köche haben es bei der Verwendung des Bärlauchs in der Küche zu einer wahren Meisterschaft gebracht. Dabei ist dieses Liliengewächs auch noch äußerst wirksam bei der Reinigung von Blut, Magen und Darm und neben ätherischen Ölen enthält es zudem noch eine große Menge an Vitamin C.

Über die beruhigende Wirkung vom **Hopfen** können Ihnen die Hopfenzupfer ein Lied, besser ein Schlaflied, singen (→ Bier). Und aus den jungen Blättern der Brennnessel zum Beispiel lassen sich wunderbare Salate oder auch ein mildes Spinatgericht zaubern. Die Heilkraft der **Brennnessel** ist legendär und seit dem klassischen Altertum wird sie verehrt und geschätzt. Bis heute gilt sie bei uns als die unumstrittene **Königin der Heilpflanzen**. Horaz, Ovid und sogar Albrecht Dürer, der die Pflanze auf einem seiner Gemälde verewigt hat – Engel tragen die Pflanze sorgsam gen Himmel –, haben sich mit dem unscheinbaren Kraut befasst.

Die Brennnessel gehört übrigens genau wie Kamille, Giersch, Minze, Breitwegerich und Taubnessel zu den so genannten **Ruderalpflanzen**. Das sind **Unkräuter**, die auf kiesigem, nährstoffarmen Boden am Wegesrand oder rund ums Haus am besten gedeihen. Früher wurden sie auf den Höfen der Bauern oft »geduldet«, war man sich ihrer Heil- und Würzkraft zur Verfeinerung von Suppen oder Eintöpfen doch sehr bewusst. Diese **Wildpflanzen** brauchen die Nähe von Mensch und Tier; das Scharren der Hühner, den Schritt des Menschen – die Kamille ist zum Beispiel eine solche »Trittpflanze« – und den Dünger der Tiere. Durch die Verstädterung der Dörfer sind viele dieser Pflanzenarten heute vom Aussterben bedroht.

Die Liste der Wald- und Wiesenkräuter hingegen ist Gott sei Dank noch recht lang; trotzdem verschwinden immer mehr Blumen und Kräuter für immer von der Bildfläche. Vom **Löwenzahn**, dessen milchiger Wurzelsaft so manches Leiden lindert, kann man das noch nicht behaupten. Und das **Gänseblümchen**, auch als Maßliebchen oder Tausendschönchen bekannt, glänzt noch jedes Jahr mit reichlicher Anwesenheit. Es hilft vor allem bei Erkältungskrankheiten, Gicht und Rheuma.

Vom **Frauenmantel**, dem Ackerschachtelhalm und der Schafgarbe, über Beifuß und Spitzwegerich, bis hin zum berühmten Johanniskraut oder zum Blutwurz, die Natur hat für jedes Zipperlein das passende Kraut in petto. Der **Blutwurz** kämpfte im Mittelalter sogar gegen die Pest und kam so zu hohen Ehren. Heute wirkt der knollige Wurzelstock dieser Pflanze – seine Bruchstellen färben sich rot, daher der Name – bei Hämorrhoiden und gilt als äußerst wirksam gegen Durchfall und Halsentzündung. Der Blutwurz

(Tormentille) bildet von Mai bis August kleine gelbe Blüten, denen man allgemein eine Blut stillende Wirkung nachsagt.

In den Sommermonaten, wenn das Gras so richtig im Saft steht, profitiert vor allem das Vieh vom reichhaltigen Kräuterangebot auf den Weiden. In höheren Lagen, auf den Almen, gedeihen in dieser Zeit wunderbar **saftige Bergkräuter**. Sie geben der Milch eine unvergleichliche Würze. Ein echter **Bergkäse** schlägt daher seine Brüder aus dem Tal um Längen.

Der Sommer ist auch die Zeit der **Kräuterbuschen**. Dieser uralte Brauch, bestimmte Kräuter zu sammeln, um sie dann zu Sträußen zu binden und zu trocknen, lässt sich bis in vorchristliche Zeit zurückverfolgen. Die Kräuter konnten so gut aufbewahrt werden und wurden das ganze Jahr über als **Hausapotheke** benutzt oder zu bestimmten Anlässen verräuchert. Für ganz wichtige Feste im Jahreslauf, wie **Sonnwend**, Tag- und Nacht-Gleiche, Walpurgisnacht oder dem Julfest, das mit unserem Weihnachten gleichzusetzen ist, wurden diese **magischen Gebinde** oft in Form von Runen, Büscheln oder Kränzen hergestellt. Zu Johanni verbrannte man dann zum Beispiel das Johanniskraut aus dem Strauß zu Ehren der Sonne und um um gutes Wetter zu bitten (→ Sonnwend). An **Allerseelen**, dem »Hexenneujahr«, gab man Wacholder, Engelwurz, Holunderblüte, Fichtenharz oder Bartflechte ins Feuer als Opfer für die Ahnen.

Uns allen sicher am geläufigsten sind die **Rau- und Rauchnächte** (→ Rau- und Rauchnächte) im Winter, in denen der alte Brauch des Verräucherns von Kräutern heute noch lebt. Mit den getrockneten Pflanzen des Sommers hat man früher übrigens – gerade in der Zeit zwischen **Weihnachten** und **Heiligdreikönig** – versucht, den Winter aus den Stuben zu jagen, oder man verhalf mit Hilfe wohlriechenden Rauches einer verstorbenen Seele, den rechten Weg ins Paradies zu finden.

Das Brauchtum rund um den Kräuterbuschen kennt man in Bayern vor allem im Zusammenhang mit **Mariä Himmelfahrt** (15. August), dem **großen Frauentag**, wie dieser Festtag auch genannt wird. Mariä Himmelfahrt ist das größte und älteste Kirchenfest der

katholischen Kirche und wird schon seit dem 5. Jahrhundert bei uns gefeiert (→ Marienfeste). Die anschließende Zeit bis zum 8. September, dem Tag von Mariä Geburt (manchmal ist es auch »Maria Namen«, am 12. September), wird, von Mariä Himmelfahrt an gezählt, **Frauendreißiger** genannt. Dieser Name geht vermutlich auf die dreißigtägige Fastenzeit nach der Ernte zu Zeiten der Germanen zurück. Der »Frauendreißiger« bezeichnet eine besonders **fruchtbare Zeit** und Kräuter, die man während dieser Tage sammelte, galten als besonders heilkräftig. Das ging sogar so weit, dass man glaubte, Hexen mit solch einem Buschen abhalten zu können. Dafür durften die Kräuter allerdings nur mit der Hand, nie mit dem Messer geerntet werden; und sie mussten anschließend in einem Gotteshaus, am besten in einer Klosterkirche, geweiht werden. **Maria Würzweih** oder **Wurzweihtag** wurde Mariä Himmelfahrt deshalb früher auch oft genannt.
Die **Kräuterweihe** geht auf eine Legende zurück, die man in der Bibel nachlesen kann: Am dritten Tag nach Marias Tod wollten die Apostel und Jünger Jesu die Verstorbene noch einmal sehen und begaben sich gemeinsam zu der Stelle, wo sie begraben lag. Doch als die Männer das Grab öffneten, war Maria verschwunden und dort, wo der Leichnam gelegen hatte, blühten Blumen und wohlriechende Kräuter. In Anlehnung an einen Text im Hohen Lied Salomons wird die Gottesmutter in der Liturgie auch als »Lilie der Täler und Blume des Feldes« bezeichnet.
Heute können geplagte Hausfrauen ihre Kräuterbuschen für den »großen Frauentag« käuflich erwerben, zum Beispiel an einem der **Kräuterstandl** auf dem Münchner Viktualienmarkt. Viele Gemeinden bieten meist ein paar Tage vor dem 15. August so genannte **Kräutergänge** an, auf denen Sie die Kräuter für Ihr Kräuterbüschel selbst sammeln können. Dabei lernt man allerhand über Zusammenstellung und Bedeutung der Sträuße.
Früher bestand ein **Kräutergebilde** aus neun oder **99 Pflanzen**. Die Zahl Neun war symbolisch den Vegetationskräften zugeordnet. Der Ausruf: »Ach, du grüne Neune« kommt noch aus dieser Zeit. Mit der Christianisierung kam dann die Zahl Sieben dazu; sie

versinnbildlicht die sieben Planetenkräfte (Bader, Marlis). Noch heute bestehen die meisten **Kräuterbuschen** aus sieben oder 77 verschiedenen Kräutern. Wichtig ist jedoch, dass die Anzahl der Pflanzen auf eine magische Zahl zurückzuführen ist. So findet man auch Sträuße mit 12 (nach den heiligen Aposteln), 24 (2 × 12) oder 72 Kräutern, die auf die 72 ausgesandten Jünger hinweisen sollen.

Eine feste Regel, welche Pflanzen im Buschen enthalten sein sollen, gibt es nicht. Nun, **Heilpflanzen** sollten es aber schon sein! Nicht fehlen dürfen allerdings das Johanniskraut, der Beifuß, das Labkraut, auch Mariabettstroh genannt, der Rainfarn und das Tausendgüldenkraut. Auch Gewürzkräuter wie Dill, Petersilie, Lavendel und Salbei und sogar die Zwiebel haben im Kräuterbuschen ihre Berechtigung. Aus der Mitte des Straußes sollte sich im Idealfall die **Königskerze** erheben. Ein Schilfkolben darf es auch sein. Traditionell spitzt nämlich oben aus dem Buschen ein langes Gewächs heraus. Die Heilkraft der Königskerze kommt besonders bei hartnäckigem Husten zum Tragen und wird im Volksmund auch **Wetterkerze** oder **Marienkerze** genannt. Sie symbolisiert das Himmelszepter der Gottesmutter und wurde früher auf dem Land oft bei schwerem Unwetter verräuchert.

Überhaupt dienten die Pflanzen aus dem Kräuterbuschen in vergangenen Zeiten oft als **Abwehrzauber**. Was heute als Aberglaube kopfschüttelnd abgetan wird, hatte früher seinen festen Platz im Jahreslauf der Menschen, so sehr war man mit der Natur verbunden und ihren Kräften ausgeliefert. So mischte man Teile des Kräuterbuschens oft unter das Futter des Viehs, um Krankheiten abzuwehren. Unter dem Dachfirst aufgehängt, half der Strauß gegen **Blitzschlag**. Die gleiche Wirkung hatte eine Hand voll getrockneter Kräuter im Herdfeuer. Zu Ehren des Heilands stellte man das Kräuterbüschel natürlich auch in den **Herrgottswinkel** und heutzutage kann man es sich zum Beispiel in der Küche über den Herd hängen, um sich leibliches Wohl für das ganze Jahr zu erbitten.

Noch heute werden in vielen Ländern der Erde Pflanzen zu Ehren der Götter verbrannt und Heilkräuter haben natürlich nicht nur in

Bayern eine lange Tradition. So versinnbildlicht zum Beispiel in Tibet der **Wacholder** das Leben schlechthin und verkörpert die Göttin der Fruchtbarkeit. Bei uns hat er seinen festen Platz in den **Raunächten** (→ Rau- und Rauchnächte), doch auch im Mai, zum **Viehaustrieb**, um den Stall zu reinigen und die Tiere vor bösen Geistern zu schützen, wird er gebraucht. So ist tatsächlich gegen und für alles ein Kraut gewachsen, nur wissen hierzulande nur noch wenige Menschen darüber Bescheid.

Kruzifix

»Ja, Kruzifix noch mal!« Nein, Sie haben sich nicht verlesen. Ein unrühmlicher Fluch eröffnet das Kapitel über den Herrgott und sein Kreuz. Kruzifix-Flüche sind in Bayern sehr beliebt, dabei liegt es diesem Volksstamm im Grunde seines frommen Herzens fern, über den Himmel und seine prominenten Bewohner zu lästern. Kreuz- und Herrgottsflüche gehören hier einfach zur Lebensart, zum Granteln, dazu – **Himmelsakrament**!

Das Wort »Kruzifix« kommt aus dem Lateinischen; »crucifixus« bezeichnet den an das Kreuz genagelten Jesus. Den findet man übrigens hierzulande nicht nur in den zahlreichen barocken Gotteshäusern, sondern gerne auch im so genannten **Herrgottswinkel** zu Hause. Das Kreuz als Symbol ist uralt, mit dem qualvollen Tod des Heilands wurde dieses **Gotteszeichen** nur wieder erneuert. Dabei bezieht sich die Waagrechte immer auf die Erde und die Menschen, die darauf leben. Die Senkrechte symbolisiert das Wirken des Allmächtigen auf Erden.

Der schon erwähnte Herrgottswinkel durfte früher in keiner guten Stube fehlen und auch heute noch ist eine **Bauernstube** auf dem Land ohne Herrgottswinkel undenkbar. Dabei hängt der Gekreuzigte, umgeben von Heiligen- oder Andachtsbildern, meist in der Zimmerecke über dem Esstisch und spendet so seinen Segen bei jeder Mahlzeit. Ein **geweihter Palmbuschen** zu Füßen Christi schützt das Haus vor Unglück und Krankheit und brennt man im Herrgottswinkel bei aufziehendem Gewitter eine schwarze **Wetterkerze** ab, werden Haus und Hof von Blitzschlag und Hagel verschont. Noch besser ist es allerdings, wenn man die brennende Kerze ins Fenster stellt (→ Palmsonntag, → Wetter).

Na, haben Sie Lust bekommen, einen eigenen Herrgottswinkel bei sich zu Hause einzurichten? Beim Beschaffen einer kunstvoll geschnitzten Christusfigur kann ich Ihnen behilflich sein. Wie wäre es mit einem Ausflug nach **Oberammergau** (Landkreis Garmisch-Partenkirchen)? An die hundertzwanzig Holzbildhauer sind in diesem oberbayerischen Ort heute aktiv tätig, manche von ihnen ordentlich vernetzt, sodass sich Online-Kunden aus der ganzen Welt via Internet Herrgottfiguren bestellen können. Das Holzschnitzergewerbe hat in Oberammergau eine lange Tradition. Bereits im Jahr 1111 brachten Mönche aus Rottenbuch im Zuge einer Wallfahrt nach Ettal kleine Figuren aus Ammergau mit ins Berchtesgadener Land. In der gesamten Alpenregion hat sich das Herrgottschnitzen über die Jahrhunderte hinweg als Beruf etabliert, dessen Schwerpunkt – wie der Name bereits vermuten lässt – auf **Christusfiguren**, Marienbilder, Krippenfiguren und Heiligendarstellungen liegt. Heutzutage kann man bei einem **Herrgottschnitzer** jedoch auch eine »echte« Schwarzwälder Kuckucksuhr in Auftrag geben.

An Oberammergau kommen wir natürlich nicht vorbei, oder besser hindurch, ohne noch kurz auf die weltberühmte **Passion** einzugehen. Auslöser für dieses Spektakel war übrigens indirekt auch ein Herrgottschnitzer. Angeblich schleppte nämlich dieser Mann, sein Name ist nicht überliefert, 1633 den schwarzen Tod, die Pest, in das beschauliche Dorf ein. Die Auswirkungen waren verheerend; fast alle Einwohner wurden dahingerafft. Angesichts der vielen Toten versprachen die verbliebenen Bewohner ihrem Herrgott »ein Spiel vom Leiden, Sterben und Auferstehen unseres Herrn Jesus Christus« – und so waren die **Passionsspiele** geboren.

Vom Herrgottswinkel in der warmen Stube geht es nun hinaus ins Freie. Von den Gipfeln der Berge grüßen die **Gipfelkreuze** herunter und unten in den Tälern kann einem hier und da ein **Feldkreuz** oder ein **Marterl** begegnen. Feldkreuze wurden früher oft in Notzeiten errichtet oder aus Dankbarkeit für erlangte Hilfe am

Wegesrand aufgestellt. Sie sollen auch heute noch den Segen Gottes und seinen Schutz auf Wiesen, Felder und Äcker herabrufen. »Marterl« sind genau genommen **Flurdenkmale**, die an menschliche Schicksale, meist den jähen Tod eines geliebten Angehörigen, erinnern. Flurdenkmale findet man oft auch in Form von hübsch **bemalten Bildstöcken** oder einer schlichten Kapelle, in deren Innerem das ewige Licht leuchtet.

Zu den Flurdenkmalen zählen auch alte steinerne **Sühnekreuze**, die vornehmlich an Wegkreuzungen stehen. Die meisten dieser gedrungenen, massiven Kreuze entstanden zwischen den Jahren 1300 und 1600 und sind stumme Zeugen von Mord und Totschlag. Damals war es üblich, Mörder einer öffentlichen Verurteilung zu unterziehen. Meist drohte die Todesstrafe und die Familie des Verbrechers musste die **Blutrache** der Opferfamilie fürchten. Dem konnte man nur entgehen, wenn man sich mit der Familie des Opfers im Rahmen eines »Sühnevertrages« gütlich einigte. Neben Schadensersatzzahlungen, Schenkungen an Kirchen und Klöstern und Wallfahrten zu bekannten Pilgerorten musste immer auch ein **Leichzeichen** errichtet werden, zum Beispiel in Form eines steinernen Sühnekreuzes. Im Laufe der Zeit entwickelten sich, dem Volksglauben nach, aus den Stellen, an denen der Mordopfer gedacht wurde, **magische Orte**, an denen sich bis heute unheimliche Dinge, wie zum Beispiel Geistererscheinungen, zutragen können.

Lederhose

Der kleine Raum ist in helles Licht getaucht. In einem Regal stapeln sich weiche beigefarbene Lederballen. Es riecht leicht erdig. Außer dem gelegentlichen Surren der Nähmaschine, dem dumpfen Klopfen eines Holzschlegels auf Leder und dem leisen Gedudel eines altersschwachen Radios ist nichts zu hören. Drei Näherinnen sind hier ganz vertieft in ihre Arbeit. Wir befinden uns in der Werkstatt einer **Säcklermeisterin**. Dieses spezielle Leder verarbeitende Handwerk hat nur noch in Bayern und im angrenzenden Österreich eine Bedeutung und Frauen findet man zudem ganz selten in diesem Beruf. Spärliche zwei Vertreterinnen des weiblichen Geschlechts soll es davon in ganz Bayern geben. Um das Rätsel aufzulösen: Ein Säckler stellt Lederjacken, Gürtel, Hosenträger und vor allem natürlich **maßgeschneiderte Lederhosen** her.

Ja, die Lederhose! Sie ist das Attribut des Urbayern schlechthin, zumindest im Ausland. Sie verkörpert Tradition, **Brauchtum** und Klischee in einem, wie kaum ein anderes Kleidungsstück. Und seitdem sie von einem namhaften Politiker in einem Atemzug mit dem Laptop genannt wurde, steht die gute alte **Krachlederne** sogar für Zukunft und Fortschritt in diesem Land. Woher sich der Begriff »krachledern« allerdings ableitet, kann ich nur vermuten: Vielleicht beschreibt er ja das Klatschen der Hände auf die mit Lederhosen bekleideten Oberschenkel während des **Plattelns**, einem traditionellen Tanz in Bayern (→ Tanz). Als »krachledern« wird jedenfalls meistens die kurze Lederhose bezeichnet.

Doch wenden wir uns nun der Vergangenheit zu. Lange Hosen aus Leder fungierten im 19. Jahrhundert in den feinen Kreisen des Adels und des Großbürgertums als Reithosen. Auf dem Land trug man dagegen zur Arbeit grobe Leinenhosen, die einiges auszuhalten hatten. Um 1840 etablierte sich bei den reichen Bauern allmählich auch die Lederhose, freilich nur als **Festtagsgewand**. Um 1900 war es für die feine »Lederne« zum Feiertag schon wieder so gut wie vorbei. Die Stoffhosen, und mit ihnen der klassische Trachtenanzug, drängten sich in den Vordergrund.
Daneben gab es natürlich auch die schon erwähnte **Kurze**. Sie findet man bereits um 1800 auf diversen Abbildungen und Grafiken, allerdings immer schwarz eingefärbt. Auch heute noch bestellen sich manche **Trachtler** diese dunklen Lederhosen beim Säckler. Dazu wird das sämisch gegerbte Leder mit tropischem Blauholzsud eingestrichen und mit Eisen- oder Kupfervitriollösung weiterbehandelt, »schmitzen« nennt man das im Fachjargon. Als **Sämischgerbung** bezeichnet man übrigens die Bearbeitung des Leders mit Fischtran oder Öl (sämisch = fettgegerbt). Erst dadurch entsteht die charakteristische, mal mehr, mal weniger dunkle braune Färbung.
So richtig in Mode kam die kurze Lederhose aber erst Mitte des 19. Jahrhunderts. Der österreichische **Kaiser Franz Joseph I.** machte die Tracht und somit auch die Lederhose salonfähig. Der Monarch fühlte sich mit seinem Volk, gerade mit den einfachen Leuten, sehr verbunden. Kein Wunder, saß zu Hause doch seine unnahbare, immer seltsamer werdende Sisi – wenn sie nicht auf einer ihrer vielen Reisen war. In Ischgl, wo Franz seine Sommerresidenz hatte, kam er tagelang nicht aus den **Jagdklamotten** heraus und ging damit sogar auf Empfänge und Veranstaltungen. Die Adeligen taten es dem Kaiser nach und ein Übriges besorgte damals die romantische Verklärung des Landlebens.
Bis etwa 1840/50 war die **Lederbundhose** mit Hosenlatz, dem »Hosentürl«, in Mode. Sie wurde hauptsächlich auf dem Land getragen und verschwand dann sang- und klanglos aus dem Straßenbild. Erst in den 50er-, 60er-Jahren des 20. Jahrhunderts kam

sie zu neuen Ehren und wird heute vor allem in diversen Trachtenvereinen geschätzt.
Dem Siegeszug der feschen **Kurzen** wurde um 1900 Einhalt geboten. Sie wurde vom Trachtenanzug und der langen »Stadthose« aus – meist grauem – Stoff verdrängt. Noch um 1913 wurden die so genannten **Kurzhosentrachtenvereine** vom erzbischöflichen Ordinariat als sittenwidrig verteufelt. Ganz totzukriegen war die kurze Lederhose jedoch nie und ihren wirklichen Durchbruch schaffte sie nach dem Ersten Weltkrieg – sogar bis hinüber nach Amerika –, als der Tourismus zaghaft zu blühen begann. **Ludwig Thoma** und sein Kollege **Ludwig Ganghofer** sind zum Beispiel zwei markante **Lederhosenträger** ihrer Zeit.
Ganz wichtig war und ist natürlich auch die so genannte **Auszier** auf der Hos'n. Je mehr Geld im Portemonnaie desto reichhaltiger die Verzierungen. Diese Devise gilt sicher nicht nur für die Lederhose! Mit hellgrünen oder knallgelben Garnen werden Jagdmotive wie Hirsche oder andere, mitunter recht exotische Tiere – ich sah zum Beispiel schon mal einen Kolibri auf dem Latz eines g'standenen Mannsbildes! –, Eicheln und **Eichen**laub in plakativer Plattstickerei auf das Leder gestickt. Der Fantasie des Säcklers sind da – fast – keine Grenzen gesetzt. In Österreich überwiegt traditionell die so genannte Reliefstickerei, die auch in Bayern viele Liebhaber hat: dabei wird das Muster ins Leder quasi gesteppt, sodass sich dekorative Wülste bilden.
Die viel bewunderten **Federkielarbeiten**, filigrane Stickereien aus Pfauenfederkielen, haben hingegen auf der Lederhose nichts verloren. Sie zieren den so genannten **Ranzen** oder **Fatschn**, eine Art breiten Ledergürtel, den man in manchen Gegenden über der Hose trägt. Seit den 50er-Jahren findet man diese Art der Verzierung auch auf den Hosenträgern der Trachtler. Ansonsten schmückt man damit zum Beispiel Zaumzeug oder einfache Ledergürtel.
Kehren wir noch einmal in die Säcklerwerkstatt zurück. Heutzutage erlebt die Lederhose – gerade die »Kurze« – eine wahre Renaissance. Vor allem die Jungen lassen wieder Maß an sich nehmen, um auf einem Trachtenfest so richtig zu glänzen. Ab 600 Euro auf-

wärts muss man für ein schönes Stück schon hinblättern, je nachdem, wie viel Stickerei anfällt. Eine lange Lederhose kostet natürlich dementsprechend mehr. Die Wartezeit auf eine neue Hose beträgt im Schnitt drei bis fünf Monate. Ungefähr 35 Arbeitsstunden rechnet man für die eigentliche Herstellung vom Maßnehmen, über das Zuschneiden bis hin zum Verarbeiten der Nähte des fertigen Prachtstücks.

Eine Lederhose, ob kurz oder lang, besteht in der Regel aus feinstem **Hirschleder**. Das kommt meistens aus Neuseeland, wo die Tiere extra dafür gezüchtet werden. Wild aus den heimischen Bergen, vom Jäger eigenhändig erlegt, findet nur mehr selten den Weg zum Säckler. Frei lebende Tiere haben nun mal überwiegend im Wald gelebt, haben sich gestoßen, gekratzt und sich verletzt. Das sieht man dem Leder an; es weißt kleine Löcher und Unebenheiten auf, was die wenigsten Auftraggeber mögen. So verlassen also fast nur noch »g'schleckte«, einwandfreie Lederhosen die Werkstätten. Natürlich ist es auch möglich, sich Hosen aus Gamsleder anfertigen zu lassen – die sind auch schön.

Stellt sich nur noch die Frage, was trägt man dazu? Nun, traditionell passt zur Lederhose, egal ob kurz oder lang, am besten eine schlichte **Trachtenjoppe** aus Loden, doch auch einfach gestrickte Janker aus Schafwolle kommen immer mehr in Mode. Darunter fährt man gut mit einem weißen, leinenen Trachtenhemd. **Haferlschuhe** runden das Ganze nach unten hin ab. Den Trachtenhut samt **Gamsbart** auf dem Kopf überlassen Sie lieber den Einheimischen. Schließlich will man sich ja nicht blamieren.

Leonhardi

Schwere stolze Rösser schnauben ungeduldig, stampfen und scharren mit ihren mächtigen Hufen und werfen rollenden Auges ihre edlen Köpfe nach hinten. Die kleinen stämmigen **Haflinger** dagegen, deren blonde, mit Blumen geschmückte Schweife Rapunzel alle Ehre machen, kauen gelangweilt auf dem Zaumzeug herum und blicken mit großen, bewimperten Augen zu dem Mann da vorn an seinem Freiluftaltar, der einfach nicht aufhört zu reden. Der Himmel wölbt sich blau schimmernd über Mensch und Tier, die heute, allesamt fein herausgeputzt, den Segen des **bayerischen Herrgotts** erbitten. **Leonhard** heißt dieser große Heilige, der dem Allmächtigen in Altbayern Konkurrenz macht. Doch keine Sorge. Es hat schon alles seine Richtigkeit und Ordnung, der Himmelsthron ist nicht in Gefahr!

Seit jeher genießt der heilige Leonhard, der **Viehpatron**, wie er im Volksmund auch genannt wird, eine ausgesprochen hohe Popularität vor allem in Nieder- und Oberbayern und im gesamten österreichisch-bayerischen Alpenraum. Eine ähnlich große Anbetung erfährt in Bayern nur noch die Gottesmutter Maria (→ Marienfeste). 1184 entstand im oberbayerischen Kreuth, auch **Lienhardswinkel** genannt, ganz in der Nähe des schönen Tegernsees eine erste Leonhardskirche.

Die bedeutendste **Wallfahrtskirche** zu Ehren des Heiligen steht aber im schwäbischen **Inchenhofen**, im Landkreis Aichach-Friedberg. Sie ist seit dem Jahr 1258 Ziel vieler Pilger und Wallfahrer aus halb Europa und unzählige Mirakelbücher zeugen dort von den vielen Wundertaten Leonhards. Heute kann man sich nach einem Besuch des Heiligen in dieser wunderbar ausstaffierten Barockkirche – dort blickt er würdevoll, von kleinen Engeln umschwirrt, vom Hochaltar herunter – im Wallfahrtsmuseum ein Bild vom Leben Leonhards machen. Und schnell erfährt man, dass der brave Mann, gestorben (vermutlich) am 6. November 559, als Abt im französischen Limoges mit Haustieren und Stallvieh erst einmal herzlich wenig am Hut hatte.

Um das Jahr 500 erblickte Leonhard als Spross eines altfränkischen Adelsgeschlechts am Hofe des Merowingerkönigs **Chlodwig I.** das Licht der Welt. Als er herangewachsen war, drangen seine Eltern darauf, dass er sich dem Dienst an der Waffe verschreiben sollte, doch Leonhard hatte anderes im Sinn: Er hatte das wüste und zügellose Treiben bei Hofe satt und so zog es ihn erst einmal hinaus in die Einsamkeit der Wälder um Limoges. Chlodwigs Gemahlin hatte in ihm das Feuer der neuen **Heilslehre**, des Christentums, entfacht.

In den darauf folgenden Jahren besuchte er dann die Domschule zu Reims und wurde anschließend zum Priester geweiht. Als man ihm das Amt des Bischofs anbot, entschied sich Leonhard für das Leben eines einfachen Mönchs. Später wählte er erneut die Abgeschiedenheit der Wildnis als Wohnstatt und lebte als **Einsiedler** in den Ardennen. Dort kam es zu einer schicksalhaften Begegnung zwischen ihm und dem lothringischen König Theodebert.

Theodebert befand sich an diesem denkwürdigen Tag auf der Jagd. Zu Hause lag seine hochschwangere Frau und wartete auf ihre Niederkunft. Die Ärzte hatten dem Ehepaar eine sehr schwere Entbindung vorhergesagt und Theodebert war voller Sorge. Als er den Einsiedler in dessen einfacher Kate mitten im Wald zufällig fand, erflehte er in seiner Not den Segen Leonhards. Die Fürsprache des Eremiten hatte Erfolg. Die Königin überlebte und brachte ein gesundes Kind zur Welt. Zum Dank schenkte Theodebert Leonhard den Wald, in dem dieser lebte, und mit der Zeit entstand dort unter der Führung des Einsiedlers ein großes **christliches Zentrum** und ein Zufluchtsort für bedrängte und unglückliche

Menschen – das Kloster Saint Léonard de Noblat bei Limoges, wo sich auch sein Grab befindet. Leonhard entwickelte eine besondere Liebe zu den Ärmsten der Armen und zu den Gefangenen, die zu jener Zeit oft vollkommen unschuldig und ohne Prozess in den Kerkern und Verliesen schmachteten.

Das **bekannteste Wunder**, das Leonhard zugeschrieben wird, geschah lange nach dem Tod des Heiligen im 14. Jahrhundert. Der Ritter Martel von Bacqueville sollte mit zwei Kampfgefährten hingerichtet werden. Die drei waren in türkische Gefangenschaft geraten und die Vollstreckung des Todesurteils stand unmittelbar bevor. Da besann sich Bacqueville in seiner Not auf den heiligen Leonhard, den Patron der Gefangenen, und gelobte im Falle seiner Rettung den Bau einer Kirche. Vom vielen Beten schlief er irgendwann erschöpft ein. Als er erwachte, fand er sich, Hände und Füße noch in **Ketten**, in einem Wald am Rande seiner Besitztümer in Frankreich wieder.

Erst im Mittelalter wurde der Heilige auch in Deutschland so richtig bekannt und man begann, Kirchen ihm zu Ehren zu errichten. Damals bat man Leonhard meist um eine glückliche Reise und um eine gesunde Wiederkehr. Viele ihm geweihte Gotteshäuser wurden entlang den Reiserouten der **Kreuzfahrer** ins Heilige Land errichtet. Die ältesten **Leonhardskirchen** liegen heute noch oft an wichtigen **Gebirgspässen**. Leonhard wurde zum Patron der Reisenden. Doch auch seine Verdienste um unschuldige Gefangene vergaß man ihm nie und da viele Kreuzfahrer in der Ferne nicht selten in Gefangenschaft gerieten, legten sie bei ihrer glücklichen Heimkehr dem Heiligen geschmiedete Eisenketten zu Füßen.

Bis in das 16. Jahrhundert hinein opferten befreite Gefangene ihre Fesseln in den Leonhardskirchen, dann geriet dieser Brauch in Vergessenheit und irgendwann wusste niemand mehr so recht, was es mit diesen Ketten und Handschellen auf sich hatte, die sich da vor den Altären stapelten. Die Bezeichnung **Kettenheiliger** blieb dem Leonhard aus dieser Zeit jedoch erhalten. Noch heute gibt es mancherorts so genannte **Kettenkirchen**, an deren Außenwänden sich dicke Eisenketten entlangziehen. So ist zum Beispiel die Leonhardskapelle im oberbayerischen Bad Tölz (Lkrs. Bad Tölz-Wolfratshausen) mit solch einer schweren Kette umspannt. Sie soll von ein paar Bauern zum Dank für eine gesunde Heimkehr aus der **Sendlinger Mordweihnacht** (1704) errichtet worden sein.

Doch wie gesagt, die Eisenkette verlor im Zusammenhang mit dem Heiligen ihre eigentliche Bedeutung und als man im 17. Jahrhundert angesichts verheerender Viehseuchen dringend einen Fürsprecher im Himmel brauchte, der sich der armen Bauern annahm, besann man sich auf Leonhard. Die Eisenketten konnten gut als Viehketten herhalten und außerdem kannte sich Leonhard auch, wie man weiß, bei Entbindungen aus. Dies zeugte für eine gewisse Kompetenz in Sachen Fruchtbarkeit. So vollzog Leonhard eine Wandlung vom Gefangenen- zum Viehpatron und zu einem der **wichtigsten Nothelfer Altbayerns** (→ Nothelfer).

Vom Eisen konnten die Menschen nie ganz lassen und so brachten sie ihre Weiheopfer auf den Wallfahrten in Form kleiner aus Eisen gefertigter Tiere, Hufeisen, Pflugscharen oder anderer Werkzeuge dar. Eisen war damals sehr kostbar und eine kleine eiserne Kröte als Symbol für Gebärmutter und Fruchtbarkeit, das dem Heiligen als Votivgabe zu Füßen gelegt wurde, ließ zum Beispiel die Chancen auf gesunden Nachwuchs immens steigen. So nannte man Leonhard vielerorts auch den **Eisenheiligen**. Heute noch führen die Inchenhofener alljährlich bei ihrem Leonhardiritt feierlich eine kleine Eisenfigur aus dem 15. Jahrhundert, die den heiligen Leonhard darstellt, auf einer langen Holzstange mit sich. Dieses bedeutende Kunstwerk entstand vermutlich im Jahr 1420 und zeigt den Heiligen als einfachen Mönch.

Im 12. Jahrhundert begann man im bayerisch-österreichischen Grenzgebiet den heiligen Leonhard – genau wie den heiligen Georg – auch als den **Patron** des **ritterlichen Mutes** zu verehren. Die Bauern ritten hoch zu Ross zu den Gotteshäusern und sogar direkt vor die Altäre, um dem Heiligen stolz zu huldigen. Aus diesem Grund nahmen manche Kirchentüren riesige Ausmaße an und Mensch und Tier konnten ohne nennenswerten Schaden in die Kirchen einziehen (Foster, Norman).

Den Brauch des Leonhardiritts gibt es also schon seit vielen hundert Jahren. In Kreuth ist er zum Beispiel, mit Unterbrechungen, seit 1442 nachgewiesen. In der Folgezeit entstanden überall in Bayern diese **feierlichen Umzüge**. Der berühmteste und größte ist mit Sicherheit der **Leonhardiritt** im oberbayerischen Bad Tölz, der alljährlich tausende von Menschen anzieht. Das geht sogar so weit, dass man sich schon Wochen vorab im Internet einen sicheren Platz, inklusive eigenem **Leonhardiabzeichen**, buchen kann. Weit weniger kommerziell, aber nicht minder schön anzuschauen sind all die kleinen Umzüge, die jedes Jahr um den 6. November herum in ganz Bayern stattfinden. Manche Gemeinden richten sich allerdings mit ihren Terminen für den Leonhardiritt nach den Kirchenfesten vor Ort. So reiten die Reichersdorfer aus dem oberbayerischen Landkreis Miesbach – übrigens als Erste im Jahr – bereits am zweiten Oktobersonntag rund um ihre Kirche.

Nach der heiligen Messe, die grundsätzlich im Freien nahe der Kirche stattfindet, klettern die Trachtler, Schützen, Schalk- und Miederfrauen in die bereitgestellten Truhen- und Tafelwägen. Dabei ist meist eine kleine Trittleiter nötig, damit vor allem die prächtig gekleideten Frauen unbeschadet ins Innere der geschmückten Wagen gelangen. Bereits Wochen zuvor beginnt man mit der Herstellung von Gebinden, die dann als Opferschmuck an den Außenwänden der Tafelwagen angebracht werden, **Aufbinden** nennt man das. Dafür werden ganz bestimmte Pflanzen, wie Irisches Moos, Misteln, Tannenzweige, Daxn und Latschen verwendet. Die Truhenwägen sind meist mit Heiligendarstellungen, heimatlichen Landschaftsbildern und natürlich dem Konterfei des heiligen Leonhard bemalt. In vielen Orten werden zusätzlich **Schauwagen**, auf denen zum Beispiel die – ausgestopften – Tiere des Waldes zu sehen sind, mitgeführt.
Die Mähnen und Schweife der Pferde werden am Tag des Umzugs gekämmt und kunstvoll geflochten. Blumen, weißblaue Schleifen und Grünzeug vervollständigen das Bild. Das Zaumzeug wird eingefettet und auf Hochglanz poliert. Mancherorts zieren Dachsfelle

und rote Tücher die Kummets – das sind die gepolsterten Bügel um den Hals der Pferde –, um Geister und Dämonen zu vertreiben. Kleine Spiegel und Glöckchen haben den gleichen Sinn.
Hat sich der Zug ordentlich aufgestellt, ziehen die Gespanne und einzelnen Reiter drei Mal um das Gotteshaus, wobei der örtliche Geistliche jedes Mal beim Passieren der Kirche Mensch und Tier, oft mit einer **Reliquie des Heiligen**, feierlich segnet. Dabei wird in den Wagen gebetet, die Männer ziehen ehrfürchtig den Hut und die Frauen schlagen das Kreuz auf der Brust.
Freilich geht's auch recht lustig zu auf diesen Umfahrten. Es kreist der **Kittlschnaps** und überhaupt strömt schon frühmorgens das Bier. Gastwirte bauen am Straßenrand ihre Standl auf und sorgen für das leibliche Wohl. Spätestens wenn es zu Leonhardi schneit, und das kommt nicht selten vor, ist man froh, wenn man sich die klammen Hände an einem Becher Glühwein aufwärmen kann.
Die Frauen auf den Wagen haben es bei zehn Zentimeter Neuschnee sicher nicht sehr gemütlich. Lediglich ein Fuchspelz wärmt dann das tief ausgeschnittene Dekolletee. Denn auch bei Schneetreiben soll man ja was sehen von der ganzen Trachtler-Pracht. Der bereits erwähnte »Kittlschnaps« kommt bei solch widriger Witterung schließlich voll zum Einsatz. Wobei man auch an warmen Herbsttagen gute Gründe finden kann, die kleinen Flachmänner, gefüllt mit Hochprozentigem, aus der verborgenen Rocktasche unter der Schürze zu holen. Mit dem mitgebrachten Obstler werden die **Brettlhupfer** – das sind die Männer, die für das Bremsen zuständig sind –, die Wagenlenker der Gespanne, aber auch umstehende Zuschauer und Bekannte versorgt. Nach dem Umzug folgt dann die richtige Gaudi. Hat man die Pferde wohlbehalten nach Hause gebracht, trifft man sich oft bereits am Nachmittag zum **Leonharditanz** in einem der Gasthäuser. Dann geht es hoch her und bis in die frühen Morgenstunden hinein wird gefeiert, getanzt und getrunken.
Übrigens ist unser Leonhard nicht der einzige Heilige, der sich im Himmel des lieben Viehs annimmt. Die **Vieh- und Rosspatrone** St. Veit (15. Juni), St. Georg (11. März und 3. September) und

St. Stephan (26. Dezember) haben sich, neben anderen Patronaten, ebenfalls den Tieren verschrieben. Ihnen zu Ehren finden überall in Bayern das ganze Jahr über Umritte und Prozessionen statt. Zudem kamen und kommen zum Beispiel Flurumritte zu Ostern und Pfingsten sowie der so genannte **Blasiusritt** im Februar und herbstliche **St.-Martinsumzüge** hoch zu Ross.

Lüftlmalerei

»Dies Haus stellt ich in Gottes Hand, Da ist es drei Mal abgebrannt; Nun hab ich's dem **heiligen Florian** anvertraut, Und hoff, dass er besser danach schaut.«

Klare Worte, wie sie da, für jeden gut sichtbar, auf dem rauen Verputz einer Hauswand prangen. Gleich daneben schüttet ein geharnischter Florian lässig aus dem linken Handgelenk einen hölzernen Bottich mit klarem Wasser über ein winziges brennendes Häuschen aus. **Lüftlmalerei** wird diese farbenprächtige Kunst genannt, die vor allem im Alpenraum viele alte Häuser und Bauernhöfe ziert. Vornehmlich Figuren aus der Bibel, Heilige, Landschaften und schöne Verzierungen in Form von Friesen, Ranken und Zierleisten rund um Fenster und Türen machen aus manch einer schlichten Fassade ein prächtiges Gesamtkunstwerk.

Zu Beginn des 18. Jahrhunderts begann die Lüftlmalerei schön langsam im Voralpenraum Fuß zu fassen, dabei hat diese besondere Kunstform im Italien der **Renaissance** ihre Wurzeln. Und auch das Mittelalter kennt schon die eine oder andere **Fassadenmalerei**. Nun, zunächst schmückten erst einmal Wirte und Handwerker ihre Häuser in den Städten mit den bunten Bildern und auch das eine oder andere Amtsgebäude erhielt einen neuen schmucken »Anstrich«.

Nach und nach begannen dann auch einzelne Bauern auf dem Land die Außenwände ihrer Höfe mit Heiligen zu bevölkern oder einfach Tür- und Fensterrahmen mit **schlichten Ornamenten** zu verschönern. Da reicht die Eva ihrem Adam den Apfel des Verderbens kokett übers Hauseck und der heilige Christophorus stemmt sich kraftvoll gegen die Fluten, während ein fideles Jesukind, die Weltenkugel im Arm, auf seinen Schultern thront. Mehr oder weniger sinnige Sprüche entfalten sich auf flatternden Fahnen über den Fenstern im Erdgeschoss und das **Auge Gottes** blinzelt unter dem Dachgiebel hinaus in die Welt.

Im Werdenfelser Land, in Mittenwald und in Oberammergau, aber auch in der Gegend um den Schliersee herum ist die Lüftlmalerei besonders präsent; und der Überlieferung nach ist es auch ein waschechter Oberammergauer, der als Urvater der Lüftlmalerei nördlich der Alpen gilt. **Franz Seraph Zwinck** (1748–1792) war zu Lebzeiten ein wahrer Meister auf dem Gebiet der Fassadenmalerei und es wird behauptet, dass auf ihn auch der Name dieser Malkunst zurückzuführen ist. Der kleine Franzl erblickte nämlich im Zuge einer Hausgeburt – was zu jener Zeit gang und gäbe war – das Licht der Welt und dieses Haus, in dem er seinen ersten Schrei tat, hörte auf den schönen Hausnamen **Zum Lüftl**.

Freilich, es gibt auch andere Erklärungen, wie die Lüftlmalerei zu ihrem zugegeben etwas seltsamen Namen kam. Nahe liegend ist die Behauptung, dass das Ganze von den Malern schließlich in schwindelnder Höhe und an der frischen Luft fabriziert wird; und die Erklärung, dass ein gewisser **Herr Lüftl**, sein Vorname ist nicht hieb- und stichfest überliefert, ein Spezialist auf dem Gebiet der Lüftlmalerei war, ist auch nicht von der Hand zu weisen.

Nichtsdestotrotz, über die Maltechnik sind sich dann doch alle einig. Es handelt sich um eine bestimmte **Freskotechnik**, die mit Sicherheit unser mysteriöser Herr Lüftl genauso gut beherrschte wie der bereits erwähnte Franz Zwinck oder eine andere Koryphäe auf diesem Gebiet wie **Franz Kraner** (1737–1817), der einst um Mittenwald herum den Pinsel schwang. Schnell und geschickt muss man beim Freskomalen jedenfalls sein, denn die Farben trocknen sehr rasch an und ein Nachbessern ist kaum möglich. Mineralische Wasserfarben werden auf den frischen, noch feuchten Putz aufgetragen und während der Phase des Trocknens verbindet sich dann alles zu einer wasserresistenten Farbschicht.

Heutzutage ist die **traditionelle Lüftlmalerei** etwas aus der Mode gekommen, dabei gäbe es genügend Maler und Künstler, die sich auf dieses Handwerk noch verstehen. Auch hält in unserer hektischen Zeit kaum mehr einer inne, um in Ruhe und Muße eine herrlich bemalte Fassade zu bewundern; da braucht es vielleicht Bücher wie dieses, um sich die Schönheit dieser **alten Volkskunst** einmal wieder ins Bewusstsein zu rufen.

Mahlzeit

Eine Aufzeichnung aller **kulinarischen Highlights** in Bayern würde mit Sicherheit ein komplettes Buch füllen, noch dazu, wo man den Freistaat in dieser Sache niemals über einen Kamm scheren sollte, denn in jeder Region gilt es, andere **Köstlichkeiten** zu entdecken. Nicht umsonst sind über die **bayerische Küche** viele Kochbücher erschienen. So können nachstehende Seiten nur einen kleinen Überblick über die Fülle der Gerichte bieten.

Wir beginnen mit dem nahe Liegenden: Was lässt den meisten von uns bei dem Gedanken an ein beschauliches Mittagessen in einem urigen Landgasthof das Wasser im Munde zusammenlaufen? Die Schweinshaxe mit Knödel, selbstverständlich. Doch auch der **Schweinebraten** ist nicht zu verachten. Kommt er zudem mit einer reschen Kruste auf den Tisch, dann bleiben keine Wünsche mehr offen. Das Gleiche gilt natürlich auch für Ente oder **Gans mit Blaukraut**.

Den dazu gelieferten **Knödel** als simple Beilage zu bezeichnen ist fast schon eine Beleidigung, versinnbildlicht er doch in seiner Rundheit jene bayerisch barocke Gemütlichkeit, für die man uns im Ausland so liebt. Den Knödel also lediglich auf einen Weggefährten des Schweinebratens zu reduzieren, liegt mir fern. Zu groß ist das Repertoire dieser schmackhaften Kugel. Da gibt es zum Beispiel den Leberknödel, der als Suppeneinlage dient, genau wie die Brätknödel. Der Semmelknödel schmeckt besonders gut in einer frischen, sämigen **Schwammerlsoße** oder man serviert ihn zum sauren Lüngerl, zum Reh- oder Rinderbraten. Der Kartoffelknödel wiederum besticht in manchen Gegenden Bayerns durch sein knuspriges Innenleben. Im Fett angebratene Weißbrotcroutons bilden quasi das Herz dieser Köstlichkeit. Der **Kartoffelknödel** ist übrigens ein waschechter Franke, doch mittlerweile hat er sich in ganz Bayern etabliert. Man kennt ihn auch als »Seidenen«, dann besteht er ausschließlich aus gekochten Kartoffeln, oder als »Halbseidenen«, was auf die Zusammensetzung halb rohe Kartoffeln, halb gekochte hinweist.

Der **Semmelknödel** hingegen ist ein gebürtiger Oberbayer und war in vergangenen Zeiten eher eine Speise der Armen. Bis zu dreimal in der Woche kam er damals bei den kleinen Leuten, meist mit Zwetschgen- oder Birnenkompott, auf den Mittagstisch. Zudem war der Semmelknödel, zusammen mit Kraut, ein **beliebtes Fastengericht**.

In Niederbayern schätzt man, neben dem Pressknödel, hauptsächlich den Teigknödel; doch auch in Dachau, Freising und Erding ist der »Doag-Knödl« kein Unbekannter. Hauptbestandteil ist auch bei ihm die altbackene Semmel. Im niederbayerischen Deggendorf ist dem Teigknödel sogar ein Denkmal gewidmet: Eine Brunnenfigur zeigt die **Deggendorfer Knödelwerferin**.

Einer Legende nach soll nach dem Aussterben der Grafen von Bogen und derer von Babenberg ein erbitterter Erbstreit ausgebrochen sein. Das war im Jahr 1266. Der böhmische König Ottokar sandte zur Wahrung seiner Ansprüche ein grausames Heer an die schöne Donau. Es wurde gebrandschatzt und gemordet. Die Landsknechte des Königs hinterließen eine Schneise der Verwüstung. Als es darin ging, Deggendorf zu erobern, überlegten sie sich eine schlaue Taktik. Die Stadt sollte zur Mittagszeit fallen, da wurden die meisten der Wächter beim Essen vermutet. Doch die Ehefrauen der Deggendorfer hatten in weiser Voraussicht den Männern ihre Mahlzeit zur Stadtmauer gebracht und als nun die ersten Feinde ihre Köpfe über die Zinnen streckten, empfing sie ein heißer **Knödelregen**. Die Böhmen fielen von ihren Leitern und suchten erschrocken das Weite. Es heißt, dass die Brunnenfigur die Frau des damaligen Bürgermeisters darstellt, die einst kräftig beim Werfen mitgewirkt haben soll.

In grenznahen Regionen wie in Berchtesgaden oder im Werdenfelser Land schätzt man den Speckknödel, der in Tirol seine Wurzeln hat. Sie sehen, **Knödelvariationen** gibt es unendlich viele. Fleischknödel, Wurstknödel, Brezenknödel und wie sie alle heißen. Was sie vereint, ist die Garmethode. Knödel werden in kochendes Wasser gegeben – mal mit, mal ohne Salz –, um dann bei reduzierter Hitze sacht vor sich hin zu ziehen.

Beim Verzehren ist auch eine grundsätzliche Regel zu beachten, wollen Sie sich nicht als kulinarischer Laie outen. Den Knödel reißt man mit der Gabel, außer er schwimmt in der Suppe – da sticht man ihn mit dem Löffel ab. Schneiden Sie ihn um Himmels willen nicht mit dem Messer! »Gerissen« kann das Knödelstück mehr Soße aufnehmen – ist doch logisch. Und zu guter Letzt, bevor wir uns endlich anderen Schmankerln zuwenden: Der Plural von Knödel ist Knödeln, aber das wissen wir alle spätestens seit **Karl Valentins** berühmten »Semmelnknödeln«.

Wie versprochen, wenden wir uns nun anderen kulinarischen Genüssen zu. Ich schlage vor, wir futtern uns gemeinsam von vorn bis hinten durch eine original **bayerische Speisenkarte** – auszugsweise versteht sich – und beginnen mit den Vorspeisen. »Frittatensuppe« lesen wir da zum Beispiel. Und was bringt uns schließlich die Bedienung – in Bayern sagt man nicht Kellnerin – an den Tisch? Eine gut ausgekochte Suppenbrühe, in der fein geschnittene Pfannenkuchenstreifen schwimmen, garniert mit frischen Schnittlauchröllchen. Sie können sich auch eine **klare Ochsensuppe** bestellen, die bereits erwähnte Leberknödelsuppe, eine Grießnockerlsuppe, eine Leberspätzlesuppe oder die **sprichwörtliche Brennsuppe**. Wenn in Bayern einer auf »der Brennsupp'n daherschwimmt«, dann gilt er gemeinhin als nicht sehr lebenstüchtig.

Um Ihnen jedoch keine falschen Hoffnungen zu machen: Brennsuppen verlassen kaum mehr die Küchen ortsansässiger Wirtshäuser. Genau wie die **Brotsuppe**, die Bier- oder die Einlaufsuppe gehört die Brennsuppe in eine Zeit, als die Menschen aus der Not heraus magenfüllende Mahlzeiten für die ganze Familie zaubern mussten. Die Bezeichnung Brennsuppe kommt übrigens von der

so genannten »Einbrenn«, der Mehlschwitze, welche die Basis für dieses einfache Gericht bildet.
Wir haben uns mittlerweile den Magen mit der Suppe unserer Wahl vorgewärmt und stürzen uns nun auf das Hauptgericht. Die Vegetarier unter uns schauen da beim Studieren der Karte leicht mal in die buchstäbliche Röhre, wobei sie von Glück sagen können, wenn die **Rohrnudel** überhaupt angeboten wird (→ Nudeln). Der Bayer isst fleischlastig. Böse Zungen behaupten, dass aus diesem Grund ein hoher Prozentsatz der männlichen Bevölkerung in Bayern die Nackendichte eines Ochsen habe. Historisch belegt ist jedenfalls, dass das Gemüse hier immer schon eine Randerscheinung war. Über Jahrhunderte hinweg sind wir über Rüben und Kraut nicht hinausgekommen. So ein **warmer Krautsalat** zum Braten mit Kümmel und krossen Speckwürfelchen ist aber nun wirklich nicht zu verachten, oder? Kartoffeln, Erdäpfel, spielen natürlich auch eine Rolle. In der Oberpfalz wird zum Beispiel gerne auch zur Fastenzeit »Kartoffelzwuler« serviert. Das sind spätzleähnliche Teigklümpchen, die in der Pfanne mit reichlich Fett ausgebacken werden. Dazu isst man Kraut. Ist die Fastenzeit vorbei, gesellt sich das **Schweinerne** – in dem Fall gekocht – wieder mit auf den Teller. In der Oberpfalz gibt es auch den »Dotsch«, der im restlichen Land **Reiberdatschi** heißt und in der Pfanne gebratene Kartoffelküchlein bezeichnet.
Zum Hauptgericht wählen wir also notgedrungen zwischen verschiedenen Braten oder nehmen eine **Haxe**, die darf auch schon mal vom Kalb sein. Bleiben wir beim wiederkäuenden Rindvieh, können wir uns auch für eine gekochte Zunge entscheiden oder wir verdrücken den **Ochsenschwanz** im Sud. Eher speziell hören sich die Ochsenbeutel an – ja, das ist auch genau das, was Sie denken! Ganz Hungrige wagen sich an das Tier in seiner vollen ausgewachsenen Größe und verspeisen den Ochs am Spieß! Den gibt es allerdings oft nur auf großen Volksfesten wie zum Beispiel dem **Münchner Oktoberfest**.
Nun ist der Tafelspitz auch nicht mehr weit. Er wird ebenfalls in der Brühe serviert – frisch geriebener Meerrettich dazu, lecker.

Beim Fisch ist die Zubereitungsart denkbar einfach. Entweder die Forelle oder ein anderer geeigneter Süßwasserfisch kommt blau auf den Teller, wird also im Essigsud mit Wacholderbeere, Zwiebel und Lorbeerblatt gegart oder der Fisch entpuppt sich als flotte Müllerin und wurde in der Pfanne gebraten. Vermissen Sie jetzt auf diesen Seiten die **Würste**, dann möchte ich auf das Kapitel Brotzeit verweisen. Klar, zur Schlachtplatte gehören natürlich die Blut- und Leberwürste, die so manchen Gaumen erfreuen.

Zum Nachtisch gibt es natürlich **Bayerische Creme** oder Sie gönnen sich einen ofenwarmen Apfelstrudel, der bei unseren Nachbarn in Österreich zur höchsten Vollendung gefunden hat. Typisch bayerisch sind allerdings die Zwetschgen-Bavesen. Am liebsten geht der Bayer aber nahtlos vom Hauptgericht zum Nachmittagskaffee über und lässt, außer an Festtagen vielleicht, das Dessert ausfallen. Oder er genehmigt sich nach dem fetten Braten gleich ein paar **Stamperl Obstler**, so erspart man sich die Obsttorte. Ein Enzian tut es natürlich auch. Dieser klare Schnaps wird aus den zuckerhaltigen Wurzeln des Gelben, Roten und des Pannonischen Enzians gebrannt. Nur alle sechs Jahre werden diese Wurzeln in den Bergen, auf den Almen, »geerntet«, dem Naturschutz zuliebe.

Käse wird in Bayern, im Gegensatz zu Frankreich, zum Abschluss eines Mahls so gut wie nie gereicht. Wobei wir uns ansonsten durchaus an den Franzosen orientieren, das **Böfflamott** (auch »Bifflamott« geschrieben) – ein geschmorter Sauerbraten – fällt schon allein sprachlich eindeutig in das Land der Baguettes, der filterlosen Zigaretten und des Rotweins, um alle Klischees mit einem Satz zu bedienen. Es handelt sich dabei jedoch eindeutig um eine Fleischspeise und ist kein Dessert.

Maibaum

Wen wundert es, dass der eigentümliche Brauch des »Maibaum-Aufstellens« im Grunde aus einer Zeit kommt, in der Bäume wie Götter verehrt wurden. Auf Ihrem Streifzug durch dieses Buch haben Sie sicher längst festgestellt, wie tief wir noch mit unseren Bräuchen und Ritualen in der **heidnischen Zeit** verwurzelt sind; und wie nahe wir einst der Natur gewesen sein müssen, sodass dieser Schatz an **Magie** und **Mystik** bis heute in unserem Brauchtum überlebt hat.

Der Maibaum hat seinen Ursprung im **Weltenbaum**, dem Urbaum, der seit jeher Himmel und Erde miteinander verbindet. Der »Weltenbaum« symbolisiert **Fruchtbarkeit** und Leben und wurde über Jahrhunderte, ja, über Jahrtausende hinweg als Urmutter der Menschheit verehrt. Zwischen Mensch und Baum bestand immer schon eine tiefe Verbundenheit. Die Germanen glaubten sogar, dass die ersten Menschen durch die Hand Odins nicht aus simplem Lehm, sondern aus Bäumen erschaffen wurden.

Der Maibaum, wie wir ihn kennen, findet sich in abgewandelter Form in der Antike wieder. Von Ägypten über Indien bis nach Indonesien findet man Darstellungen aus dieser Zeit, auf denen mit Zweigen und Girlanden umwundene Holzstäbe als Fruchtbarkeitssymbole abgebildet sind. Die Römer weihten den Monat Mai ihrer **Göttin Maia**, der Göttin von Fruchtbarkeit und Wachstum. Am ersten Tag dieses Monats wurden Maia Opfer dargebracht und man tanzte gemeinsam um einen großen Baum, der ihr zu Ehren aufgestellt wurde. Die Germanen wiederum feierten den 1. Mai als

Hochzeitstag von Freia, der Erdgöttin, und Wotan, dem Gott des Himmels. Anlässlich dieses Festes wurde ein Birken- oder Buchenstamm aufgestellt, der einen Phallus als Zeichen der Fruchtbarkeit darstellen sollte.

Seit dem 13. Jahrhundert ist der **Maibaum-Brauch** in Deutschland bekannt und historisch belegt – ein Sinnbild für den Frühling, für Hoffnung und für Zuversicht. Der Maibaum sollte den Dorfbewohnern Glück bringen und galt als **Schutzbaum** für den ganzen Ort. Heute dient die lange schlanke »Stange« im Grunde nur noch der Zierde und ist in Bayern zu einer Art **Nationalsymbol** geworden, das sich nahtlos zwischen weißblauer Rautenfahne, Bier und Lederhose einreiht. Die Bräuche, die sich um den Maibaum immer noch ranken, stammen jedoch ausnahmslos aus der »guten alten Zeit«, sind also heidnischen Ursprungs.

Das zeigt im Grunde schon das Datum, der 1. Mai. Ihm geht die **Walpurgisnacht** voraus, in der Hexen, Geister und Druden ihr Unwesen treiben. Eine große Zahl von Ritualen hat sich im Laufe der Zeit entwickelt, um diesem wilden Treiben Einhalt zu gebieten (→ Hexen). Das Aufstellen eines Maibaums, als Bollwerk gegen dunkle Mächte, gehört dazu. Maibäume wurden früher grundsätzlich in der Walpurgisnacht oder in den frühen Morgenstunden des 1. Mai geschlagen und sofort entrindet. Der Glaube, dass zwischen Holz und Rinde kleine, vorwitzige Geister hausen, war weit verbreitet.

Heute wird der Maibaum bereits Anfang März geschlagen. Traditionell muss dafür eine schöne, gerade gewachsene Fichte ihr Leben lassen. Ist der Baum erst mal gefällt, wird er zum **Aufputzen** abtransportiert. Dabei wird darauf geachtet, dass der Wipfel der Fichte unversehrt bleibt; die restlichen Zweige und Äste werden entfernt. Der kleine grüne Wipfel symbolisiert die göttliche Kraft, in ihm sitzen die **guten Geister** und wichtigsten Götter. Fehlt diese natürliche Krone, dann gilt der Baum als »kraftlos«.

Herausgeputzt wird der Maibaum von den Frauen der Gemeinde. Lange grüne Girlanden aus Nadelgehölz und ein so genannter **Naturkranz**, ein zusätzliches Symbol der Fruchtbarkeit, zieren die naturbelassenen, unbemalten Stämme. Die prächtigeren Maibäume werden weißblau bemalt und erhalten, quasi als Ersatz für ihre verlorenen Äste, liebevoll gearbeitete **Zunftzeichen**, Figuren und Symbole aus Holz oder Metall. Diese werden erst nachdem der Baum aufgestellt wurde angebracht.

So ein Maibaum ist teuer und in den Gemeindekassen herrscht bekanntlich Ebbe. Deshalb gibt es in manchen Gegenden Bayerns den Brauch des **Maibaumstiftens**. Im oberbayerischen Sachsenkam (Landkreis Bad Tölz-Wolfratshausen) stiften zum Beispiel traditionell junge Hochzeitspaare alljährlich den Baum. In diesem schönen Landstrich, nicht unweit der Berge, hat sich auch das **Maibaum-Betteln** erhalten. Nachdem der Baum gefällt ist, ziehen die Burschen durch den Ort von Haus zu Haus, um die Leute zur **Maimusik** ins Gasthaus einzuladen. Nach altem Brauch bekommen die jungen Männer, neben Bier und Schnaps, Bargeld, Eier und Butter überreicht. Eier und Butter landen später in der Pfanne der Wirtin, werden zu Rührei verarbeitet und jeder Gast bekommt einen Teller davon ab.

Es naht die Walpurgisnacht, die Nacht bevor der Maibaum seinen endgültigen Platz im Dorf einnimmt – übrigens traditionell nahe der Kirche. Diese Nacht ist heikel, denn unser Fruchtbarkeitssymbol kann jederzeit noch gestohlen werden. Ist dies der Fall, dann wird aus dem Maibaum ein **Schandbaum**. Aber Gott sei Dank nur dann, wenn sich die ursprünglichen Besitzer weigern, ihren schönen Baum mit Freibier und einer zünftigen Brotzeit wieder auszulösen. Allen Unkenrufen zum Trotz sind die Maibaum-Bewacher in der Nacht auf den ersten Mai stocknüchtern, denn es gilt natürlich Augen und Ohren aufzuhalten. Stockkonservativ sind sie zudem, denn Frauen dürfen grundsätzlich nicht mit Wache schieben. Meistens wird Karten gespielt, was das Zeug hält, und ab und zu Patrouille gegangen, damit sich kein Unbefugter an das »Stangerl« heranschleicht.

Für potenzielle **Maibaumdiebe** unter Ihnen gibt es hier gleich die Regeln schwarz auf weiß, denn beim Stibitzen muss einiges beachtet werden: Gestohlen werden darf nur ein »herausgeputzter« Baum.

Er muss zumindest entrindet und mit **Girlanden** geschmückt sein. Geklaut werden darf nur in der Walpurgisnacht, und auch dann nur innerhalb des Ortes. Liegt der Baum noch im Wald, dann ist er für Sie tabu – Finger weg!

Befindet sich das Diebesgut schließlich in Ihrem Besitz, müssen Sie sich sofort mit Ihren Opfern in Verbindung setzen, um das Lösegeld auszuhandeln. Dabei gelten nur Naturalien, kein Bargeld. Sollten die Beklauten nicht auf Ihre Forderungen eingehen, dürfen Sie die Beute als bereits erwähnten »Schandbaum« neben Ihren eigenen Maibaum stellen. Nach einigen Wochen wird der Schandbaum dann zersägt und die einzelnen Holzstücke werden meistbietend versteigert.

Ist alles gut gegangen und der Maibaum wurde kein Opfer dreister Langfinger, dann wird er anderntags bei Musik, Tanz und viel Bier aufgestellt. In einigen Gemeinden geschieht das sogar noch »händisch«, also in Handarbeit, mit langen Stangen, den so genannten **Schwaiberln**, und viel Muskelschmalz. Meistens wird das gute Stück jedoch mit Hilfe entsprechender Maschinen ins optimale Licht gerückt.

Steht er dann endlich am rechten Fleck, dann spielt die Musik zum Maitanz auf. Manchmal klettert erst noch die männliche **Dorfjugend** wie eine Horde Affen den Stamm hinauf, der zu diesem Zweck zuvor mit Schmierseife präpariert wurde, um ihre Geschicklichkeit zu beweisen. Dann aber wird endlich getanzt. Für den so genannten **Bandltanz** um den Maibaum herum nehmen die Tänzer bunte, geflochtene Bänder auf, die am Stamm befestigt sind. Gemeinsam umkreist man nun den Baum; so sollen böse Geister abgewehrt und die Guten aufgefordert werden, im Inneren des Kreises Schutz zu suchen.

Zu guter Letzt noch ein paar Fakten rund um den Maibaum: Früher standen die Bäume höchstens ein paar Monate auf dem Dorfplatz, nämlich genau so lange, wie das Grünzeug brauchte, um zu verdorren. Das ist heute anderes. In manchen Orten steht der Baum exakt ein Jahr, woanders wechselt man Alt gegen Neu in einem Rhythmus von zwei, drei Jahren aus. Länger als fünf Jahre steht ein Maibaum allerdings selten. Die Länge oder Größe eines Maibaums variiert natürlich von Ort zu Ort. So auf die vierzig Meter bringt's unser **Fruchtbarkeitsbaum** aber schon mal locker. Wenn Sie nun Lust bekommen haben, bei so einer »Zeremonie« einmal dabei zu sein, jedoch nicht wissen, wann und wo so ein Maibaum aufgestellt wird, dann schauen Sie doch ins Internet oder in einen der hervorragend recherchierten **Brauchtumskalender**, die alljährlich neu aufgelegt werden.

Marienfeste

In dem kleinen achteckigen Raum ist es schummrig und klaustrophobisch eng; die Wände sind bis zur Decke hinauf in schwarzer Farbe gestrichen, in unzählige Nischen unterteilt und mit silbernen Votivtafeln bedeckt. **Flackernde Kerzen** werfen ein zittriges, diffuses Licht auf eine kleine, fast unscheinbare Frauengestalt – das Gnadenbild der wundertätigen Muttergottes von Altötting. Die **Schwarze Madonna** wird sie auch auf Grund ihres von Kerzenruß und Alter geschwärzten Gesichts genannt. Immerhin hat die Dame schon gute siebenhundert Jahre auf dem allerheiligsten Buckel; seit dem Jahr 1489 bewirkt sie zudem mehr oder weniger spektakuläre Wunder. Und das kleine Gotteshaus an sich soll seinen Ursprung sogar im 7. Jahrhundert haben. Es diente den **Agilolfingern** als Taufkapelle.

Die zarte Himmelsgöttin aus dem oberbayerischen **Altötting** ist, wenn man so will, über die Jahrhunderte hinweg zu einem Dreh- und Angelpunkt einer tiefen **Marienverehrung** in Bayern geworden. Auslöser dafür war Kurfürst Maximilian I. (1573–1651), der eine besondere Liebe zur Jungfrau Maria hegte. Das ging sogar so weit, dass er darüber verfügte, sein Herz nach seinem Ableben in der Gnadenkapelle zu bestatten. In einer reich verzierten Urne wurde es nach Altötting gebracht. Beigelegt war ein Brief – der berühmte **Blutbrief** –, den der Kurfürst mit seinem eigenen Blut geschrieben hatte. Mit wenigen Zeilen verschrieb er sich darin, im wahrsten Sinne des Wortes, mit Leib und Seele der Gottesmutter.

Viele Monarchen und gekrönte Häupter bis hin zu Ludwig III. (1845–1921) taten es in der folgenden Zeit dem frommen Kurfürsten nach und legten ihre Herzen der heiligen Maria buchstäblich zu Füßen. Die Nischen um ihren Gnadenaltar sind angefüllt mit mehr oder weniger pompösen Herzurnen.

Auf das Konto unseres braven Maximilian geht auch die Wortschöpfung »Patrona Bavariae«: Der **Kurfürst** stellte sein geliebtes Bayern damit unter den Schutz der Muttergottes, der **Schutzmantelmadonna**, und widmete ihr im Jahr 1600 einen eigenen Ehrentag, den 1. Mai. Darüber hinaus gab er seinem 1636 geborenen Sohn Ferdinand den Zweitnamen Maria, was zur damaligen Zeit äußerst ungewöhnlich war. Bis heute wird der Monat **Mai** als **Marienmonat** bezeichnet. Überall im Land werden in den Gotteshäusern, die **Unserer Lieben Frau** geweiht sind, besondere Andachten abgehalten. Die Bezeichnung »Unsere Liebe Frau« ist übrigens nur einer von vielen Namen, die der heiligen Muttergottes zugedacht werden. Neben der Pietà, der »schmerzhaften Gottesmutter«, kennen wir zum Beispiel noch »Maria in der Hoffnung«, die »Frau Stifterin«, die »Himmelskönigin« oder die **Himmelsgöttin** und die Mater Dolorosa, die »schmerzensreiche Muttergottes«.

Die Verehrung der Jungfrau Maria fand mit Maximilian I. ihren Höhepunkt. Der Kurfürst ließ 1638 in der Mitte Münchens, auf dem damaligen Schrannenplatz, dem heutigen **Marienplatz**, eine **goldene Votivsäule** errichten. Viele Wallfahrtsorte zu Ehren der Heiligen wurden während seiner Amtszeit neu gegründet oder wieder belebt. Doch auch nach seinem Tod riss die Hingabe zu Maria nicht ab; und noch heute wird jede Entfernung zur bayerischen Landeshauptstadt von der Mariensäule aus gemessen.

Das Kirchenjahr ist gespickt mit Festen und Feiertagen, die der Gottesmutter geweiht sind. Von »Unserer Frau Vermählung« (23. Januar) über »Maria vom Guten Rat« (26. April) und »Maria Schnee« (5. August) bis hin zu »Mariä Erwartung« am 8. Dezember – um nur einige zu nennen – reihen sich über zwanzig Termine aneinander wie Perlen an einem **Rosenkranz**; übrigens ein Attribut der Heiligen. Gleich zu Beginn des Jahres, am 2. Februar, feiern gläubige

Christen das Fest **Maria Lichtmess** und beenden damit, was heutzutage kaum mehr einer weiß, offiziell die Weihnachtszeit.

Mit dem Lichtmess-Fest wird an den Besuch Marias mit ihrem Kind auf dem Arm im Tempel von Jerusalem erinnert. Diesen hohen Kirchentag nennt man auch **Mariä Reinigung**. Dem Gesetz Moses' zufolge galt jede israelitische Mutter nach ihrer Niederkunft als unrein, das heißt, der Tempel war für diese Frauen tabu. Nach einer gewissen Zeit musste die junge Mutter dann, je nach Vermögen, ein Lamm und eine Taube oder zwei Tauben opfern. Danach wurde sie vom Priester für »rein« erklärt und durfte wieder zum Tempel kommen.

Ein zweites Gesetz machte männliche Nachkommen zum ausschließlichen Besitz des Herrn im Himmel. Der Säugling wurde Gott geweiht und von den Eltern wurde dann eine bestimmte Summe verlangt, damit diese ihren Sohn wieder auslösen, quasi zurückkaufen konnten. Wie wir wissen, hatte es Maria nun wirklich nicht nötig, ihrer Reinheit zuliebe Opfergaben darzubringen. Sie tat es trotzdem.

Seit alters her ist »Maria Lichtmess« ein Fest des Lichtes, wie es der Name schon sagt. An Lichtmess fallen die Strahlen der Sonne, wenn sie denn scheint, in einem ganz bestimmten Winkel auf die Erde; der 2. Februar ist genau die Mitte zwischen **Wintersonnwende** und Frühlingsanfang. Namen wie **Sonnenbichl** oder Sonnwendjoch, die gemeinhin bestimmte Berghänge oder -pässe bezeichnen, deuten auf diesen Sonneneinfall hin.

Traditionell werden an »Maria Lichtmess« die verschiedensten Kerzen für den kirchlichen und den privaten Jahresbedarf geweiht. Allen voran natürlich die schmucklosen **Lichtmess-Kerzen**, die ihren großen Auftritt bei diversen Lichtmess-Prozessionen haben; dieses Lichtermeer am 2. Februar gab dem Festtag auch letztendlich seinen schönen Namen.

Lange, dünne **Pfennigkerzen** für den Herrgottswinkel, schwarze Wetterkerzen, die gegen Blitz und Donner ins Fenster gestellt werden, kunstvoll verzierte **rote Wachsstöckl** als Geschenk für die Liebste oder als Opfergabe für den Altar. Daneben gibt es Votivkerzen, die man an Wallfahrtsorten als Bitte oder Dank stiftet, oder die längst aus der Mode gekommene **Weihnachtskerze**, die man früher als Geschenk für Freunde bei einem Besuch mitbrachte. Die Weihnachtskerze diente an den drei **Rauchabenden** (→ Rau- und Rauchnächte) als Lichtspenderin. Im Angesicht der kleinen Flamme betete man in diesen Nächten gemeinsam den Rosenkranz. Übrigens, für alle Kerzen, die an Lichtmess geweiht werden, gilt: Sie wehren wirkungsvoll Hexen, Druden, Geister und Dämonen ab.

In vergangenen Zeiten stellte »Maria Lichtmess« auf dem Land noch einen weiteren, für Mägde und Knechte sehr wichtigen Termin dar: An Lichtmess endete das Arbeitsjahr auf dem Hof. Das Gesinde erhielt seinen Lohn und oft auch einen neuen Arbeitsvertrag für das kommende Jahr. Vom 2. bis zum 5. Februar konnten Dienstboten Urlaub nehmen oder sich nach einer neuen Stellung umsehen. **Schlenkeln** wurde das – warum auch immer – genannt.

Während dieser **Schlenkeltage** wurden oft Lichtmess-Märkte abgehalten, damit sich das sauer verdiente Geld auch ja nicht allzu lange in den Taschen ihrer Besitzer tummelte. Man konnte Wachswaren, Bekleidung und verschiedensten Hausrat kaufen – und sich nebenher noch bei Bier und anderen kulinarischen Genüssen prächtig amüsieren.

Zarte Bande wurden geknüpft und vielleicht auch gleich mit einem Wachstöckerl besiegelt. In manchen Orten, wie beispielsweise in Haag in Oberbayern (Lkrs. Mühldorf am Inn), lebt dieser alte Brauch der **Lichtmess-Märkte** noch, auch wenn sich das Warenangebot erheblich von damals unterscheidet.

»Maria Lichtmess« steht in diesem Kapitel stellvertretend für die vielen anderen Marienfeste im Jahr und für eine tiefe marianische Frömmigkeit in Bayern. Der heiligen Muttergottes werden Sie noch an einigen Stellen in diesem Buch über den Weg laufen. Im Kapitel über die einheimischen Kräuter begleiten wir die Jungfrau zum Beispiel an ihrem **Auffahrtstag** (»Mariä Himmelfahrt«), dem 15. August, in den Himmel hinauf. Natürlich nur in Gedanken, denn wir müssen schon noch schön brav hier unten bleiben. Im Advent sind wir live dabei, wenn am 8. Dezember das Fest **Maria Empfängnis** gefeiert wird – doch lassen Sie sich überraschen!

Wenn wir uns den Kalender genau anschauen, dann fällt auf, dass in jedem Monat mindestens ein Tag der Himmelsgöttin geweiht ist. So feiern wir zum Beispiel – seit dem 5. Jahrhundert – am 25. März, genau neun Monate vor der Geburt des kleinen Jesus, das Fest **Mariä Verkündigung**. Am 2. Juli haben wir **Mariä Heimsuchung** auf dem Programm; an jenem Tag soll die junge Mutter Maria ihrer Cousine Elisabeth einen Besuch abgestattet haben. Und am 8. September feiert die Heilige Jungfrau selbst ihren Geburtstag. Seit dem 6. Jahrhundert begeht man feierlich diesen Tag, den **kleinen Frauentag** – im Gegensatz zum »großen Frauentag« am 15. August –, an dem sich, dem Volksglauben nach, die Schlangen vor der bevorstehenden Winterkälte in ihre Löcher und Nester verkriechen. Landwirte, die am 8. September ihre Ernte einfahren, tun gut daran, ein paar Getreidehalme für die **Troadgeister**, die Getreidegeister, auf dem Feld stehen zu lassen, damit auch im folgenden Jahr die Scheunen bis unters Dach gefüllt werden können.

Leider fehlt uns hier der Platz, um auf alle Marienfeste eingehen zu können, und sei es nur flüchtig. In den schon an anderer Stelle erwähnten Brauchtumskalendern können Sie sich einen genauen Überblick über alle Festivitäten bayerischer Heiliger, inklusive Maria, verschaffen. Und neben den vielen Festtagen, die der Himmelskönigin im Jahreslauf gewidmet sind, verzeichnet die Jungfrau selbstverständlich auch einen eigenen Wochentag ganz für sich alleine. Der Samstag ist seit dem 11. Jahrhundert der Tag Mariens.

Im 14. Jahrhundert ehrte man an den drei Samstagen nach Michaeli (29. September) die Gottesmutter sogar in ganz besonderem Maße. Ihr zu Ehren wurden an diesen Tagen im gesamten deutschen Sprachraum – später dann nur noch in Süddeutschland – so genannte **Goldene Messen** gelesen. Im Rahmen dieser **Goldenen**

Samstage ging man in sich und gedachte der Vergehen im vergangenen Jahr mit der inbrünstigen Bitte um Vergebung. Heutzutage sind die **drei Goldenen** überwiegend in Vergessenheit geraten, damals markierten sie mit ihrem sanften Schimmer die letzten Wallfahrtstage im bäuerlichen Arbeitsjahr.

Martinstag

»Laterne, Laterne, Sonne, Mond und Sterne. Brenne an, mein Licht, brenne an, mein Licht …« Mit vor Kälte roten Nasen und Bäckchen umklammern sie mit steifen Fingern die Stecken der bunt flackernden Laternen; glänzende Kinderaugen strahlen unter dicken Wollmützen mit den warmen Lichtern um die Wette.

Traditionell gehen zu **St. Martin** die Kindergartenkinder auf dem Land und in den Städten bei einsetzender Abenddämmerung hinaus in die Novembernacht und ziehen, brav in einer Reihe, singend durch die dunklen Straßen. Dabei versinnbildlichen die kleinen Kerzenflammen in den farbenprächtigen und selbst gebastelten Behausungen symbolisch das Feuer der schwach gewordenen Sonne, die uns ja zu dieser Jahreszeit bekanntlich äußerst spärlich ihre Gunst zuteil werden lässt.

Um die Geschichte des **heiligen Martin von Tours** kommen wir in einem Kapitel über den Martinstag selbstverständlich nicht herum, denn der **11. November** steht schließlich ganz im Zeichen dieses selbstlosen Mannes. Bereits in ganz jungen Jahren war es für Martin – geboren um das Jahr 316 in Ungarn als Sohn eines ranghohen römischen Offiziers und aufgewachsen im italienischen Pavia – klar, dass er sich der neuen christlichen Lehre, also dem Heiland, zuwenden wollte. Doch zunächst trat er im Alter von fünfzehn Jahren dem römischen Heer bei und diente hoch zu Ross der kaiserlichen Leibgarde. In den nächsten drei Jahren, in denen er sich nebenbei intensiv auf seine Taufe vorbereitete, fiel er immer wieder durch ungewöhnliche Barmherzigkeit und Güte seinen Mitmenschen gegenüber auf. In diese Zeit fällt auch die berühmte Begegnung Martins mit einem **halb nackten Bettler** vor den winterlichen Toren der Stadt Amiens.

Was folgte, als der junge Soldat auf seinem Pferd die jämmerliche Gestalt im Schnee kauern sah, ist im wahrsten Sinne des Wortes längst Geschichte: Martin teilte mit einem Schwertstreich seinen warmen, **kuscheligen Wintermantel** und gab die eine Hälfte dem frierenden Bettler. In der Nacht darauf erschien Martin im Traum der Heiland in Gestalt des armen Mannes. Jesus bedankte sich bei ihm und Martin quittierte daraufhin prompt seinen Dienst als Soldat und wurde ein Schüler des Hilarius. Jahrzehnte später, im Jahr 371, wählte man den leidenschaftlichen Verfechter des christlichen Glaubens in Tours per Volksabstimmung zum Bischof. In dieser Stadt befindet sich auch heute noch sein hochverehrtes Grab, das mittlerweile zum **Nationalheiligtum** erklärt wurde.

»Doch wo versteckt sich in der ganzen Geschichte nun eigentlich die berühmte **Martinsgans**?«, mag sich manch einer jetzt kopfschüttelnd fragen; findet man doch in einigen Kirchen dieses weiße Federvieh, kunstvoll in Holz geschnitzt, gemütlich zu Füßen des Heiligen sitzen. Keine Sorge, die Aufklärung naht.

Einer Legende nach war Martin, nachdem er das Ergebnis zu seiner Wahl zum Bischof von Tours erfahren hatte, so aufgeregt, dass er sich erst einmal in den nächstbesten **Gänsestall** verkroch, um in Ruhe nachdenken zu können. Die undankbaren Viecher jedoch begannen ob des Eindringlings zu schnattern und aufgebracht umherzuflattern, sodass erstens an Nachdenken nun wirklich nicht zu denken war und zweitens der verschollene Würdenträger recht bald gefunden wurde. Aha, daher also die Gans zu St. Martin, gerupft und gebraten, bei uns auf der Festtagstafel!

Volkskundler lassen sich von so einer dahergelaufenen Legende allerdings nicht so einfach ins Bockshorn jagen und siehe da, die Damen und Herren wurden fündig: Man geht davon aus, dass der Ursprung des Festschmauses in den **frühchristlichen Bräuchen** liegt. In früheren Zeiten, lange bevor man dazu überging, Weihnachten bei uns zu feiern, begann am 12. November, also einen Tag nach St. Martin, ein vierzigtägiges Fasten, das am so genannten **Epiphaniastag** (6. Januar) endete. Epiphanie war das Fest zu Christi Geburt (→ Heiligdreikönig). Am Tag vor Fastenbeginn wurde also noch mal ausgiebig gefuttert und da konnte auch schon mal eine fette Gans das Mahl bereichern.

Seit jeher ist der Martinstag auch ein wichtiger **Lostag** (→ Wetter). Zu **Martini** kann man das Winterwetter vorhersagen und die Zeit des Erntens und der Arbeit auf dem Feld ist nun endgültig für dieses Jahr vorbei. Vielerorts bekamen Viehhirten an diesem Tag ihren Lohn ausbezahlt und Mägde und Knechte nutzten die ruhige Zeit, um ihre Arbeitsstelle zu wechseln. »Wandeltag« wurde der Martinstag aus diesem Grund früher oft auch genannt. Eine alte **Bauernregel** besagt: »Zu St. Martin kommt das Vieh in den Stall.« Tiere, die nicht das Glück haben, nun den kommenden Winter im warmen, gemütlichen Stall zu verbringen, werden jetzt geschlachtet. Dabei kann auch das eine oder andere Federvieh unters sprichwörtliche Messer kommen und wir sind wieder auf den Spuren der Martinsgans gelandet.

Grundsätzlich war – und ist – St. Martin ein Tag zum Feiern, Schlemmen und zum Tanzen, beginnt doch am 11.11. auch traditionell die »fünfte Jahreszeit«, der Fasching, wie er in Bayern heißt. So nimmt es nicht wunder, dass der Heilige, neben seinen vielen anderen Aufgaben, zum **Patron** der leiblichen Genüsse ernannt wurde. St. Martin kümmert sich auch um Haustiere aller Art und sorgt für die **Fruchtbarkeit** auf den Feldern. Er hilft bei Ausschlag und bei Blattern – eine Krankheit, die es bei uns Gott sei Dank nicht mehr gibt – und ist zudem der Patron der Antialkoholiker, der Reisenden, der Hufschmiede und der Schneider, um nur eine kleine Auswahl zu nennen.

Auf dem Land hat Martini heutzutage immer noch eine große Bedeutung. Vielerorts finden neben den Lichterumzügen der Kinder **Martinsritte** und Tanzveranstaltungen statt und auf den **Martinimärkten** findet sich alles, was die Herzen von Groß und Klein begehren.

Der Dialekt gehört zu Bayern wie die Schaumkrone auf eine gut eingeschenkte Mass Bier; und noch dazu halten die Deutschen an

Mundart

sich das Bairische angeblich für die erotischste Mundart überhaupt. Vielleicht liegt das daran, dass die **altbayerische Sprache** schön »breit und näselnd« und mit »vollen Backen« gesprochen wird und seine Sprecher gerne als »knochenfest, muskelstark, mehr stämmig als hoch, mit kernhaftem Fleisch und charakterlich durchaus treuherzig« bezeichnet werden (Duller, Eduard). So viel zu den Klischees.

In den Städten innerhalb der weißblauen Landesgrenzen ist das Bairische, ernst zu nehmenden Studien zufolge, langsam auf dem Rückzug. Experten geben zum Beispiel dem **Dialekt** in München nicht einmal mehr hundert Jahre, dann wird er in der Landeshauptstadt gänzlich ausgestorben sein. Dabei ist das **Münchnerische** quasi eine eigenständige Sprache, der einst von so berühmten Leuten wie **Karl Valentin** und **Liesl Karlstadt** ein unvergessliches Denkmal gesetzt wurde. Heutzutage etablieren sich immer mehr eigenartige »Kauderwelsch-Dialekte«, eine Mischung aus Schriftsprache, dem so genannten Hochdeutschen, und vereinzelt eingeworfenen Mundartbrocken, die zusammen eine Sprache ergeben, die mittlerweile auch von Nordlichtern ganz gut verstanden wird. Fachleute bezeichnen dieses Gemisch als »beckenbauerisch«, denn unser aller »Kaiser« Franz Beckenbauer hat diese Form des Redens und des Sichausdrückens als Erster in der Öffentlichkeit kultiviert und beherrscht sie vollendet.

Für die Verunglimpfung der bayerischen **Mundart** muss sich Herr Beckenbauer nun aber nicht schämen, denn es ist wissenschaftlich erwiesen, dass das Hochdeutsche aus dem Süden kommt. Im 16. Jahrhundert sprach man nämlich im Norden Deutschlands **Niederdeutsch** und im Süden des Landes eben **Hochdeutsch**. Dabei unterschied man schon damals in Bayern zwischen vielen einheimischen Dialekten, deren sprachliche Eigenarten sich bereits von Dorf zu Dorf unterscheiden konnten.

Dass es in Bayern überhaupt so viele Dialekte gibt, verdanken wir der **Völkerwanderung** in der Zeit zwischen dem 3. und 5. Jahrhundert, als Alemannen, Baiern und Franken aus dem hohen Norden in das Gebiet nördlich der Alpen kamen, um hier sesshaft zu werden. Damals wurde eigentlich noch recht einheitlich gesprochen, mit der Zeit entwickelten sich dann jedoch eigenständige Ausdrucksformen und heute kann man sagen, dass sich die bairische Sprache in drei **Hauptstränge** unterteilen lässt, nämlich in das Nord-, Süd- und Mittelbairische. Die Ober- und die Niederbayern sprechen mittelbairisch, die Oberpfälzer tummeln sich im Nordbairischen und im Südbairischen die Menschen in den Alpenregionen. Auch das Tirolische, das Kärntnerische und das Steiermärkische der österreichischen Nachbarn zählt zur südbairischen Sprache; und das Mittelbairische hört man genau genommen auch aus den Mündern von Ober- und Niederösterreichern.

Wie man sieht, der **Sprachraum** des Bairischen macht vor den Landesgrenzen des Freistaats nicht Halt. Vom Fichtelgebirge im Norden erstreckt er sich bis hinunter nach Kärnten. Im Osten erreicht er fast Ungarn und die Slowakei und im Westen gebietet ihm der natürliche Flusslauf des Lechs Einhalt. Und der bereits erwähnten Angst, dass die bayerische Sprache dem Tod geweiht ist, lassen sich Gott sei Dank noch beachtlich viel **Sprachinseln**, zum Beispiel im Bayerischen Wald, entgegensetzen, in denen der Dialekt noch gepflegt, gefördert und vor allem aktiv im Alltag gesprochen wird.

Zudem tun Vereine, wie beispielsweise der Förderverein Bairische Sprache und Dialekte e. V., Heimatpfleger und nicht zuletzt die große Zahl der Schützen und Gebirgsschützen ihr Übriges, um das Aussterben der Mundart zu verhindern (→ Schützen).

Alte Wörter und Ausdrücke, wie der obligatorische **Oachkatzlschwoaf** – so wird das buschige Ende eines Eichkätzchens genannt –, an dem jeder **Zuagroaste** gemessen wird, werden auch heute noch emsig aufgeschrieben und archiviert. Schließlich soll im Jahr 2060 ein Mammutwerk der Bayerischen Akademie der Wissenschaften abgeschlossen werden, das schlichtweg sämtliche Wörter der bayerischen Sprache, mit all ihren Dialekten, umfassen soll. Seit Anfang des 20. Jahrhunderts wird an diesem Wörterbuch bereits gearbeitet.

Auf die Idee, ein **Dialektwörterbuch** zu verfassen, sind freilich auch schon andere gekommen – wenn auch in einem etwas bescheideneren Format. Namentlich **Johann Andreas Schmeller**, der sich Anfang des 19. Jahrhunderts anschickte, sein berühmtes »Bayerisches Wörterbuch« auf Papier zu bringen, zählt bis heute zu den meistzitierten Koryphäen auf dem Gebiet der bayerischen Sprachforschung. Sein Werk ist bis in die heutige Zeit hinein ein Standardwerk für **lebendige Mundart** geblieben.

Übrigens, über die exakte Schreibweise von »Bayern« oder »Baiern« und alles, was damit zusammenhängt, streiten sich die Gemüter. Ich halte mich da raus und denke, beides ist erlaubt, denn: »Nix g'wiss woaß ma ned!« Auf die vielen sprachlichen Besonderheiten der unterschiedlichen Dialekte Bayerns einzugehen würde hier zu weit führen. Und über **bayerische Schimpfwörter** könnte man zum Beispiel ein extra Kapitel schreiben, so groß ist das Vokabular der **ewigen Grantler** im Süden Deutschlands. Doch im Großen und Ganzen ist die bayerische Mundart etwas durch und durch Liebenswertes und wird überall auf der Welt gerne gehört.

Musik

Die Moderatorin glänzt im reinseidenen Dirndl; souverän und charmant führt sie durch das Abendprogramm, das zur besten Sendezeit über die Bildschirme flimmert. Der Saal ist bis zum letzten Platz ausverkauft. Es wird geschunkelt und mitgesungen, dass es eine wahre Freude ist, ein Interpret jagt den anderen. Sie sind alle eine große Familie, die sich hinter den Kulissen schon mal mächtig zofft, doch inmitten glitzernder Kulissen ist alles vergessen und gemeinsam singt man von alpenländischer Liebe, von klaren Gebirgsbächen und von **bayerischer Gemütlichkeit**.

Sie ahnen es längst, es ist die Rede von der »volkstümlichen Musik« und den Veranstaltungen und Events, die ihr zu Ehren regelrecht zelebriert werden.

Ein Millionenpublikum liebt diese Art von Liedern und die Stars, die sie singen, doch in einem Buch über **weißblaues Brauchtum** haben sie so wenig zu suchen wie Labskaus in einer bayerischen Dorfwirtschaft.

Wir kümmern uns auf diesen Seiten um die **traditionelle Volksmusik**, die über Jahrhunderte gewachsen ist, aufgeschrieben und gesammelt wurde. Diese Musik ist in langen, dunklen Winterabenden um den blank gewischten Esstisch herum entstanden, als man noch gemeinsam musizierte, um sich die Zeit zu vertreiben; sie wurde spontan als **lustiges Gstanzl** auf einer Bauernhochzeit gedichtet oder erblickte als einfacher Verständigungsruf zwischen zwei benachbarten Almen, die durch eine Schlucht getrennt waren, das Licht der Welt.

Zugegeben, hier reiht sich schon wieder ein Klischee an das andere. Ja, der **Kiem Pauli**, wenn der noch leben würde, der könnte uns viele Geschichten erzählen, über die Entstehung von alten bayerischen Weisen und Liedern, über das Spiel der **Zither**, das er meisterhaft verstand, oder über **kapriziöse Jodler**, die einst von gestandenen Mannsbildern in die Welt hinausgerufen wurden. Dem Kiem Pauli verdanken wir eine unvergleichliche Sammlung bayerischen Liedguts. Mit seinem Fahrrad fuhr er entlang der Alpen, im Rucksack eine zusammenklappbare Zither, um die einfachen Menschen zu besuchen und deren Lieder aufzuschreiben.

Unter der Schirmherrschaft des Kiem Pauli wurde im März 1930 das erste **Oberbayerische Preissingen** am Tegernsee abgehalten. Am schönen Tegernsee, im nahe gelegenen Kreuth, lag auch die Heimat des Musikanten (1882–1960) und noch heute wird sein Nachlass dort liebevoll gepflegt. Das erste **Niederbayerische Preissingen** fand übrigens gleich ein Jahr später statt, nämlich im Jahr 1931. Damals räumte der zu dieser Zeit noch vollkommen unbekannte **Roider Jackl** sämtliche wichtigen Preise ab und wurde auch gleich vom Fleck weg für den Rundfunk entdeckt. Von ihm wird später noch die Rede sein.

Der Kiem Pauli ist natürlich nur einer von vielen, die sich dem Brauchtum und vor allem der Volksmusik in Bayern verschrieben haben. Schon im 18. Jahrhundert kümmerte sich zum Beispiel ein gewisser Peter Huber, uns allen vielleicht besser bekannt als **Müllner Peter von Sachrang** (1766–1843), um die musikalischen Belange des bayerischen Voralpenlandes. Er beherrschte alle gängigen Saiteninstrumente jener Zeit und war eine Koryphäe auf dem Gebiet des Harfenspiels. Der Müllner Peter galt zudem als Universalgelehrter, dessen Steckenpferd unter anderem auch die Heilkunde war, doch das ist eine andere Geschichte.

Das niederbayerische »Pendant« zum Kiem Pauli war Paul Friedl (1902–1989), von allen, die ihn kannten, schlicht **Baumsteftenlenz** genannt. Neben seiner Passion, dem Sammeln von Liedern – schon im zarten Alter von zehn Jahren schrieb er die ersten Weisen nieder –, war der Baumsteftenlenz zudem ein begnadeter Heimatdichter und ein viel beachteter **Volkssänger**, der bereits mit siebzehn Jahren auf der Bühne stand und seine berühmten »Gstanzln« zum Besten gab. Zeit seines Lebens war es dem Baumsteftenlenz ein Anliegen zu zeigen, wie schön und vielfältig seine niederbayerische Heimat ist. Auf seine Anregung hin wurde einer der begehrtesten Volksmusik-Wanderpreise Bayerns, der **Zwieseler Fink**, ins Leben gerufen, der alljährlich im September in Zwiesel (Landkreis Regen) ausgetragen wird.

Ein weiterer bekannter Name, wenn es um die Pflege und Verbreitung von Volksliedern geht, ist der des **Wastl Fanderl**, Sohn eines Baders aus dem Chiemgau. Der Fanderl Wastl kam 1915 zur Welt, erlernte zunächst das Handwerk des Vaters und verschrieb sich recht früh der Volksmusik. Bis in das Jahr 1980 hinein war er Volksmusikpfleger des Bezirks Oberbayern. Er starb 1991.

Nicht unerwähnt bleiben darf – stellvertretend für viele andere natürlich – auch der Zither spielende **Herzog Max in Bayern** (1808–1888), seines Zeichens Vater der unglücklichen Kaiserin Elisabeth, die als Sisi in die Annalen einging. Herzog Max, der, im Gegensatz zu den schmusig-weichen Sissi-Filmen der 50er-Jahre, in denen er als liebevoller Familienmensch dargestellt wird, ein lausiger Ehemann und oft abwesender Vater war, galt als ein wahrer Virtuose auf diesem Instrument und war ein großer Förderer der Musik in Bayern. Über einen langen Zeitraum hinweg war er vielen **Zitherspielern** ein Vorbild und es heißt, dass sein kunstvolles Spiel bis heute seinesgleichen sucht.

Die Zither gehört in Bayern zu den gängigsten Instrumenten in der Volksmusik und nur ausgesprochene Laien verwechseln zum Beispiel die Zither mit dem **Hackbrett**. Beim Hackbrett »hackt« man, wie es der Name schon sagt, mit zwei kleinen Holzschlägeln auf die Saiten eines flachen, trapezförmigen »Hohlkörpers« aus Holz. Seinen Ursprung hat dieses schöne Musikinstrument vermutlich in Persien und bei uns darf es heute zum Beispiel bei keiner »Stubenmusi« fehlen. Unter einer echten **Stubenmusi** versteht man ein kleines Musikensemble, das vornehmlich zu ruhigen Anlässen in kleinem, feierlichem Rahmen aufspielt. Dabei verwendet man

hauptsächlich Saiteninstrumente, doch auch die Maultrommel, die »Quetschn«, also das Akkordeon, oder die »Steirische«, und die Mundharmonika, sind gern gesehene Gäste. Ab und zu kommt auch Gesang dazu, dem wir uns gleich noch widmen werden.
Die Zither, ebenfalls ein beliebtes »Stubenmusi-Instrument«, hat sich aus einem vorchristlichen Holzklotz entwickelt, den man aushöhlte und mit ein paar getrockneten Därmen bespannte, um darauf herumzuklimpern. **Monochord** nannte man dieses Instrument dann im Mittelalter, ein simples Brett, mit wenigen Saiten bespannt. Später entwickelte sich daraus das **Scheitholz**, das aus dem Osten den Weg zu uns fand und sich im 14. Jahrhundert großer Beliebtheit bei Sennern, Bauern und Holzknechten erfreute. Der Name »Zither« kam allerdings erst sehr viel später auf – zu Beginn des 19. Jahrhunderts wurde der Begriff **Kratzzither** geprägt – und richtig bekannt wurde die wohlklingende »Zidan« erst mit dem bereits erwähnten Herzog Max. Heutzutage kommt die Zither größer und »aerodynamischer« daher als damals, als der griechische Philosoph Pythagoras erstmals einen simplen Holzkasten mit nur einer Saite bespannte (Heres, Hedi). Die Saiten der Zither werden mit dem Daumen, an dem ein »Plektron« steckt – das ist zum Beispiel ein Hornstück oder ein schlichtes Holzstäbchen –, der einen Hand gespielt, während die Finger der anderen Hand die Melodien auf dem Griffbrett greifen.
»Und die Tuba, bläst der Huber …« Bayerische Musik ohne Blechbläser, kaum auszudenken. Unsere **bayerische Nationalhymne**, feierlich vorgetragen von der Blaskapelle des hiesigen Schützenvereins – ein Gedicht! »Gott, mit dir, du Land der Bayern …« entstand vermutlich 1875. Ein gewisser **Konrad Max Kunz** komponierte das Stück, das sich eng an »God save the king (oder queen)« in Großbritannien orientiert. Der Text, der so manch gestandenem Ureinwohner Tränen der Rührung in die Augen treibt, stammt von einem niederbayerischen Lehrer.
So eine **Blaskapelle** macht schon was her, auf der Festbühne oder im Trachtenzug, gegen ein Alphorn schaut eine Trompete jedoch

beispielsweise doch recht mickrig aus. Dabei sind die beiden sogar miteinander verwandt, denn das schlanke, sperrige Ding gehört zur Familie der Trompeteninstrumente. Mit dem **Alphorn** verbinden viele Menschen romantische Bilder von zerklüfteten Bergen, **saftigen Almwiesen**, auf denen **sanftäugige Kühe** weiden, und noch richtigen Kerlen, die ihren Liebsten hemdsärmelig aus kraftvollen Lungen ein Ständchen blasen. Und tatsächlich ist dieses an die 3,5 Meter lange Instrument aus Holz ursprünglich in den Alpen zu Hause – vor allem in der Schweiz –; man kennt es bereits seit der Mitte des 16. Jahrhunderts.

So ein Alphorn eignet sich natürlich nicht für ein gemütliches Beisammensitzen im heimischen Garten, da braucht es schon Weite und genügend Raum. Jetzt mag sich manch einer fragen, was hat der Garten in einem Kapitel über Musik zu suchen? Nun, über den Begriff **Hoagarten** ist der eine oder andere sicher schon einmal gestolpert. Manche kennen ihn auch als **Hoagascht** oder »Huigert« und »Hoagarta«. Früher, als man sich nach getaner Arbeit nicht gleich vor den Fernseher hockte, trafen sich Freunde oft im Sommer draußen im Garten eines Nachbarn, um gemeinsam Musik zu machen, zu ratschen und zu lachen, es wurde Brotzeit gemacht und Karten gespielt; **Heimgartln** gehen nannte man das. Wenn man Glück hatte, dann schauten auch noch ein paar Wandermusikanten vorbei, die vor allem im Bayerischen Wald unterwegs waren, um sich ein kleines Zubrot zu verdienen. Im Winter traf man sich natürlich drinnen, im Warmen, in der **Gunklstube**. Dann sponnen, strickten und stickten die Frauen und sangen mit den Männern, die am Stubentisch ihre Instrumente auspackten.

Noch heute laden viele bayerische Gasthäuser zum »Boarischen Hoagartn« ein, wo dann verschiedene Musikanten, sehr zur Freude der zahlreichen Zuhörer, stundenlang aufspielen. In Niederbayern und in der Oberpfalz gibt es sogar die **musikantenfreundlichen Wirtshäuser**, in denen sich Volksmusikanten treffen, um vor Publikum gemeinsam zu singen und zu musizieren; der Wirt sorgt für eine kostenlose Verpflegung der Künstler. Zu erkennen

sind solche Gasthäuser an einem Schild über der Türe, auf dem Tuba und Klarinette abgebildet sind.
Zu einem zünftigen Hoagarten gehört neben einem fetzigen **Landler** – eine Art von Volksmusik, die eigentlich aus der Schweiz kommt und später dann ein **Modetanz** in Bayern und Österreich wurde (→ Tanz) – natürlich auch ein guter Gesang, der ab und zu mit einem satten Jodler abgerundet wird. Das **Jodeln** ist sehr tief in der alpenländischen Tradition verwurzelt, wobei uns da die Chinesen, die Eskimos oder die Thailänder in nichts nachstehen; auch da kennt man schon seit langem diese gesungenen, textlosen Tonfolgen, gebildet aus Vokalen und Konsonanten, die im Grunde dazu dienen, sich über eine größere Distanz im Freien hinweg akustisch zu verständigen. Das Gleiche gilt übrigens auch für den **Juchzer** oder »Juchezer« und für den »Almschroa«, quasi die »Standleitung« zwischen zwei benachbarten Almen. In Österreich fand zur Pflege dieser »Urschreie« 1994 das erste **Juchezer-und-Almrufe-Treffen** statt. Juchzer sind, genau wie die Almschreie, »Falsettschreie«, die in vergangenen Zeiten auch zur Abwehr von wilden Tieren, Geistern und Hexen dienten. Außerdem waren sie Ausdruck purer Lebensfreude und Kraft und wurden geschrien, um den Bergen das Echo zu entlocken.
Eine ganz andere Art der Verständigung sind die beliebten »Gstanzln«, mit denen man wunderbar musikalische Schlagabtäusche austragen kann. Das »Gstanzl« an sich hat viele Namen. Je nach Herkunft und Melodie nennt man es manchmal einfach nur Stückl oder schlicht Vierzeiler, **Trutzgsangl** oder »Schnaderhüpfl«. Eine große Bauernhochzeit ohne **Schnaderhüpfl**, auch Schnadderhüpfl geschrieben (→ Hochzeit), war früher undenkbar. Ein echtes »Gstanzl« wird aus dem Stegreif und grundsätzlich in Mundart gesungen, wobei man schon mal ins Hochdeutsche abgleiten kann, allerdings nur, wenn einen der Reim dazu zwingt. Es besteht immer aus vier Zeilen, deren Melodie, mit acht stimmlichen Hebungen, in Dur gesungen wird.
Einem der berühmtesten Gstanzldichter und -sänger wurde auf dem Münchner Viktualienmarkt ein Denkmal gesetzt. In Gesell-

schaft der ganz Großen, wie **Karl Valentin** und **Liesl Karlstadt**, erhebt sich die Bronzestatue des Roider Jackl auf einem Brunnen inmitten von Obst und Gemüse. Der **Roider Jackl** (1906–1975) stammte aus dem niederbayerischen Ort Roider, in der Nähe von Landshut, und verdiente sein tägliches Brot als Förster. Den »Gstanzln« gehörte jedoch seine eigentliche Liebe und auf vielen Wirtshausbühnen stellte er dies meisterhaft unter Beweis. Noch heute gehören seine Platten, nicht nur bei Liebhabern, zu den meistgehörten in Sachen Volksmusik; und seine Politikerschelte als **Bruder Barnabas** beim legendären **Salvatoranstich** auf dem Münchner Nockherberg ist geradezu unvergessen.

Nothelfer

In der Kehle sitzt ein schmerzhaftes Kratzen, jeder Schluck Wasser wird zur Qual und brennt wie flüssiges Feuer. Weder Halspastillen noch das Gurgeln mit Salbeitee haben bis jetzt eine nennenswerte Linderung gebracht – Sie fühlen sich richtig schlapp und krank. Doch Hilfe naht! Und zwar nicht in Form von teuren Mittelchen aus der Apotheke, sondern in Gestalt eines Heiligen.

Jedes Jahr im Februar, genauer am 3. Tag dieses Monats, kümmert sich der **heilige Blasius** höchstpersönlich um die Atemwege von zug- und grippeanfälligen Menschen. Am 3. Februar, dem Namensfest des Heiligen, wird in manchen Kirchen nämlich »eingeblaselt« – und das geht so: Der Pfarrer hält zwei lange, übereinander gekreuzte, brennende Kerzen an Ihre Kehle und spricht dabei einen Segensspruch, den so genannten **Blasiussegen**. Das dauert gar nicht lange, zumindest nicht länger als die Wartezeiten in diversen Arztpraxen, und danach sind Sie vor Halskrankheiten aller Art, inklusive Kehlkopfentzündungen und sogar Zahnschmerzen, gefeit. Man sollte jedoch auf Nummer sicher gehen und den Blasiussegen vorsichtshalber jedes Jahr erneuern lassen. Bei Heiserkeit ist allerdings der heilige Maurus zuständig, doch das ist eine andere Geschichte.

Der heilige Blasius wird seit dem Mittelalter innig verehrt und weil er bei Anrufung stets prompt zu Hilfe eilt, hat man ihn schon sehr früh in die illustre Schar der **vierzehn Nothelfer** aufgenommen. Die Vereinigung der Nothelfer zeichnet sich durch schnelles Handeln aus und gilt als absolut zuverlässig. Die vierzehn Nothel-

fer sind quasi die crème de la crème unter den Heiligen; sie werden am häufigsten angerufen und das nachweislich seit dem 9. Jahrhundert.
Dionysius, Profi in Sachen Kopfschmerzen und Gewissensbisse (!), und unser lieber »Blasi« waren im Grunde die Nothelfer der ersten Stunde. Im Laufe der Zeit gesellten sich immer mehr Heilige dazu, bis schließlich die übrigens magische und im Christentum mystisch verehrte Zahl Vierzehn voll war. In manchen Gegenden Bayerns gesellt sich hier und da noch ein regional besonders beliebter Kandidat hinzu, doch den harten Kern der Mannschaft bilden schon seit Jahrhunderten immer die gleichen Köpfe.
Das weibliche Geschlecht ist dabei leider äußerst spärlich vertreten. Gerade einmal drei Frauen haben es in diese elitäre Gemeinschaft geschafft. Im Jahr 1377 ordnete der Regensburger Bischof Konrad von Haimburg die Aufnahme von **Barbara**, **Margaretha** und **Katharina** in den Kreis der Nothelfer an. Im Volksmund bekamen die drei dann auch gleich einen Spitznamen verpasst: Die **Drei heiligen Madln** werden sie seit jener Zeit genannt.
So richtig ernst wurde die Sache mit den Nothelfern erst Mitte des 15. Jahrhunderts. Damals geschahen in Oberfranken gleich zwei Wunder kurz hintereinander, infolge deren sich die vierzehn so richtig etablieren konnten. Nun, der Begriff »Wunder« ist vielleicht ein bisschen übertrieben; sprechen wir lieber von »Visionen«. Der Klosterschäfer Hermann Leicht wurde in den Jahren 1445 und 1446 Zeuge einer außergewöhnlichen Begebenheit. Nahe des Zisterzienserklosters Langheim erschienen ihm, umhüllt von gleißendem Licht, vierzehn Gestalten, die sich als die legendären Nothelfer outeten und die Errichtung eines Gotteshauses am Ort ihrer Erscheinung forderten. Noch heute ist die 1774 von Balthasar Neumann errichtete **Wallfahrtskirche Vierzehnheiligen** ein viel besuchter Publikumsmagnet.
Ich möchte Sie nun nicht länger auf die Folter spannen, denn Sie brennen sicher schon darauf, zu erfahren, wer sich nun tatsächlich zu den Nothelfern zählen darf. Beginnen wir, in alphabetischer Reihenfolge, mit dem **heiligen Achatius**, einer Koryphäe auf dem

Gebiet der Todesangst. Sie können ihn auch anrufen, wenn Sie Stress mit den Nachbarn haben, wenn Sie von einem bissigen Hund verfolgt werden oder die Angst vor Feuer Sie peinigt. Über das Leben dieses Heiligen ist leider kaum etwas überliefert; man vermutet, dass er als Offizier unter den Kaisern Hadrian und Antonius (5. Jahrhundert) diente und irgendwann auf Grund seines Glaubens gefoltert und umgebracht wurde. Achatius feiert seinen Namenstag am 22. Juni.

Über den **heiligen Ägidius** (vermutlich 640–725) ist hingegen schon mehr bekannt und die Geschichte von der schönen Hirschkuh ist längst in die Annalen eingegangen. Demnach lebte Ägidius als **Eremit** in den Wäldern Südfrankreichs. Doch gleich das erste Jahr seines Einsiedlerdaseins setzte dem lieben »Gidi« ziemlich zu. Während des Winters fiel er fast dem Kältetod zum Opfer, zudem litt er an Hunger und der daraus folgenden Auszehrung. Da erschien eines Tages eine **Hirschkuh** auf der Lichtung vor seiner Klause. Das sanftäugige Tier ließ den frommen Mann an seinem Euter so lange trinken, bis er satt war; und jede Nacht schmiegte es sich eng an den schlafenden Ägidius, bis dessen Glieder aufhörten zu zittern. So verging die Zeit und die Hirschkuh blieb auch das ganze Frühjahr über, bis in den Sommer hinein, bei dem einsamen Eremiten.

An einem klaren Frühherbstmorgen erspähte schließlich Flavius, der König der Westgoten, auf der Jagd das edle Tier und nahm die Verfolgung auf. Die Fährte der Hirschkuh führte zu Ägidius' Hütte. Flavius legte seinen Bogen an und zielte – doch der Pfeil traf den Einsiedler, der sich todesmutig vor seine »Freundin« gestürzt hatte. Ägidius überlebte und starb später, wahrscheinlich im September 725, eines natürlichen Todes. Er wurde postum – wen wundert es – zum **Patron der Waldtiere** erkoren. Daneben ist er ein zuverlässiger Beistand in seelischen Nöten, bei Furcht und schweren Krankheiten, wie Pest oder Krebs.

Als Nächstes steht die **heilige Barbara** auf dem Programm. Auf das Leben dieser prominenten Heiligen sind wir bereits im Kapitel **Advent** eingegangen, wobei es keinen wirklichen historischen Beleg darüber gibt, dass Barbara tatsächlich gelebt hat. Wir erinnern jedenfalls heute noch mit den so genannten **Barbarazweigen** alljährlich am 4. Dezember, ihrem Namensfest, an dieses erste der »drei Madln«. Die heilige Barbara wird in der Stunde des Todes angerufen, um einen glücklichen Übergang ins **Paradies** zu erbitten. Sie kümmert sich außerdem um Bergleute, Köche, Gefangene, Hutmacher und Totengräber.

Dem **heiligen Blasius** sind wir gleich zu Beginn dieses Kapitels begegnet. Zum Nothelfer in Sachen Halskrankheiten wurde er durch eine alte Geschichte, die über die Jahrhunderte hinweg immer wieder erzählt wurde: Blasius lebte im 3. Jahrhundert nach Christus als Bischof in Armenien. Auf Grund der Christenverfolgungen in jener Zeit legte man dem Geistlichen nahe, sich in die Einöde zurückzuziehen. Also lebte Blasius nun als **Eremit** in einer Felsenhöhle.

Immer wieder wurde der Bischof dort von kranken Menschen besucht, die ihn um Hilfe baten und auf ein Wunder hofften. Eines Tages erschien eine aufgebrachte Frau mit ihrem kleinen Sohn. In der Kehle des Kindes steckte eine Fischgräte und der Bub drohte zu ersticken. Da legte Blasius seine Hände um den Hals des röchelnden Jungen und bat Gott um Heilung.

Weil der Heilige seine Höhle angeblich mit vielen Tieren teilte – es heißt sogar, dass Vögel ihn mit Nahrung versorgten –, ist Blasius auch zum **Fürsprecher wilder Tiere** geworden. Doch sein Hauptaugenmerk gilt nach wie vor dem menschlichen Hals.

Der folgende Nothelfer ist mit Sicherheit einer der bekanntesten Heiligen überhaupt. Die Rede ist von **Christophorus**, dem Riesen, der den kleinen Jesus auf seinem Rücken durch einen reißenden Fluss trug und damit die Last der ganzen Welt für eine kurze Weile auf seine breiten Schultern nahm. Der wuchtige Christophorus ist unter anderem der **Schutzpatron der Reisenden** und sein Element ist das Wasser. Ihn können Sie bei drohender Überschwemmung oder, ganz allgemein, bei aufziehendem Unwetter um Hilfe bitten; außerdem kümmert sich der Heilige um Pestkranke und ist bei Schmerzen aller Art sofort zur Stelle. Sein Ehrentag ist der 24. Juli.

Nothelfer Nummer sechs ist der **heilige Cyriakus**, dessen Bekanntheitsgrad im krassen Gegensatz zum vorangegangenen »Christusträger« steht. Der Namenstag des Heiligen fällt auf den 8. August und sein Wirkungskreis sind die Zwangsarbeiter und die Unterdrückten dieser Welt. Da hat er sicher allerhand zu tun und deswegen verzichten die Bayern anscheinend großzügig auf diesen Heiligen. Gerade in Altbayern hat **der heilige Leonhard** als **regionaler Nothelfer** Cyriakus' Stelle eingenommen (→ Leonhardi).
Doch bleiben wir noch kurz bei Cyriakus. Der lebte im 3. Jahrhundert nach Christus vermutlich in Italien. Wegen seines Glaubens wurde er bereits als junger Mann zu harter Zwangsarbeit verurteilt. Kurz bevor er in Rom den **Märtyrertod** starb – er wurde mit heißem Pech übergossen –, errettete er noch die Tochter seines Peinigers Diokletian von einem Dämon, der von ihr Besitz genommen hatte. Der tapfere Cyriakus hat sich den Versuchungen jeglicher Art verschrieben. Wenn Sie also mal wieder das Rauchen aufhören möchten, dann stiften Sie dem Heiligen doch eine Kerze – vielleicht hilft es.
Jetzt wird es richtig gruselig, denn der **siebte Nothelfer** kommt ohne Kopf daher, besser, er trägt ihn unter dem Arm. Wie Cyriakus lebte auch **Dionysius** im 3. Jahrhundert. Er wirkte als Bischof und Missionar in Paris und errichtete dort die erste christliche Kirche der Stadt. Die Missionsarbeit des frommen Mannes war jedoch den Vertretern der römischen Staatsreligion ein Dorn im Auge. Zusammen mit sechs weiteren christlichen Priestern wurde »Dionys« gefangen genommen und einer unsagbaren Folter unterworfen. Nachdem er zunächst ausgepeitscht wurde, legten seine Peiniger ihn anschließend auf einen glühenden Rost. Doch der Heilige blieb unverletzt. Am Ende schlug man Dionysius den Kopf ab. Es heißt, dass der Gemarterte sich daraufhin erhob, sein Haupt vom Boden auflas und noch gut zwei Stunden damit herumlief, bis er es an dem Ort, an dem er begraben werden wollte, niederlegte. Das Namensfest des Heiligen fällt auf den 9. Oktober und dass er seine Hilfe allen Kopfwehgeplagten anbietet, muss ich wohl nicht extra noch erwähnen.

Der nächste Heilige auf unserer Liste ist **Erasmus**, der seinerzeit ein besonders schweres Martyrium zu durchleiden hatte. Auch Erasmus versuchte, seinen Glauben während der Schreckensherrschaft des römischen Kaisers **Diokletian** zu leben, doch die Verfolger des mächtigen Mannes waren gnadenlos. Erasmus wurde mit Bleikolben geschlagen und mit flüssigem Harz, heißem Pech, Schwefel, Blei und Öl übergossen. Danach gelang es ihm, mit Hilfe eines Engels zu fliehen. Doch seine Freiheit währte nicht lange; Erasmus wurde erneut inhaftiert und die Qual nahm schier kein Ende. Bei lebendigem Leibe wurde dem armen Mann der Bauch aufgeschlitzt, dann wand man seine Gedärme um eine **Schiffswinde** und zog sie langsam heraus.

Der 2. Juni steht ganz im Zeichen dieses **tapferen Märtyrers** und bei Bauchweh, Krämpfen, Unterleibskrankheiten und Koliken kennt er sich aus wie kein Zweiter. Sein Patronat beinhaltet Seeleute, Drechsler, Gebärende und Schuhmacher. Erasmus zählt, genau wie Blasius und Dionysius, innerhalb der Nothelfergemeinschaft zur Gruppe der **Drei Bischöfe**. Während hingegen Eustachius, neben Achatius und Georg, zu dem wir gleich kommen werden, zu den so genannten **Drei Rittern** gehört.

Eustachius ist einer der dienstältesten Heiligen überhaupt, denn seine Lebenszeit wird ungefähr auf das Jahr 100 nach Christus datiert. Eustachius hieß eigentlich Placidus. Er war ein bedeutender und erfolgreicher Offizier und lebte mit Frau und zwei Kindern zuerst in Rom und später dann in Kleinasien.

Dort begegnete ihm eines Tages auf der Jagd ein Hirsch, der sich recht seltsam benahm. Anstatt vor den tödlichen Pfeilen des Offiziers zu fliehen, blieb das Tier mitten auf einer Lichtung stehen. Ein **flammendes Kreuz** wurde plötzlich zwischen dem prächtigen Geweih sichtbar und Placidus erkannte Jesus Christus, der zu ihm sprach: »Warum verfolgst du mich, ich bin der Heiland?« Placidus nannte sich von diesem Zeitpunkt an Eustachius und trat mit seiner Familie zum christlichen Glauben über. Damit begann für die vier eine Zeit der Verfolgung und Ächtung, an deren Ende ein grausames Schicksal stand: Die Familie wurde bei lebendigem

Leib verbrannt. Eustachius wurde zum Schutzpatron der Jäger und Förster erklärt. Familientragödien, schwere Schicksalsschläge und scheinbar ausweglose Situationen sind zudem sein Metier; sein Festtag ist der 20. September.

Kommen wir zum bereits erwähnten **Georg**. Endlich mal wieder ein bekanntes Gesicht, denn diesen Heiligen kennt schließlich fast jedes Kind. Als der **Drachentöter** schlechthin ging er in die Geschichte ein. Was der große Held sonst noch alles so getrieben hat, ist nicht überliefert. Historisch belegt ist allerdings, dass er unter Kaiser Diokletian gedient hat. Irgendwann ließ sich Georg taufen und das mochte Diokletian, wie wir wissen, gar nicht.

Die **Folterqualen** des heiligen Georg übertrafen alles bisher da Gewesene um ein Vielfaches. Von Eisennägeln, die in seinen Kopf getrieben wurden, über glühende Schuhe, die ihm die Füße zu Klumpen verbrannten, bis hin zu siedendem Blei, das sieben Tage lang über seinen Körper gegossen wurde, alles wurde an dem armen Georg ausprobiert – vergebens. Wie durch ein Wunder überlebte Georg das komplette **Martyrium** ohne nennenswerten Schaden, bis man ihn schließlich enthauptete.

Der 23. April ist für diesen tapferen Ritter und Märtyrer reserviert. In Bayern wird der heilige Georg besonders verehrt. Ihm zu Ehren finden an diesem Festtag **Umritte** und **Flurprozessionen** statt. Georg teilt sich sein Aufgabengebiet mit Dionysius und Pantaleon, der nach den folgenden zwei Frauen an der Reihe ist, gemeinsam kümmern sie sich um die Kopfwehkranken dieser Welt. Sein **Patronat** umfasst unter anderem Reiter und Ritter – davon gibt es ja nicht mehr allzu viele –, das liebe **Vieh**, Sattler und Bauern.

Nun wird es endlich Zeit für die restlichen zwei Mädels der Truppe! Widmen wir uns zunächst der **heiligen Katharina**, deren historische Existenz, genau wie bei Barbara und Margaretha, nicht nachzuweisen ist. Trotzdem gehört die schöne Dame zu den populärsten Heiligen überhaupt – und das weltweit! Ihr Namensfest, der 25. November, läutet die **Vorweihnachtszeit** ein und wird mit dem so genannten **Kathreinstanz** in Bayern besonders gefeiert (→ Advent).

Katharina war angeblich die Tochter einer reichen ägyptischen Kaufmannsfamilie und wandte sich bereits im zarten Alter von achtzehn Jahren dem christlichen Glauben zu. Die junge Frau verteidigte den Allmächtigen in einer flammenden Rede vor dem Kaiser höchstpersönlich und im Beisein von fünfzig Gelehrten, die daraufhin teilweise konvertierten.

Das konnte der mächtige Herrscher natürlich nicht auf sich sitzen lassen. **Katharina** wurde in den Kerker gesteckt und furchtbar gefoltert. Eine Legende besagt, dass Engel die Wunden der geschundenen Frau mit Verbänden aus hellem Licht bedeckten.

Das bekannteste Attribut der Heiligen ist das mit scharfen Klingen bestückte Rad, auf das die Jungfrau gebunden wurde, um ihr einen grausamen Tod zu bescheren. Doch auch dieses Folterinstrument konnte ihr nichts anhaben. Katharina starb letztendlich wie viele ihrer Glaubensgenossen durch Enthauptung. Die heilige Katharina wird bei vielen verschiedenen Krankheiten angerufen, vor allem gegen Zungenleiden und bei Sprachstörungen. Sie legt ein gutes Wort für Ehefrauen, Schüler, Philosophen und Lehrer ein; außerdem hilft sie bei der Suche nach Ertrunkenen.

Die **heilige Margaretha**, auch sie, wie ein Großteil der Nothelfer, eine Leidtragende durch Kaiser Diokletian, bekam es im Kerker mit einem besonders üblen Zeitgenossen zu tun. Der bildschönen jungen Frau mit den tiefbraunen Augen wurde ein **Drache** zur Einschüchterung vorgesetzt. Nun, Margaretha wurde nicht umsonst zur Heiligen erklärt. Sie bezwang das Untier locker, indem sie über den schwefeldampfenden Nüstern das Kreuzzeichen schlug.

Genützt hat es der vermutlich aus der heutigen Türkei stammenden Jungfrau leider nichts. Auch sie durchlitt ein unmenschliches Martyrium, bis ihr schließlich der Kopf abgeschlagen wurde.

Gefeiert wird das **dritte Madl** am 20. Juli. Sie zählt zu den beliebtesten Heiligen der gesamten Himmelsschar und gilt als **Fürsprecherin** der Gebärenden und überhaupt der Frauen. Darüber hinaus ist sie die **Schutzheilige** der Bauern und der Jungfrauen. In medizinischen Angelegenheiten kümmert sie sich bevorzugt um Wunden aller Art und hilft bei Gesichtsschmerzen.

Der nun folgende Heilige hat sich komplett der Heilkunst verschrieben. **Pantaleon** wird als Schutzpatron der Ärzte verehrt. Pantaleon soll ein äußerst gut aussehender Jüngling mit blonden Locken und einer hoch gewachsenen Gestalt gewesen sein. Auf Veranlassung seines Vaters hin, der noch am Vielgötterglauben festhielt, studierte er Medizin und wurde später ein **berühmter Arzt** und Heiler. Sein Spezialgebiet waren Blinde, Taube und gelähmte Menschen. Die Karriereleiter führte den jungen Mann steil nach oben, bis er schließlich zum **Leibarzt** des **Kaisers Maximilian** berufen wurde.

Dies erregte recht bald die Missgunst seiner Kollegen und als sie herausfanden, dass Pantaleon zum neuen Glauben übergetreten war, denunzierten sie den jungen Arzt. Pantaleon fand sich im Kerker wieder, in dem er lange Zeit vor sich hin vegetierte. Schließlich fesselte man ihn an einen Baum und nagelte ihm seine eigenen Hände auf den Kopf. Wie durch ein Wunder überlebte Pantaleon diese schreckliche Prozedur, sodass man ihn letztendlich enthauptete. Es heißt, dass aus dem abgeschlagenen Haupt kein Blut, sondern Milch floss, die von Zeugen des Geschehens aufgefangen wurde und heute noch in Städten wie Neapel, Venedig oder Bari zu besichtigen ist.

Dieser **wundersame Milchfluss** hat dazu beigetragen, dass Pantaleon, neben den Ärzten, von **Hebammen** – und früher natürlich auch von **Ammen** – zum **Schutzpatron** erklärt wurde. Seine segnende Hand hält er zudem über Heuschrecken, Magersüchtige und Haustiere. Am 27. Juli begeht man seinen Ehrentag.

Kommen wir, last but not least, zu **Vitus**, dem Schlusslicht auf unserer Nothelferliste. Er ist zugleich mit Abstand der jüngste Vertreter dieser »Zunft« und wird gerade in Bayern sehr verehrt. Sein **Patronat** umfasst sowohl die **Bierbrauer** als auch die Winzer und er gilt neben Georg, Sebastian und Leonhard als wichtiger **Schutzheiliger der Tiere**. Sein Namenstag, der 15. Juni, ist in manchen Gegenden Altbayerns ein fester Termin für Flurumritte und Prozessionen.

Vitus (oder Veit) wurde als siebenjähriger Knabe (anderen Quellen zufolge war der Bub bereits zwölf) von seiner Amme Kreszentia ohne die Einwilligung des Vaters zu einem christlichen Priester gebracht, um getauft zu werden. Als die Eltern des Buben von der **heimlichen Taufe** erfuhren, schlugen sie das arme Kind halb tot. Daraufhin flüchtete Kreszentia zusammen mit ihrem Lebensgefährten – und Erzieher des Kleinen – Modestus und mit Vitus von Sizilien aus nach Rom. Dort warteten bereits die Vollstrecker des blutrünstigen Diokletian auf die drei und es begann ein unvorstellbares **Martyrium** nicht nur für den Jungen. Nach Tagen und Wochen auf der Folterbank wurden Kreszentia, Modestus und Vitus mit Pech übergossen und anschließend in einen Kessel mit heißem Öl gesteckt. Schließlich erbarmte sich ein **Engel** und rettete das Trio. Kurze Zeit darauf starben die drei friedlich im Angesicht Gottes und wurden sofort in den Himmel aufgenommen.

Das **heilige Kind Vitus** hat sich einen Namen bei den Kupferschmieden, den Tänzern, Gauklern, Apothekern und bei den Schauspielern gemacht. Als Nothelfer wird er bei Epilepsie (dem »Veitstanz«), Hysterie, Blitz und Feuer um Hilfe gebeten. Kleinen Kindern, die nachts noch ins Bett pinkeln, steht Vitus ebenfalls zur Seite und zu guter Letzt lässt der heilige Vitus auch noch die Ernte aufs Beste gedeihen.

Nudeln

»Was hat die Nudel in einem Buch über bayerisches Brauchtum zu suchen?«, mag sich manch einer fragen. Zwar gehörten Teile Südtirols – in den Hochzeiten sogar Triest und Venedig – einmal zum großen Gebiet Altbayerns, doch das ist lange her; und auch wenn sich Jahr für Jahr tausende Bayern in den heißen Sommermonaten über den Brenner quälen, rechtfertigt dies noch lange kein Kapitel über die Pasta!

Ja, der **Knödel**, das wäre schon etwas anderes. Da könnten wir gleich so richtig ins Schwärmen kommen über Kas- und Buchweizennocken, über Speckknödel und Spinatnockerl: alles Schmankerl, zwischen Sterzing und Bozen beheimatet, die unser Herz höher schlagen lassen. Doch keine Angst, dem Knödel sind in diesem Buch auch ein paar Seiten reserviert (→ Mahlzeit) und Sie haben natürlich längst erraten, um was es hier wirklich geht: um die **Schmalznudel** und ihre Verwandten. Bevor wir uns jedoch den zahlreichen Variationen der **Auszognen**, wie die Schmalznudel landläufig genannt wird, zuwenden, werfen wir einen Blick in die Geschichte dieser Köstlichkeit.

In vergangenen Zeiten war es gang und gäbe, dass die Bäuerin zu hohen kirchlichen Festtagen ihren größten und schwersten Topf oder die gusseiserne Schmalzpfanne auf den Herd hievte, um riesige Berge von Schmalzgebäck zu produzieren. Dabei gab – und gibt – es unendlich viele Formen und Geschmacksrichtungen, die je nach Region zu den verschiedensten Anlässen hergestellt wurden. Am bekanntesten sind wohl die »Auszognen«, auch **Fensterkacheln** oder **Knienudeln** genannt. Ihren Namen hat diese Nudel übrigens nicht, weil sie unanständig nackt aus dem heißen Fett genommen wird, bis sie dann schnell ein Kleid aus Puderzucker übergestreift bekommt. Der ungewöhnliche Spitzname bezieht eher sich auf die Art der Herstellung. Früher zog die Hausfrau angeblich den elastischen Teig über ihren Knien auseinander, um so die charakteristische Mulde in der Mitte zu erhalten.

Mag sein, dass wir da einem Ammenmärchen aufsitzen, und vielleicht ist es auch besser, dass wir nicht so genau wissen, wie es die Bäcker von heute bewerkstelligen, dem Gebäck die Form eines UFOs mit dicken Seitenwülsten zu geben. Übrigens war die »Auszogne« immer schon eine Nudel, die das ganze Jahr über eifrig hergestellt wurde. Das **Schmalzgebäck** wurde den Männern mittags oft aufs Feld gebracht – zumeist mit einer Schüssel Zwetschgen-, Birnen- oder Apfelmus, dem so genannten **Tauch** zum Eintunken.

Wenn wir uns auf der Suche nach der Nudel auf eine Reise durch die Festivitäten im bayerischen Jahreslauf begeben, sie uns zuerst in der so genannten **narrischen Zeit**, dem Fasching. Am bekanntesten sind wohl die Faschingskrapfen, die auch zur Familie gehören. In vergangenen Zeiten oft mit Hagebutten-, Kirsch- oder Aprikosenmarmelade gefüllt, finden sich heute in den Auslagen der backenden Zunft auch Vanille-, Rum- und sogar Tiramisukrapfen. Vorsicht! Am unsinnigen Donnerstag sind manche Krapfen mit Senf gefüllt.

In den letzten Tagen vor der **vierzigtägigen Fastenzeit** schlugen sich früher die Leute noch einmal so richtig die Bäuche voll. Am »schmalzigen Samstag«, bevor es am Faschingssonntag, Rosenmontag und Faschingsdienstag richtig rund herging und keiner mehr Zeit hatte, hinterm Herd zu stehen, wurde gebacken, was das Zeug hielt. Dabei mussten vor allem Eier und Milchprodukte aufgebraucht werden, denn diese waren unter anderem neben Fleisch in der Fastenzeit verboten.

Brummt dann am **Aschermittwoch** so manch einem der Schädel, sollte die Hausfrau von heute bereits wieder in der Küche stehen – das tat sie, den Überlieferungen nach jedenfalls, in den guten alten Zeiten –, denn dann ist traditioneller **Dampfnudelbacktag**. So

steht es seit jeher in den bayerischen Brauchtumskalendern. Die **Dampfnudel** wird nicht, wie es der Name schon vermuten lässt, in heißem Fett herausgebacken; sie dämpft in einem gut verschlossenen Topf, auf einem Bett aus zerlassener Butter, Zucker und Wasser – oder, ganz nach Belieben, Milch oder Sahne – vor sich hin. Mit lauwarmer Vanillesoße übergossen, ein Genuss!
Eine nahe Verwandte der Dampfnudel ist die **Rohrnudel**, die in den hiesigen Breiten eine beliebte Speise zum Nachmittagskaffee ist. Gefüllt mit Zwetschgenmus oder Mohn, steht sie ganz oben auf der Hitliste der Nudeln in Bayern. Anders als die Dampfnudel, erlangt die Rohrnudel – auch hier ist der Name Programm – ihren unwiderstehlichen Geschmack in der ausgefetteten Bratraine im Backofen, im Rohr also. Dafür kann die Dampfnudel wiederum mit einem Lied (im Original hat es sieben Strophen) aufwarten, an das sich viele von Ihnen aus Kindertagen sicher noch erinnern:

Dampfnudeln hamma gestern g'habt,
Dampfnudeln hamma heit,
Dampfnudeln hamma alle Tag,
solang's uns gfreit.

Nun machen wir einen gewaltigen Sprung in den Frühsommer hinein. In der warmen Jahreszeit, wenn der Holunder blüht, ist die Zeit der **Hollerkiachl** gekommen. Dafür werden die Blütendolden des Holunderstrauchs geerntet, gewaschen und dann, nachdem sie durch einen Teig aus Mehl, Eiern, etwas Salz und braunem Bier gezogen wurden, im heißen Fett ausgebacken.
Im Laufe der Zeit entstanden immer mehr Schmalzgebäckvariationen, um die nachmittägliche Kaffeetafel oder einen Feiertag zu bereichern. Die Hausfrauen ließen ihrer Fantasie freien Lauf und so erblickten so exotisch klingende Nudeln wie »Hasenöhrl«, »Schuxen« (eine niederbayerische Spezialität), »Nonnenpfürzle« (aus dem Schwäbischen kommend) und »Scheiterküchlein« (Bayerischer Wald) das Licht der Welt. Die einfache **Topfennudel** hört sich da neben ihren Schwestern fast schon langweilig an. Doch ist

auch sie eine Köstlichkeit. Ganz zu schweigen von »Schneeballen«, »Ritschinudeln«, »Topfenstritzeln«, »Ruhpoldinger Butternudeln«, »Bier- und Brandteigkrapfen«, »Strauben«, »Roggene Nudeln« und »Hauberlingen«. Letztere isst man zum Beispiel an Festtagen zur Zwiebelsuppe.
Doch diese Aufzählung bildet, wie Sie sicher schon vermuten, erst die Spitze des Eisbergs. Die Liste ließe sich beliebig fortsetzen. Von Region zu Region finden sich in ganz Bayern weitere überlieferte Rezepte der **kalorienreichen Köstlichkeiten**. Eine ergiebige Fundgrube bieten da oft die so genannten »Dorf- oder Landkreiskochbücher«, die von engagierten Frauen und Dorfhelferinnen vor Ort liebevoll zusammengestellt und herausgegeben werden.
Zwei weitere Höhepunkte für die Schmalznudel im Kirchenjahr bilden zu guter Letzt **Erntedank** und **Kirchweih**. Zu Erntedank (immer am ersten Sonntag im Oktober) findet man die **Auszogne** neben Brot und anderem Gebäck inmitten von Obst, Gemüse, Getreide und Milchprodukten als Altarschmuck in unseren Kirchen. Freilich wird das gute Stück an diesem Tag auch reichlich verzehrt. Und wenn zu Kirchweih (dritter Sonntag im Oktober) die Gans im Ofen schmort, hat auch die Stunde der **Kirtanudel** geschlagen.
Fazit ist, das Schmalzgebäck, landläufig als **Schmalznudel** bezeichnet, hat in Bayern seinen festen Platz im Jahreslauf über Jahrhunderte hinweg gefunden. Heutzutage machen sich allerdings nur noch wenige die Mühe, diese süßen Teilchen zu Hause selbst herzustellen, dafür müssen schon unsere Bäcker herhalten. In manchen alten Wirtshäusern auf dem Land dringt schon beim Betreten der Gaststube der warme charakteristische Duft von frischen »Auszognen« aus der Küche. Dann sollten Sie auf alle Fälle umdisponieren und nach dem Mittagessen noch auf ein **Haferl Kaffee** bleiben.

Oktoberfest

Rund 200 000 Paar Schweinswürstl, 500 000 Hendl, eine Riesenherde Ochsen – um die 75 Stück, um genau zu sein –, 51 000 Haxen und 6 Millionen Mass Bier, getrunken von **6,5 Millionen Besuchern**. Das ist nicht die Verbraucherstatistik einer großen deutschen Stadt, das ist eine kleine, unvollständige Auflistung dessen, was auf dem größten Volksfest der Welt in zwei kurzen Wochen im Schnitt so verputzt wird. Dabei hat die **Wiesn**, wie das **Münchner Oktoberfest** gemeinhin genannt wird, einmal relativ bescheiden angefangen, an heutigen Maßstäben gemessen.

Als am 12. Oktober 1810 der schüchterne bayerische Kronprinz Ludwig, der spätere König Ludwig I., seine Prinzessin Therese von Sachsen-Hiltburgstein vor den Traualtar führte, war der Jubel in der Residenzstadt groß und Ludwigs Vater, König Max I. Joseph, ließ sich beim Ausrichten der Feierlichkeiten selbstverständlich nicht lumpen. An die 6000 Personen des Großbürgertums ließ der Monarch in den Münchner Gaststätten auf seine Kosten bewirten. Das gemeine Fußvolk wurde an langen Tischen und Bänken unter freiem Himmel mit 20 000 Würsten, über 200 Hektolitern Bier und 80 Zentnern Lammbraten verköstigt (Ellabognoarbadn). Musikanten spielten zum Tanz auf und sorgten geschlagene fünf Tage lang für eine gute Stimmung in der Stadt. Höhepunkt des ganzen Trubels bildete am 17. Oktober ein Volksfest mit Pferderennen, das auf einem freien Feld außerhalb der Stadt ausgetragen wurde – auf der heutigen **Theresienwiese**. Dieses rauschende Fest gefiel allen, einschließlich dem Königshaus, so gut, dass man, angeregt

vom Landwirtschaftlichen Verein in Bayern, von nun an jedes Jahr eine große »Party« für die Münchner schmiss.
Seit dieser Zeit hat sich auf der Schwanthalerhöh natürlich einiges geändert; schon allein der zeitliche Rahmen hat sich von ursprünglich zwei Tagen auf die heute üblichen zwei Wochen ausgedehnt. Das beliebte Pferderennen begeisterte zum letzten Mal im Jahr 1910 die Besucher und das erste **O'zapft is** kam 1950 über die Lippen des damaligen Oberbürgermeisters Thomas Wimmer. Vierundzwanzigmal musste das Oktoberfest leider ausfallen. In den Jahren 1854 und 1873 wegen der Cholera und dann während der Kriegs- und Nachkriegsjahre.
Das erste **Karussell** stand bereits 1818 mit auf dem Festplatz; ihm folgten 1880 die Schausteller mit ihren Buden und den ersten, im Vergleich zu heute ziemlich einfachen Fahrgeschäften. Rund 640 Betriebe drängen sich heutzutage auf der Theresienwiese, die sich über eine Fläche von 31 Hektar ausbreitet. Ab dem Jahr 1896 begannen sich unter dem starren Blick der **Bavaria** auch die großen Bierzelte auszubreiten, davor gab es nur ein **Festzelt** kleineren Formats, das der königlichen Familie als Rückzug diente.
Die **Wiesn-Wirte** sind in der Landeshauptstadt natürlich hoch angesehene Männer, über ihren enormen Verdienst während der zwei Oktoberfestwochen wird hinter vorgehaltener Hand nur ehrfürchtig gemunkelt. Die Herren über Bier und Bratwurst begeben sich selbstverständlich nicht klammheimlich zu Beginn der Wiesn in ihre riesigen Zelte; sie werden gebührend bejubelt, beim Einzug der Wiesn-Wirte, einem vornehmen **Festzug** durch die Stadt, samt Pferdekutschen, Oberbürgermeister und anderen Honoratioren.
Der große **Trachtenumzug**, der sich ebenfalls zu Beginn des zweiwöchigen Ausnahmezustandes auf einer Länge von sechs Kilometern durch die Straßen von München schlängelt, hat seinen Ursprung in der Silberhochzeit von Therese und Ludwig. Damals, im Jahr 1835, stolzierten erstmals **schön gekleidete Trachtler** in ordentlicher Formation hinaus auf die Theresienwiese. Heute ist das Ganze zu einem riesigen Spektakel geworden, das per Fernsehsatelliten in die ganze Welt übertragen wird.

Auf geht's zum Schichtl!, mit diesem Ausruf verbinden die Münchner noch heute die nostalgische Wiesn von damals. Fast von Anfang an konnte man beim Schichtl auf dem Oktoberfest alljährlich Zeuge »echter« Hinrichtungen werden. Ganz zu schweigen von den vielen anderen Fahrgeschäften, Geisterbahnen oder Labyrinthen, die dem Publikum heutzutage Nervenkitzel und einen hohen Adrenalinspiegel versprechen. Falls Sie keine Lust haben, Ihre teuer erstandenen gebrannten Mandeln oder den knusprigen **Steckerlfisch** in Ihrem Magen zu schleudern, dann lassen Sie es doch etwas ruhiger angehen und schwingen Sie zum Beispiel den Hammer beim traditionellen **Hau-den-Lukas** oder Sie gondeln sanft und gemütlich mit dem **Riesenrad** in schwindelnde Höhen: Bei gutem Wetter sorgt der Föhn für einen gestochen scharfen Weitblick über die Dächer der Stadt hinweg bis zu den Alpen.

Wieder unten angekommen, inmitten des Gewimmels, empfiehlt sich eine Stärkung in einem der bereits erwähnten fünfzehn Zelte, die über den Festplatz verteilt sind, schließlich gilt die Wiesn auch als **größtes Bierfest der Welt**. Oft ist es allerdings recht schwierig, zwischen bierseligen Weltenbummlern aus allen Herren Ländern noch ein gemütliches Plätzchen zu bekommen. Doch für die qualvolle Enge entschädigt letztendlich die gute Stimmung, wenn die »Musi« laut und blechern der wogenden Menge ein ums andere Mal den aktuellen »Wiesnhit« oder ein schallendes **Oans, zwoa, g'suffa!** um die Ohren haut.

Über die Wiesn gäbe es natürlich noch unendlich mehr zu erzählen, viele kleine Einzelheiten und Anekdoten, die erst in der Summe dieses Phänomen Oktoberfest ergeben – zynische Zungen sprechen auch vom **bayerischen Nationalrausch**. Ja, schon allein die zahlreichen Wiesnbedienungen könnten mit ihren Geschichten über lustige und grantige Gäste ganze Bücher füllen. Doch machen Sie sich selbst ein Bild und genießen Sie im **Himmel der Bayern** eine frisch eingeschenkte Wiesenmass.

Ostern

Sanft schimmern bunte Glaskugeln in allen erdenklichen Farben des Regenbogens und tauchen die lang hingestreckte Gestalt des ausgezehrten Mannes in ein sanftes Licht: Es ist das **Grab des Heilands**, das hier so wunderbar beleuchtet wird und dadurch einen sinnlichen, ja fast heiteren und sehr tröstlichen Anstrich bekommt. Seit dem 12. Jahrhundert kennt man diese Art des Grabschmucks in Bayern, bei dem mit farbigem Wasser gefüllte **Glaskugeln** rund um den Leichnam des Gekreuzigten aufgesteckt werden. Sie symbolisieren das Licht der Sonne und gelten als Zeichen des Glücks – auch im Angesicht des Todes. Ein besonders schönes **Heiliges Grab** gibt es in der Osterzeit – leider nur alle drei Jahre – im malerischen Höglwörth (Landkreis Berchtesgadener Land) zu bewundern.

Doch bevor wir nun das Leiden und den Tod des Gottessohnes beweinen, um anschließend seine Auferstehung zu feiern, starten wir in der **Karwoche** mit dem **Gründonnerstag**. Freilich gehören zur **stillen Woche**, die mit dem Palmsonntag, dem Einzug des Heilands in Jerusalem, beginnt, auch noch der Montag, der Dienstag und der Mittwoch, die zum Beispiel im oberbayerischen Dialekt so schön klingende Namen wie »stilla Moda«, »blaua Irda« und »krumpa Migda« tragen. Doch das Hauptgeschehen beginnt mit dem Gründonnerstag, der auch **kleiner Antlasstag** oder, um bei den Oberbayern zu bleiben, »Antlasspfinzda« (»pfindza« ist ein altes Wort für Donnerstag), »Oarpfinzda« und »Speispfinzda« genannt wird.

Am Gründonnerstag fliegen die Glocken nach Rom, um dort geweiht zu werden, so der Volksmund. Das heißt, alle Kirchturmglocken schweigen von nun an bis zum **Gloria** in der Osternacht; und auch die Orgeln und die kleinen Altarglöckchen in den Kirchen legen eine Pause ein. Das Läuten wird nun von den **Osterratschen** übernommen, hölzernen Gebilden, die sich lärmend an Holzstecken um sich selbst drehen, oder Kästen mit Kurbeln dran, die schauerlich rattern oder eben »ratschen«.

Am Abend des Gründonnerstags traf sich Jesus einst mit seinen Jüngern zum **letzten Abendmahl**. Er brach das Brot und reichte Wein und er wusch den Freunden als Zeichen seiner Liebe die Füße. Auch bei uns gab es über Jahrhunderte hinweg diesen uralten Brauch der Fußwaschung, meist vom Priester an den ältesten Männern des Dorfes oder der Stadt vollzogen. Anschließend wurde diesen »zwölf Aposteln« noch ein symbolisches Abendmahl gereicht. Dieses schöne Ritual findet man heute noch in allen Klosterkirchen des Landes. So auch im niederbayerischen Kloster Metten, wo alljährlich diese **liturgische Fußwaschung** in feierlichem Rahmen zelebriert wird.

Traditionell isst man am Gründonnerstag »Grünzeug«, mit Vorliebe Spinat und Spiegelei, sehr zum Leidwesen vieler Kinder. Früher kam oft die **Kräutlsuppe**, aus neun oder zwölf verschiedenen Kräutern gekocht, auf den Tisch, deren Verzehr Glück und Gesundheit im kommenden Jahr versprach. Allerdings beschränkte sich in Bayern dieser Brauch eher auf die Städte, auf dem Land nahm man das mit den Kräutern nicht so genau. Zu Recht, denn mittlerweile gilt es als so gut wie sicher, dass der Name Gründonnerstag – seit dem 8. Jahrhundert ist er bereits in Gebrauch – nicht auf die Farbe Grün zurückzuführen ist, sondern vom althochdeutschen Wort »gronan« abgeleitet wurde, was so viel bedeutet wie »weinen« oder »greinen«.

Das erwähnte Spiegelei hat natürlich auch, im übertragenen Sinne, eine besondere Bedeutung am **kleinen Antlasstag**, dem Tag, an dem in den vergangenen Jahrhunderten die Büßer von ihren Sünden losgesprochen, quasi »entlassen« wurden. Das so genannte **Antlassei** spielt auch heute noch eine wichtige Rolle in der Osterwoche. »Antlasseier« sind Eier, die von den Hennen am Gründonnerstag in die Nester gelegt werden. Ihnen werden solch starke Kräfte nachgesagt, dass man bis in unsere moderne Zeit hinein gelegentlich noch glaubt, dass diese Eier niemals verfaulen. Antlasseier gelten, im Stall oder unterm Dachgiebel aufgehängt, als Schutz gegen Blitzschlag, Hochwasser, Hagel und Krankheit; ein Antlassei im Feld vergraben, verheißt eine gute Ernte. Es sollten grundsätzlich Antlasseier sein, die am **Ostersonntag** in die Kirche zur **Weihe** gebracht werden. Und um den Segen noch intensiver einwirken zu lassen, sollten diese Eier oben und unten leicht eingedrückt werden, damit die Weihe auch ins Innere dringen kann. Nach dem Verzehr werden die Schalen dieser kostbaren Wunderdinger natürlich nicht weggeworfen, man verfüttert sie an die Hühner oder verstreut sie im Gemüsegarten und auf dem Acker.

Nachdem sich Jesus mit seinen Jüngern zum letzten Abendmahl getroffen hatte, gingen sie alle gemeinsam hinaus an den **Ölberg**. Jesus trennte sich schließlich von den anderen, um im Garten von **Gethsemane** still für sich zu beten. Erstmals ergriff ihn tiefe Todesangst in Anbetracht dessen, was mit ihm geschehen würde. Doch nachdem er seine Angst und sein Leid in die Dunkelheit hinausgeschrien hatte, erschien ihm ein lichtumfluteter Engel, der ihm Kraft und Zuversicht schenkte.

Im pompösen Barockzeitalter inszenierte man regelrechte Theaterstücke, um die letzten Stunden im Leben Jesu anschaulich in Szene zu setzen. Diese Art von **Passionsspielen** kennt man zum Beispiel noch im oberbayerischen Oberammergau (Landkreis Garmisch-Partenkirchen), wo sich alle zehn Jahre zu Pfingsten Besucher aus der ganzen Welt von einem prächtigen Schauspiel, das aus einem Gelöbnis heraus entstanden ist, verzaubern lassen (→ Kruzifix).

Doch zurück zu unserem Ölberg am Gründonnerstag. In manchen Kirchen wird auch heutzutage noch die **Ölbergszene** mit beweglichen Figuren während der Fastenzeit plastisch dargestellt. Gerade in der Karwoche lohnen sich Kirchenbesuche auf dem Land ganz besonders – es gibt viel zu sehen und zu entdecken.

Am Karfreitag geht Jesus seinen schwersten Gang, der mit seinem Tod am Kreuz endet. Traditionell steht dieser Tag ganz im Zeichen der Stille, des Fastens und der Abstinenz. Das Wort »kara« kommt aus dem Althochdeutschen und bezeichnet die Wehklage. In den Gotteshäusern werden am **Karfreitag** keine Messen gehalten, es finden lediglich so genannte Wortgottesdienste statt. In fast allen Kirchen wie zum Beispiel in Gmund am Tegernsee (Landkreis Miesbach) veranschaulicht ein riesiges Heiliges Grab, das für einen Tag den Platz des Volksaltares einnimmt, die letzte Ruhestätte des Herrn. Graue Tücher verhüllen – in früheren Zeiten auch während der gesamten vierzigtägigen **Fastenzeit** – den Hochaltar und schwarze Vorhänge an den Fenstern verhindern jeglichen Lichteinfall von draußen. Die Osterratschen kommen zum Einsatz und rufen die Gläubigen zur **ewigen Anbetung** an Jesu Grab.
Auf dem Land gilt der Karfreitag auch als wichtiger **Lostag** (→ Wetter), der den Bauern als Wegweiser für die kommende Ernte dient. »Wenn es an Karfreitag regnet, ist das ganze Jahr gesegnet«, so lautet nur eine der vielen Bauernregeln für diesen Tag. Andererseits musste man früher auch aufpassen, dass man nicht ausgerechnet am Karfreitag den Backofen anschürte. Einem **alten Volksglauben** nach brachte nämlich das Backen von Brot an diesem hohen Kirchentag ein Dürrejahr mit sich.
Der Todestag des Gottessohnes galt früher gleichzeitig als Startschuss für den sehnlichst erwarteten Frühling, an dem man mit der Aussaat auf den Feldern begann und die Obstbäume auf den Streuwiesen beschnitt. In der Oberpfalz pflegte man an diesem Tag auch ausgiebigst den Aberglauben. So stahl sich zum Beispiel die Bäuerin noch vor Sonnenaufgang in den Hühnerstall, um dem verschlafenen Federvieh je drei Federn auszurupfen. Mit diesem seltsamen Ritual war das Geflügel vor gierigen Jägern, wie Fuchs und Habicht, geschützt (Bichler, A.: Wie's in Bayern der Brauch ist).
Allmählich kommt nun Licht ins Dunkel, und das im wahrsten Sinne des Wortes. Mit dem **Karsamstag**, auch Ostersamstag genannt, endet die vierzigtägige Fastenzeit und die Menschen bereiten sich nun langsam auf die **Osternacht** vor. Zwar steht dieser

Tag noch ganz im Zeichen der Grabesruhe, doch an seinem Ende, wenn die Dämmerung hereinbricht, werden die Glocken wieder mit vollem Klang läuten und das Osterfeuer wird zur Feier der Osterliturgie die Nacht erhellen.

Das Feuer, Sinnbild der Sonne, des Lebens und der Freude, spielt in der Osternacht eine tragende Rolle. An ihm entzündet der Pfarrer die **Osterkerze**, die dann feierlich in die verdunkelte Kirche getragen wird. Die Osterkerze gilt als **Symbol** der Auferstehung Jesu Christi, als Sieg über Tod und Sterben. Sie wird nun während der gesamten fünfzigtägigen **Osterzeit** bis **Pfingsten** die Gottesdienste mit ihrer steten Flamme begleiten, um den Gläubigen Hoffnung zu spenden und um auf das neu erstandene Leben hinzuweisen.

In manchen Gegenden Oberbayerns bringen Kinder noch in der Osternacht das Osterfeuer an langen Holzstecken, an deren Enden brennende Baumschwämme befestigt sind, in die Häuser, um das am Karfreitag erloschene Feuer neu zu entfachen – ein Brauch, der früher überall in Bayern gang und gäbe war. Alle übrigen Gemeindemitglieder holen sich ihr **heiliges Feuer** nach dem Gottesdienst, indem sie mitgebrachte Kerzen in die Flamme der großen Osterkerze halten.

Man geht davon aus, dass das **Osterfeuer** im Grunde heidnischen Ursprungs ist. Schon die Germanen entzündeten seinerzeit große Scheiterhaufen, um den Frühling zu begrüßen und um die Sonne »auf die Erde zu locken«. Damals jagte man noch zusätzlich brennende Holzräder die Berghänge hinunter und die verkohlten Holzstückchen des abgebrannten Feuers steckte man tags darauf in die Erde, um eine reiche Ernte im kommenden Herbst zu gewährleisten.

Neben dem Licht des auferstandenen Heilands, das daheim den Herrgottswinkel erleuchten soll, nimmt man sich auch gerne das **Osterwasser** mit nach Hause in die gute Stube. An Ostern wird traditionell das **Taufwasser** geweiht und auch das »simple« Weihwasser für den Weihwasserkessel erfährt in der Osternacht seine Segnung. Während dieser Weihe wird die Osterkerze rituell drei Mal in das Wasser getaucht. Die Germanen kannten dieses »Oster-

wasser« auch schon, nur badeten sie – beziehungsweise ihre Frauen – darin und gaben sich nicht mit kleinen Fläschchen zufrieden, die sie zu Hause brav in ihre **Weihwasserkesselchen** kippten. Unsere Vorfahren opferten das Wasser ihrer Fruchtbarkeitsgöttin Ostara. Nach dem Vollbad schöpften die Frauen ein bisschen von dem Wasser in mitgebrachte Gefäße und trugen es in ihre Häuser. Das **Frühlingswasser** galt als heilsam und Segen bringend, man versprach sich von ihm Anmut und ewige Jugend (Werner, P. u. R.). Es heißt, dass wer sich am **Ostermorgen** in die eisigen Fluten eines fließenden Gewässers stürzt, jung und schön bleibt, und unverheiratete Frauen haben nach solch einem Bad bessere Aussichten auf einen baldigen Ehemann. **Geweihtes Osterwasser** schützt vor Hautkrankheiten und bringt allgemein Glück.
Am Morgen des Ostersonntags kommen nun endlich die Kinder zu ihrem Recht, denn gleich nach dem Aufstehen geht es ans **Ostereiersuchen**. Während sich die Eltern die Nacht in der Kirche um die Ohren geschlagen haben, war jemand anderer so richtig fleißig: der **Osterhase**. Dieses putzige Langohr hat sich ab der Mitte des 19. Jahrhunderts ernsthaft im Ostergeschehen etabliert, davor musste noch die gute alte Henne, manchmal auch der Hahn herhalten. Zum ersten Mal aufgetaucht ist Meister Lampe als Eierbringer allerdings bereits im 16. Jahrhundert, doch zunächst einmal ohne durchschlagenden Erfolg. Man geht davon aus, dass der Hase, seit alters her **Sinnbild der Fruchtbarkeit** – wen wundert's! –, eben aus diesem Grund schon früh mit Ostern und dem beginnenden Frühling in Verbindung gebracht wurde.
Bei den Eiern ist es natürlich viel einfacher, sie versinnbildlichen das Leben an sich und sind so geradezu prädestiniert für Ostern. Doch so einfach machen es uns die Gelehrten nicht. Es ist unumstritten, dass es sich beim **Ei** um ein **uraltes Fruchtbarkeitssymbol** handelt, daneben hat es sich zudem zum Sinnbild der christlichen Auferstehung gemausert. Es symbolisiert den Anfang des Lebens und galt bei manchen Theologen auch als ein Symbol der Eucharistie. Ein Ei besitzt, einem alten Volksglauben nach, neun verschiedene Kräfte und kann zum Beispiel gezielt bei der Feldarbeit

eingesetzt werden, indem man vorher ein solches verzehrt, um bei der schweren Arbeit nicht zu ermüden. Die Schale der Eier gelten als gutes Düngemittel und das weiche, glibberige Innere wird im Rahmen des Osterfestes als **Nahrung für die Gläubigen** bezeichnet. Das Ei galt über einen langen Zeitraum hinweg als Abbild der Heiligen Schrift, wobei die Schale das Alte Testament darstellte und das Innere zum Symbol des Neuen Testaments erklärt wurde.
Bereits seit dem 12. Jahrhundert kennt man bei uns die **Eierweihe**. Und die Sitte, sie dafür bunt anzumalen und schön zu verzieren – übrigens bevorzugte man früher meist die Farbe Rot, das Bunte kam erst später –, geht angeblich auf eine Legende zurück, die sich noch zu Lebzeiten Christi zutrug. Demnach war Simon von Kyrene, jener Mann, der Jesus das Kreuz für eine Weile nachtrug, von Beruf Eierhändler. Nach der Hinrichtung des Gottessohnes fand der brave Simon seinen Korb, den er hastig am Straßenrand hatte stehen lassen, voller bunter Eier (Gerlach, Walter).
Im 12. Jahrhundert legte die Kirche in der **benedictio ovorum** den österlichen Eierverzehr fest. Während der Fastenzeit waren Eier strengstens verboten, da sie als **flüssiges Fleisch** angesehen wurden. Da sammelte sich im Laufe dieser vier Wochen so einiges an. Und so schwelgte man an Ostern dann, per kirchlichem Erlass, quasi in Rühreiern und Omelettes.
Das Osterfest an sich hat schon einige hundert Jahre mehr auf dem Buckel als die Eier- oder Speisenweihe. Mit Pfingsten gilt es als das älteste Fest der Christenheit. Seinen Namen hat Ostern nicht von der bereits erwähnten **Göttin Ostara**. Man nimmt an, dass sich das Wort aus dem Indogermanischen ableitet; »ausos« bedeutet so viel wie »Morgenröte« oder »Licht«. Im Jahr 325 legte das 1. Konzil von Nizäa fest, dass Ostern von nun an von allen Christen an einem einheitlichen Tag gefeiert werden sollte, nämlich am ersten Sonntag nach dem Frühlingsvollmond beziehungsweise an dem Sonntag, der dem jüdischen Passahfest folgte.
Wenn am **Ostersonntag** die Körbchen mit den Eiern in die Kirche getragen werden, lugen zwischen all den prächtig bemalten Hühnereiern immer auch noch **Osterlämmer** aus Biskuitteig oder But-

ter, Geräuchertes, etwas Salz, Meerrettich zur Erinnerung an die bitteren Leiden des Herrn und Brot oder Osterfladen zwischen grünem Gras oder weißen Spitzen hervor: alles Speisen, die früher während der Fastenzeit verboten waren. Durch die Weihe erhalten diese Lebensmittel eine besondere Segenskraft, wobei dem Osterlamm eine besonders tragende Rolle zuteil wird. Das zarte Lämmchen ist das Symbol für den Tod des Heilands am Kreuz.
Kommen wir noch einmal zu den Eiern, ohne die Ostern nicht denkbar wäre. **Geweihte Eier** legte man in vergangenen Zeiten als Dank in die erste gebundene Erntegarbe oder man vergrub sie, wie wir bereits wissen, in den Äckern und Feldern, um das Wachstum anzukurbeln. Die Schalen der Ostereier streuen manche heute noch in den Gemüsegarten oder um das Haus herum, um Schädlinge abzuhalten; auf das Fensterbrett gelegt, verhindern sie den ungebetenen Besuch von Ameisenkolonien.
Außerdem kann man mit den bunten Dingern auch noch richtig gut spielen. In Bayern kennt man vor allem das so genannte **Oarscheibn**. Dabei legt man zwei Holzstiele parallel zueinander zum Beispiel auf einen Stuhl, sodass eine schiefe Ebene entsteht. Dann lässt man sein Ei hinunterkullern. Ziel ist es, die anderen Eier zu treffen, damit die Schale bricht. Gewinner ist derjenige, dessen Ei am Ende des Spiels noch einigermaßen heil geblieben ist.
Allmählich nähern sich die Feiertage ihrem Ende. Bleibt noch der **Ostermontag**, der in manchen bayerischen Orten mit prachtvollen Umritten und der **feierlichen Pferdeweihe** ganz dem **heiligen Georg** gewidmet ist. Der Namenstag des Heiligen fällt zwar auf den 23. April, das tut dem Ganzen jedoch keinen Abbruch, ist der Georg doch einer der wichtigsten Pferdepatrone Altbayerns, also kann man ihn auch getrost gleich nach Jesu Auferstehung feiern. Georg durchlitt zu Lebenszeiten ein unglaubliches Martyrium, das mit seiner Enthauptung endete. Berühmt wurde er als tapferer Ritter, der einen schrecklichen Drachen mit seiner Lanze tötete und so eine schöne Prinzessin vor dem sicheren Tod rettete (→ Nothelfer). Einer der tollsten Pferderitte zu Ehren des Heiligen, die alljährlich am Ostermontag stattfinden, ist der **Georgiritt**

in Traunstein (Landkreis Traunstein), bei dem unser tapferer Ritter wieder zum Leben erweckt wird. Zudem vertreiben die Männer in einem spannenden Kampf, beim so genannten **Schwertertanz**, den Winter aus seinen letzten geheimen Unterschlüpfen; und Trommler, Fanfarenbläser und Menschen in historischen Kostümen begleiten die geschmückten Rösser zur Georgskapelle in Ettendorf.

In manchen Gegenden Oberbayerns ist es heute noch am Ostermontag üblich, einen Feldumgang mit Gesang und Gebet abzuhalten. Dieser alte Brauch lehnt sich an den **Emmausgang** an, mit dem man früher symbolhaft die gläubige Nachfolge Christi darstellte. Der eigenartige Name »Emmausgang« erinnert an zwei Jünger, die am Ostermontag nach dem Tod ihres Herrn zu einem Ort namens Emmaus gingen und dabei wehklagten und weinten. Als Emmausgang bezeichnete man früher auch den **Osterspaziergang**, den Gang ins Wirtshaus oder den Besuch von Freunden an den Feiertagen. Heute kann man seinen Emmausgang auch auf einen der zahlreichen Ostermärkte lenken oder man macht einen Ausflug nach **Schwaben** oder in die **Fränkische Schweiz**, um dort die wunderschön **geschmückten Osterbrunnen** zu bewundern.

Palmsonntag

Ein lauer Frühlingsmorgen, die ersten Vögel zwitschern in den noch überwiegend kahlen Ästen der Bäume. Die Sonne wärmt schon ein bisschen die Hausmauern – und wer liegt da noch in den Federn und dreht sich murrend auf die andere Seite, den Bettzipfel fest über das wuschelige Haar gezogen? Der Palmesel! Der **Palmesel** ist, einem alten Brauch zufolge, derjenige, der am Palmsonntag zu Beginn der Karwoche als Letzter aufsteht, als Letzter die Kirche betritt und sie als Letzter auch wieder verlässt. Dem Palmesel sagt man generell chronisches Zu-spät-kommen nach, er ist allerdings auch derjenige, der zum Trost dafür an diesem Tag das beste Stück vom Sonntagsbraten abbekommt.

Auf einer Eselin ritt Jesus im Jahre 30 mit seinen Jüngern und Anhängern in Jerusalem ein. Es wurde ein **Triumphzug** durch die schmalen Gassen und über die engen Plätze der Stadt; umjubelt von Gläubigen, die dem Heiland **Palmwedel** zu Füßen legten. Palm- und Ölzweige, also Äste vom Olivenbaum, wurden auch wie wild geschwenkt und die verzückten Schreie und Rufe der Menschen waren weithin zu hören.

Wie die Geschichte ausgegangen ist, weiß heutzutage jedes kleine Kind: Jesus wurde wegen Gotteslästerung und staatsfeindlicher Gesinnung zum Tode verurteilt. **Pontius Pilatus** wusch sich zwar seine Hände in Unschuld, doch das half dem Sohn Gottes auch nicht mehr recht viel. Ein paar Tage später wurde er, neben zwei Schwerverbrechern, ans Kreuz genagelt.

Der Palmsonntag ist zu einem wichtigen Termin im Kirchenjahr geworden und der **Palmbrauch** deutet bereits auf die Auferstehung Christi hin: Die Palme bedeutet in der orientalischen Symbolik Sieg, Auferstehung, Unsterblichkeit und sogar **Wiedergeburt** (Werner, P. u. R.).

Nun tun wir uns hierzulande bekanntlich recht hart mit der Kultivierung südlicher oder gar tropischer Gewächse. Doch auch in unseren recht rauen Breitengraden ist Gott sei Dank für alles ein »Kraut« gewachsen. Und so tragen wir am **Palmsonntag** liebevoll gebundene **Palmbuschen**, mal ganz schlicht gehalten im Körbchen, mal protzig auf lange Haselnussstecken gepflanzt, in unsere Kirchen zur Weihe.

Rund dreißig deutsche Pflanzen, die das Wort »Palm« im Namen führen, kennt man und sie alle deuten auf ihre mystische Bestimmung im Palmbuschen hin. Am bekanntesten ist wohl das **Palmkätzchen**, das Weidekätzchen, das bei uns oft das Herz des Buschens bildet. Auch bei der Stechpalme ist der Name Programm. Fehlen dürfen im Palmbuschen auch nicht Wacholderäste, Buchs- und Haselnusszweige, Mistel, Eichenlaub und Weidenruten. Letztere bilden manchmal ein kleines Kreuz über dem Gesteck oder die typischen Bögen, an denen dann **bunte Bänder** flattern.

Wie bereits erwähnt, werden die Palmbuschen oft an langen Holzstangen in die Kirche und von dort wieder nach Hause getragen. Diese Aufgabe übernehmen meist die einheimischen Buben. Die Stecken werden mit eingeschnittenen spiralförmigen Ornamenten versehen, denen früher eine besondere Bedeutung beigemessen wurde: Zwischen Rinde und Holz wohnten nämlich, einem alten Glauben nach, Hexen und Druden, Dämonen und andere Unholde. Kerbte man das Holz ein, fuhren die bösen Geister, immer schön den Spiralen entlang, aus den Stecken aus. Die **Haselnusszweige** im Palmbuschen, immer drei an der Zahl, die Dreieinigkeit symbolisierend, hatten die gleiche Wirkung. Die Haselnuss galt als Hexen und Feuer bannend. Traditionelle Palmbuschen werden außerdem mit fünf roten Wollfäden versehen, welche die Wundmale Jesu symbolisch darstellen. Trägt man so einen Faden

das restliche Jahr über am Körper, ist man automatisch vor Kopfschmerzen gefeit. Grüne Bänder wiederum beschützen nach der Weihe Frauen bei Entbindungen.
Im Grunde ist der gesamte **Palmstrauß** ein übersinnliches »Kraftwerk«. Einzelne Zweige davon im Stall oder unter dem Dachgiebel aufgehängt, schützen vor Blitzschlag, Krankheiten und Viehseuchen. Steckt man einen Teil vom Buschen in die nackte Erde des Ackers oder ins Beet des Gemüsegartens, dann ist einem eine reiche Ernte sicher. Auf den Gräbern der Verstorbenen bringt der Palmzweig unsere Verbundenheit mit den Toten zum Ausdruck.
Natürlich schmückt das Sträußerl auch den **Herrgottswinkel**. Und verbrennt man während eines besonders schweren Gewitters ein paar Kätzchen über der Flamme einer **Wetterkerze**, dann kann wirklich überhaupt nichts mehr passieren! Das Gleiche gilt, wenn man eine Hand voll Palmkatzen ins Herdfeuer wirft. Ein sehr alter Brauch ist auch das Aufbewahren der **Palmkatzl-Asche** bis zum **Aschermittwoch** des kommenden Jahres. Dann wird in der Kirche damit das Kreuz als Zeichen der Buße auf die Stirn gezeichnet (→ Fastenzeit).
Früher nähte man die getrockneten »Katzerl« einer Braut ins Ehebett ein und so richtig abergläubische Menschen schluckten die Dinger vorbeugend gegen Halsweh oder noch schlimmere Übel. Da konnte es wohl auch nicht schaden, das liebe Vieh damit zu füttern, das alljährlich zum **Almauftrieb** mit dem Palmbusch auch gesegnet wurde. Und um bei den Krankheiten zu bleiben: Das Schlagen des Sträußleins auf den Rücken soll ganz besonders hilfreich gegen Kreuzschmerzen sein. Trägt man zudem ein einzelnes »Katzl« im Portemonnaie, kann man davon ausgehen, dass der Geldstrom nie versiegen wird.
Das Brauchtum um den **Palmwedel** gibt es ungefähr seit dem 9. Jahrhundert. Damals hatte man begonnen, die Palmzweige, -sträuße und -rosetten vor den damals traditionell stattfindenden **Palmsonntagsprozessionen** zu segnen. Diese »Umgänge« gibt es nämlich schon seit anno 604: Papst Gregor der Große führte in jenem Jahr einen ersten Umzug mit Palmesel ein.

Das Tier, nicht zu verwechseln mit unserem eingangs erwähnten Langschläfer, war zu jener Zeit noch echt und oben drauf hockte meist ein Geistlicher oder ein Kirchendiener, der den Heiland darstellte. Nun, so einem Esel eilt nicht umsonst ein störrischer Ruf voraus und so ging man recht schnell dazu über, geschnitzte »Langohren« aus Holz auf Rädern oder Rollen durch die Straßen zu ziehen. Der Ministrant wurde bei dieser Gelegenheit auch gleich gegen eine Christusstatue ausgetauscht. Heute findet man diese **Palmeselprozessionen** gerade noch ein Dutzend Mal in Bayern. Im niederbayerischen Kösslarn, nahe Passau, oder im oberbayerischen Weilheim (Landkreis Weilheim-Schongau) ist er zum Beispiel noch zu sehen, der Esel – die hölzerne Eselin, um genau zu sein – samt segnendem Heiland.

Dass die **kunstvollen Palmesel** heutzutage meist ein Dasein im Museum fristen – im Bayerischen Nationalmuseum in München steht ein besonders schönes Exemplar aus dem Jahr 1470 –, hat einen bestimmten Grund: Im ausgehenden 18. Jahrhundert wurde es den Kirchenoberen nämlich allmählich zu bunt in Sachen Palmsonntag. Da wurde der Palmesel mancherorts mit Würsten behängt und mit ausgeblasenen, bunt gefärbten Eiern geschmückt, die in Ketten vom Hals des Tieres baumelten. Manche Bäuerinnen setzten gar ihren männlichen Nachwuchs auf das hölzerne Hinterteil des Esels, direkt hinter den Heiland. Sie versprachen sich davon eine reiche Samenproduktion beim »Burli«. Der Allerwerteste des Tieres wurde so im Laufe der Zeit regelrecht blank gerieben. Überhaupt entwickelte sich der gesamte Umgang immer mehr zum Trinkgelage und das sah mancher Pfarrer bei seinen Schäfchen gar nicht gern.

Pfingsten

Bereits seit dem 2. Jahrhundert feiern die Christen das **Pfingstfest**. Pfingsten ist das Fest des Heiligen Geistes, der auf die Apostel herabkam, als diese in Jerusalem versammelt waren. Der Name »Pfingsten« kommt aus dem Griechischen; »pentekoste« bezeichnet die Zahl Fünfzig und tatsächlich feiert man dieses drittwichtigste Fest im Kirchenjahr – neben Ostern und Weihnachten – exakt fünfzig Tage nach der Auferstehung des Herrn. Das Pfingstfest steht ganz im Zeichen des Heiligen Geistes, der schon seit frühchristlicher Zeit meist als Taube dargestellt wird. Diesem »Federvieh« wurde in vielen Gotteshäusern des Barockzeitalters früher sogar ein eigenes »Einflugloch« eingerichtet: das **Heilig-Geist-Loch**, das wir bereits aus dem Kapitel über Christi Himmelfahrt kennen.
Bis weit in das 18. Jahrhundert hinein schwebten damals die **Pfingsttauben** aus diesen Öffnungen, vom Dachboden aus an unsichtbaren Fäden gehalten, auf die Gläubigen herab. Natürlich waren die meisten Tauben aus Holz geschnitzt, doch in manchen Kirchen flatterten sogar echte Vögel über die Köpfe der Versammelten hinweg, um sich dann irgendwo gurrend ein ruhiges Plätzchen zu suchen. Zudem regneten nicht selten zarte Blütenblätter von **Pfingstrosen**, kleine, mit erbaulichen Bibeltexten versehene Zettelchen und manchmal auch brennende Holzspäne – in Erinnerung an die »feurigen Zungen«, mit denen der Heilige Geist auch oft in Verbindung gebracht wird – aus dem kreisrunden Loch hinunter ins Kirchengestühl. Fing man so einen glimmenden Span mit dem Sonntagshut auf, dann war man vor Unwetter jeglicher Art geschützt.

Heutzutage wird den Gläubigen an **Pfingstsonntag** oder **Pfingstmontag** leider kein solches Schauspiel mehr geboten, was wir dem Zweiten Vatikanischen Konzil zu verdanken haben (→ Christi Himmelfahrt). Hier und da kennt man aber noch das Aufhängen kleiner, filigraner Heiliggeisttauben im häuslichen Herrgottswinkel. Und echtes **bayerisches Pfingstbrauchtum** findet man auch noch vereinzelt, und das vor allem im Bayerischen Wald, in der Oberpfalz und in Niederbayern.

Im oberpfälzischen **Kötzting** (Landkreis Cham) zum Beispiel findet jedes Jahr am Pfingstmontag ein **Pfingstritt**, inklusive »Pfingsthochzeit«, statt – dazu auf den folgenden Seiten mehr. Und im niederbayerischen **Bogen** (Landkreis Straubing-Bogen) schleppen Wallfahrer aus dem malerischen Dorf Holzkirchen alljährlich am Pfingstsonntag im Rahmen der **Kerzenwallfahrt** eine 12,5 Meter lange und fast 50 Kilo schwere Kerze senkrecht (!) den Bogenberg hinauf. Oben angelangt, wird sie in der Marienkirche als Votivgabe der heiligen Muttergottes dargebracht. Ein Gelübde aus dem 15. Jahrhundert ist der Ursprung dieser für Außenstehende recht seltsamen Wallfahrt; damals hatten die Holzkirchener einigermaßen glimpflich eine hartnäckige Borkenkäferplage überstanden (Bichler, A.: Wie's in Bayern der Brauch ist).

Nicht unweit des Bogenbergs – die Grafen von Bogen, die in ihrem Familienwappen erstmals die **weißblauen Rauten** führten, hatten an dieser Stelle einst ihre Stammburg errichtet – liegt im Bayerischen Wald das Dorf St. Englmar, das ebenfalls mit einem sehr lebendigen Brauch am Pfingstmontag aufwartet. Wobei das Geschehen, aus dem sich das berühmte **Englmarisuchen** entwickelte, wohl im Grunde einst eher zufällig auf das Hochfest des Heiligen Geistes fiel.

Man schrieb das Jahr 1086, als eines Tages ein **Eremit** mit Namen Englmar auf den Ländereien der Grafen von Bogen auftauchte. Englmar war von Passau heraufgekommen und baute sich nun an der höchsten Stelle des Bayerweges, der Schwarzach mit Viechtach verband, eine kleine, bescheidene Hütte. Irgendwann im Laufe der Jahre bekam **Englmar** Gesellschaft von einem jungen Mann, der

fortan mit dem Eremiten in der engen Klause lebte. Doch dann, im Winter 1100, muss es zwischen Englmar und seinem Gefährten zu einem schlimmen Streit gekommen sein, in dessen Folge der fromme Englmar erschlagen wurde.
Gut ein halbes Jahr später, so um Pfingsten herum, fand ein Priester namens Ruodpert den unversehrten Leichnam, notdürftig unter Reisig verscharrt, im Wald. Es heißt, dass ein strahlender Schein und der Duft von tausend Blumen den Körper des Toten umhüllt haben. Die sterblichen Überreste von Englmar wurden ins Tal hinuntergebracht und schließlich errichtete man zu Ehren des Eremiten eine Kapelle, um die hochverehrten Reliquien sicher unterbringen zu können. Recht bald begann man mit dem jährlichen Aufführen eines religiösen Schauspiels, in dessen Mittelpunkt die Suche nach dem **seligen Englmar** stand. Bis heute verwandeln sich Jahr für Jahr die Bürger von St. Englmar in Reiter, gemeines Fußvolk und Fuhrknechte, um in Begleitung von einem Abt in weißem Habit und dem Grafen von Bogen höchstpersönlich eine lebensgroße Holzfigur im Wald zu bergen.
Am selben Tag rüsten sich etwas weiter nördlich die Kötztinger zu ihrem traditionellen **Pfingstritt**. Schon um acht Uhr morgens setzt sich der berittene Zug in Richtung der sieben Kilometer entfernt gelegenen St.-Nikolaus-Kirche in Bewegung. Der Pfingstritt zu Kötzting zählt zu den **größten Pferdewallfahrten Europas**, an der bis zu tausend Reiter – ausschließlich Männer – teilnehmen. Diese prächtige Bittprozession geht auf ein Gelöbnis im Jahre 1412 zurück und lockt heute viele Besucher aus nah und fern an.
Damals, zu Beginn des 15. Jahrhunderts, machten noch Wegelagerer und Räuber die Straßen unsicher und als man den Pfarrer von Kötzting zu einem sterbenden Mann nach Steinbühl rief, um diesem die Sterbesakramente zuteil werden zu lassen, zögerte der Geistliche. Die Nacht war bereits hereingebrochen, man munkelte von einer schlimmen Bande, die sich in den Wäldern um Kötzting häuslich eingerichtet hatte. Der Pfarrer wusste, dass er ohne Schutz und Beistand nicht heil nach Steinbühl gelangen konnte. Da boten sich einige mutige Kötztinger Burschen an, ihn auf dem beschwer-

lichen Weg zu begleiten. Alles ging gut. Der Sterbenskranke konnte beruhigt für immer die Augen schließen und die Halunken im Unterholz wurden mit ein paar gezielt gesetzten Schwerthieben in die Flucht geschlagen. Von diesem Tage an gelobten die Bürger von Kötzting, diesen Ritt jedes Jahr zu wiederholen.
Freilich, heutzutage ist die **Prozession** ungleich prächtiger als damals. Kreuzträger, Laternenträger und Fanfarenbläser führen den Zug an. Es folgt die Geistlichkeit mit Mesner und Ministranten und zu guter Letzt vervollständigen der **Pfingstbräutigam** und seine Brautführer das Bild. An vier Stationen wird Halt gemacht und das Evangelium verkündet; der Rosenkranz wird gebetet und das **Tugendkränzchen** kommt zum Einsatz.
Das Tugendkränzchen, im Volksmund auch **Pfingstkranzl** genannt, hat seinen eigentlichen Auftritt erst nach der Wallfahrt, wenn Ross und Reiter gegen Mittag wieder in Kötzting angekommen sind. Bis dahin trägt der Geistliche Offiziator das filigran gearbeitete Gebilde mit sich und erteilt damit seinen Segen. Zum Abschluss des Pfingstrittes wird das »Kranzl« feierlich dem Pfingstbräutigam übergeben, der übrigens ledig, katholisch und waschechter Kötztinger sein muss.
Nun ist es an ihm, sich eine **hübsche Braut** und zwei gestandene Brautführer auszuwählen. Am Nachmittag ziehen dann Braut und Bräutigam gemeinsam durch die Stadt und wie es sich für eine zünftige Hochzeit gehört, wird anschließend so richtig gefeiert. Sowohl die Braut als auch die Brautführer müssen ebenfalls katholisch und ledig sein; früher waren sogar nur Jungfrauen und Jünglinge erlaubt, doch von dieser Vorschrift hat man sich mittlerweile verabschiedet.
Wer am Pfingstmontag keine Zeit hat, sich dieses tolle Schauspiel anzusehen, dem sei ein Besuch im Pfingstritt-Museum empfohlen. In einem klitzekleinen Raum auf der **Kötztinger Kirchenburg** kann man in gläsernen Schaukästen ein Hochzeitskleid, Tugendkränzchen und Pferdeschmuck bewundern. Im Gästebuch haben sich einige Spaßvögel verewigt, im Fußboden gähnt das »Angstloch« – Gefangene wurden früher durch dieses Loch gestoßen und

dann ihrem Schicksal überlassen – und von der Burgmauer schweift der Blick weit übers Land.

Zum Schluss wenden wir uns noch den alten, fast vergessenen Pfingstbräuchen zu, die ihre Ursprünge im Heidentum haben. Haben Sie zum Beispiel schon einmal was vom **Pfingstl** gehört? Jenem von Kopf bis Fuß in grünes Blätterwerk gehüllten Kauz, der, mit einem Schöpflöffel bewaffnet, von Haus zu Haus geht. Lediglich in der Gegend um Cham und um Regen herum kann man ihm heute noch begegnen, dem Pfingstl. Begleitet wird dieser lebende »Laubhaufen« von jungen Burschen, die in ihren Händen die **Pfingstruten** halten, mit bunten Papierschnipseln geschmückte Zweige.
In Oberbayern folgten dem Pfingstl früher grundsätzlich drei hübsche Mädchen, mit Körbchen am Arm; dahinter sangen und juchzten zehn Paare. Dieser seltsame Zug begehrte nun in jedem Haus Einlass, um in den guten Stuben aufzutanzen, dabei hatte der Pfingstl das Kommando. Anschließend wurde die lustige Schar mit Eiern und Geld belohnt und der Pfingstl segnete zum Dank das Haus und seine Bewohner.
Eine dem Pfingstl verwandte Gestalt war früher auch der **Holledauische Wasservogel**, der, wie es der Name schon verrät, in der Gegend um Pfaffenhofen zu Hause war. Um dem »Wasservogel« einen adäquaten Lebensraum zu schaffen, wurde damals der Dorfbach aufgestaut. Währenddessen ritten zwei Burschen durch den Ort und sammelten Geld und Eier, dann ging es unter Juchzen und Jodeln zum künstlichen Teich, in dem sich mittlerweile zwei Mädchen postiert hatten. Zwischen den beiden jungen Männern ritt nun der **Wasservogel**, der unserem Pfingstl recht ähnlich sah, mit seinem Gewand aus Birkenzweigen und einer Maske aus Rinde vor dem Gesicht. Am Tümpel angelangt, glitt der Vogel vom Pferd und stieg zu den beiden Mädchen ins Wasser. Dort wurde ihm die Maske abgenommen und dann tauchten die drei mehrmals vollständig unter. Anschließend schwang sich unser »Vogel« tropfnass wieder aufs Pferd und ritt Böller schießend und im wilden Galopp davon.

Wasser galt immer schon als Zeichen der **Fruchtbarkeit** und gerade zur Pfingstzeit soll es über eine besondere Segenskraft verfügen. Die dargebrachten Eier sind uralte Sinnbilder des Lebens und das grüne Kleid symbolisierte früher den besiegten Winter. Noch heute kennt man in Niederbayern in der Gegend um Freyung (Landkreis Freyung-Grafenau) den Brauch des **Wasservogelsingens**, bei dem auf junge Mädchen und Burschen, die Spottverse singend durch den Ort ziehen, kaltes Wasser von Balkonen und Fenstern aus gekippt wird, um sie zum Schweigen zu bringen.
Am Ende soll noch vom guten alten **Pfingstochsen** die Rede sein. So wird derjenige gemeinhin bezeichnet, der am **Pfingstsonntag** am längsten schläft und als Letzter aus den Federn kommt. In früheren Zeiten gab es mancherorts tatsächlich vierbeinige Pfingstochsen, extra für die Pfingstzeit gemästete Tiere, die, bevor sie als Festtagsbraten auf den Tisch kamen, in einer feierlichen Prozession durchs Dorf getrieben wurden.

Rau- und Rauchnächte

Von weiter Ferne ist donnerndes Hufgetrampel zu hören. Sie kommen immer näher! Der Wind ächzt und kreischt; die Nacht ist klirrend kalt. Der Mond leuchtet fahl und weiß wie eine Totenmaske. Schreie und Gelächter, übernatürlich und nicht von dieser Welt, lassen das Mark in den Knochen zu Eis erstarren. **Knallende Peitschen** zerreißen die stechende Luft und das Geheul der unsichtbaren Menge, vermischt mit dem Schnauben hunderter Pferde, zeigt an, dass sie jetzt schon ganz nah sind. Vielleicht schon über unserem Haus?

Es ist **Raunacht** und die **Percht** ist mit ihrem unheimlichen Gefolge unterwegs. Die **Wilde Jagd** reist um die Welt auf der Suche nach umherirrenden Seelen. Es heißt, in den Raunächten öffnet sich das Tor zur Geisterwelt. **Zwölf Nächte** lang, von Heiligabend bis Heiligdreikönig, treiben Druden, Hexen, Kobolde und viele andere seltsamen Geschöpfe ihr Unwesen auf der Erde.

Frau Percht, manchmal auch »Perscht« genannt, die mächtige Göttin der Unterwelt, fährt auf ihrem Wagen, gezogen von schäumenden Rössern, durch die Nacht. »Perchta« (= die Leuchtende) trägt dabei zwei Gesichter zur Schau: ein gütiges menschliches Antlitz und eine grässliche, verzerrte Fratze. Sie symbolisiert die wieder aufstrebende Sonne nach der **Wintersonnwende** (→ Sonnwend) – aus diesem Grund wird der Beginn der Raunächte manchmal auch auf die Nacht vom 20. auf den 21. Dezember, auf die **Thomasnacht**, gelegt – und sie steht gleichzeitig für den Tod.

Ähnlich dem **Boandlkramer** geleitet sie die Seelen der Verstorbenen auf ihrer letzten Reise ins Jenseits (→ Tod).
Frau Percht bestraft während der Raunächte böse, faule und nachlässige Menschen; und sie beschützt besonders Frauen und Kinder. Einem **alten Volksglauben** nach nimmt sie sich vor allem der Seelen von ungetauften Kindern an. Die armen Kleinen dürfen auf dem Wagen der Göttin mitfahren und mit dem wilden Heer durch die Nächte brausen. Es heißt, dass in den Raunächten die Mütter ihre verstorbenen Kinder noch einmal sehen können. Die unschuldigen Buben und Mädchen klopfen dann sacht an die Türen der Häuser, wo sie einst geboren wurden. Mit großen klaren Augen stehen sie barfuß im Schnee. Nennt die Mutter ihr Kind laut beim Namen, dann ist es erlöst und muss nicht mehr länger mit der alten »Perscht« auf Reisen gehen.
Vielen von uns ist Frau Percht auch unter dem Namen **Frau Holle** bekannt. Doch wer weiß schon, dass die bettenlüftende alte Dame eine Göttin ist? In manchen Gegenden Deutschlands nennt man sie auch **Frau Harre** oder **Holda** und **Hulda**. Die Raunächte heißen dort die **krummen Tage**. Während der »krummen Tage« wurde früher nicht gesponnen, weil man Angst hatte, dass Frau Holle die Wolle verunreinigen würde. Auch die Haare wurden nicht geschnitten. Außerdem hüteten sich unsere Vorfahren davor, in jener Zeit Hülsenfrüchte zu essen, weil man fest davon überzeugt war, dann an einem todbringenden Geschwür zu sterben.
Noch heute geht so mancher Gärtner in den Nächten der »krummen Tage« hinaus zu seinen Obstbäumen, um sie zu schütteln und zu umarmen. Dadurch sollen die Säfte angeregt werden, um im folgenden Herbst eine gute Ernte zu erzielen. Der **Brauch des Bäume-Schüttelns** ist auch in Bayern weit verbreitet. Überhaupt gibt es während der Raunächte eine Fülle von Ritualen, Orakeln und Bräuchen, deren Ursprünge alle aus heidnischer Zeit stammen.
Der Begriff **Raunacht** leitet sich vermutlich – denn ganz sicher ist man sich nicht – aus dem althochdeutschen »ruh« ab. Das Wort ruh bedeutet ursprünglich »rau«, »haarig« und »pelzig« und man

geht davon aus, dass damit das haarige Fell der **Perchten** gemeint war, jener wilden Gesellen aus den Bergen, denen wir auf nachstehenden Seiten noch begegnen werden. Es kann allerdings auch sein, dass das Wort Raunacht seinen Ursprung im Ausräuchern von Stall und Hof hat.

Den bösen Geistern mit wohlriechendem Rauch Paroli zu bieten hat eine lange Tradition, und das nicht nur in Bayern. In vielen Religionen und bei den meisten Naturvölkern ist das Räuchern gegen finstere Mächte bekannt. Die **Christnacht**, die **Silvesternacht** und die Nacht auf **Heiligdreikönig** (→ Weihnachten, → Silvester, → Heiligdreikönig) werden im Alpenraum – neben der Bezeichnung Raunächte – auch Rauchnächt oder Rauchabende genannt. In diesen Nächten treiben es die Unholde aus der mystischen Welt besonders wild, sodass man unbedingt Haus und Hof mit Rauch segnen und reinigen sollte.

An einem **Rauchabend** geht man mit Weihrauch und Myrrhe durchs Haus und betet dabei den Rosenkranz. Eine segnende Wirkung haben auch die getrockneten Blätter der Rose oder das Mariengras. Zum Reinigen der eigenen vier Wände nimmt man zum Beispiel Beifuß, Lavendel oder Engelwurz. Natürlich schadet es nicht, auch in den verbleibenden neun Raunächten etwas Räucherwerk zu verbrennen. Doch es gibt auch genügend andere magische Rituale, die Sie zum Schutz vor unliebsamen Besuch anwenden können.

Wenn Sie des Nachts schon einmal von einer **Drud** heimgesucht wurden, dann haben Sie am eigenen Leib erfahren, was das bedeutet! Und ich kann mit Sicherheit davon ausgehen, dass an Ihrem Türstock bereits ein Drudenfuß prangt. Die grausige Drud hat eine ganz besondere, für uns Menschen recht unangenehme Eigenschaft: Sie kann sich so schmal und dünn machen wie ein Strohhalm, um sich so durch die Türritzen hindurchzuschlängeln. Ist sie einmal in einem Schlafzimmer angelangt, dann kann das für den Bewohner desselben ziemlich unangenehm werden, und vor allem – es gibt kein Entrinnen mehr! Die Drud wird sichtbar und setzt sich auf Ihre Brust. Bis dahin haben Sie tief und wohlig geschlafen. Jetzt drückt Ihnen jemand mit kalten, knorrigen Fingern die Kehle zu, dass nur mehr ein gequältes Röcheln aus Ihrem Inneren kommt. Die Drud ist ein **Nachtgeist**, der den Menschen schlimme Albträume beschert. Sie werden diese Nacht zwar überleben, danach aber basteln Sie sich vielleicht doch aus Zweigen und Ästen noch einen **Drudenfuß** (→ Hexen).

Den fünfsternigen Drudenfuß, auch als **Pentagramm** bekannt, verwendete man bereits in der Antike als magisches Zeichen gegen jegliche Art von Dämonen. Besonders beachten sollte man aber beim Anbringen an Haustür, Bett, Stall oder Wiege, dass eine der Spitzen genau nach oben zeigt. Weist sie nach unten, wird dieser Fünfstern zum Zeichen des Teufels. Ebenfalls als eine große Hilfe gegen Plagegeister aller Art hat sich das umgekehrte Aufstellen eines Besens erwiesen. Der buschige Teil, mit dem man normalerweise den Fußboden kehrt, zeigt also nach oben.

Wer nun aber in den Raunächten partout seine **frisch gewaschene Wäsche** draußen aufhängen will, dem ist wirklich nicht mehr zu helfen: Selbst ein umgedrehter Besen verliert in diesem Fall seine Wirkung. Erstens wird das Zeug bei der Kälte ewig nicht trocken und zweitens – und das wiegt ungleich schwerer – kann sich leicht die **Wilde Jagd** darin verfangen. Der Wäschekeller empfiehlt sich in dieser Hinsicht auch nicht, denn vielleicht ist mittlerweile schon ein kleiner Hausgeist bei Ihnen heimisch geworden, weil Sie vergessen haben, rechtzeitig zu räuchern. Der arme Kerl verwickelt sich dann in der sauberen Wäsche und Sie erschrecken womöglich zu Tode. Also, am besten gar nicht waschen zwischen **Heiligabend** und **Heiligdreikönig**!

Um erst gar nicht in die Verlegenheit zu kommen, einer **Hexe** ins Antlitz starren zu müssen, empfiehlt sich während der Raunächte das tägliche Essen von neun verschiedenen Speisen. Kommt man trotz dieser Vorsichtsmaßnahme durch Zufall dazu, gerade in diesen Tagen neunerlei verschiedene Arten von Holz zu berühren, dann war alles für die Katz': Mit einem lauten Knall offenbaren sich dann die Hexen in Ihrer unmittelbaren Umgebung – alle auf einmal.

In einer der wichtigsten Raunächte, der **Christnacht**, geschieht neben der Geburt des Heilands ein zweites Wunder, das von uns Menschen in der Regel nicht bemerkt wird. Alle Tiere können in der Heiligen Nacht sprechen. Wer allerdings versucht, ihnen zuzuhören, der wird den nächsten Tag nicht mehr erleben!

Es versteht sich von selbst, dass das liebe Vieh in jener besonderen Nacht eine Extraportion Futter bekommt. Und damit den mitternächtlichen Plausch keine Hexe stört, legt man den Tieren ein Messer oder andere scharfe Gegenstände in die Futterkrippe. Als ein recht wirksames Mittel gegen neugierige **magische Geschöpfe** hat sich auch das Blasen in die Nasenlöcher der Tiere erwiesen. Anschließend machen der Bauer oder die Bäuerin noch Kreuzzeichen über den diversen Nasen, Rüsseln und Nüstern – und der Kaffeeklatsch der Vierbeiner kann beginnen.

Unzählige **Rituale** und **Bräuche** bereichern zusätzlich die Christnacht. Vieles ist längst in Vergessenheit geraten; vieles, was heute noch praktiziert wird, stammt aus heidnischer Zeit. Doch Weihnachten ist in diesem Buch ein eigenes Kapitel gewidmet, sodass wir uns wieder getrost den anderen Raunächten zuwenden können.

Übrigens teilt sich **Frau Percht** die stressige »Seelentreiberei« mit **Wotan** (Wode), der im Norden sein Heer durch die Lüfte scheucht. Der mächtige Gott lenkt keinen Wagen, sondern reitet auf einem großen, dreibeinigen Schimmel. Im Schlepptau hat er, neben Geistern und Dämonen, verzauberte Raben, Waldtiere und vierundzwanzig Furcht erregende Hunde. Es kommt vor, dass einer dieser Hunde der Meute nicht mehr folgen kann und japsend liegen bleibt. Fassen Sie ihn um Himmels willen nicht an! In der Regel holt ihn Wotan in der darauf folgenden Nacht wieder ab.

Mit **Abwehrzauber** und bestimmten Regeln lassen sich die Raunächte eigentlich recht gut überstehen. Einige Rituale haben wir nun kennen gelernt, doch das war noch längst nicht alles. So tut man zum Beispiel gut daran, in den Raunächten nicht allzu laut die Türen hinter sich zuzuschlagen; das zieht angeblich Blitz und Donnerwetter nach sich. Wer morgens gut gelaunt aus dem Bett steigt und dabei ein kleines Liedchen pfeift, den trifft das Unglück

mit voller Breitseite. Lüften Sie auch keinesfalls Ihr Bettzeug während dieser Zeit auf dem Balkon, sonst droht eine schwere Erkrankung. Also, lieber zwölf Nächte im eigenen Mief schlafen.
Grundsätzlich gilt: Die Arbeit sollte während der Raunächte ruhen. In dieser Zeit des Müßiggangs kann man dann ein bisschen **orakeln**, in die Zukunft schauen und vom großen Glück träumen. Zudem entfalten **Heilkräuter** jetzt ihre größte Wirkung. Wer wissen möchte, wie das Wetter im kommenden Jahr wird, der kann sich als Wetterfrosch betätigen. Die Witterung in den zwölf Tagen der Raunächte ist gleichzusetzen mit dem Wetter in den nächsten zwölf Monaten (→ Wetter).
Das männliche Geschlecht wirft in den Raunächten gerne mit Pantoffeln um sich. Aus der Richtung, wohin die Schuhspitze zeigt, wird die zukünftige Ehefrau in Erscheinung treten. Und der **Pantoffelwerfer** wird zum Pantoffelhelden. Frauen haben andere Möglichkeiten, ihren Liebsten auszumachen. Sie ritzen zum Beispiel eine geschälte Zwiebel an und geben Salz darüber. Das »Gesicht«, das danach über Nacht entsteht, soll dem Zukünftigen ähneln. Auch das in der Oberpfalz so beliebte **Apfelkernzählen** (→ Silvester) soll eine zuverlässige Methode für Liebesweissagungen sein.
Wir überlassen nun das Orakeln den Abergläubischen und gönnen uns zum Schluss noch etwas fürs Auge. Die Raunächte sind in Bayern und im angrenzenden Österreich die Zeit der **Perchtenläufe**. Vor allem in den letzten sechs Tagen – zwischen Silvester und Heiligdreikönig – wird die Geisterschar um Frau Percht, daher auch der Name **Perchtenlauf**, für uns alle sichtbar. Überall im Land finden schaurig-schöne Umzüge statt; lautstark umrahmt vom Peitschen der **Aperschnalzer** (→ Goasslschnalzen), dem Gebimmel hunderter Glocken und dem dumpfen Knallen der **Böllerschützen** (→ Schützen). Termine und Veranstaltungsorte, wie zum Beispiel die **große Raunacht** in Niederbayern, finden Sie zuhauf im Internet.
So ein Perchtenlauf ist für die Zuschauer ein unheimliches Erlebnis. Riesige, Furcht einflößende Masken kommen ganz nahe, bli-

cken zornig, traurig und hasserfüllt in die Menge. Tanzende Derwische jagen durch die Straßen, erschrecken Frauen und Mädchen und treiben Kinder weinend in die Arme ihrer Väter. Die Perchten sind in einzelne Gruppen, so genannte **Passen**, eingeteilt. Die **Schönperchten** schreiten majestätisch und entrückt im Zug dahin. Sie sind Waldgeister, zuständig für Tanz und Musik. Kleine Spiegel und Flitterkram an ihren Masken wehren die bösen Geister ab und verkörpern das Gute. Ganz anders die **Schiachperchten**. Vor diesen wilden Gesellen mit ihren albtraumhaften Gesichtern ist niemand sicher, nicht einmal die bösen Hexen und Dämonen selbst. Die »Schiachperchten« sollen die Geister glauben lassen, dass dieser Ort schon von bösen Mächten besetzt ist und sie sich einen anderen Platz zum Spuken suchen sollen.

Dann gibt es noch die **Schlenzer**, ebenfalls recht grausig anzuschauende Zeitgenossen, die sich voller Lust in die Menge stürzen und alles jagen und erschrecken, was zwei Beine hat. Den Schlenzern, die genau genommen zur Gruppe der **Schiachen** gehören, sagt man nach, dass sie mit ihren grotesken Sprüngen die Ernte vorhersagen können. So hoch wie ein Schlenzer springt, so hoch wird im kommenden Jahr das Getreide auf den Feldern stehen. Diese wilden Gesellen haben oft auch einen Reisigbesen dabei, mit dem sie auf die Bäuche junger Mädchen schlagen. Es heißt, dass die Unglücklichen daraufhin ein Kind vom Schlenzer erwarten.

Nichtsdestotrotz ist so ein **Perchtenlauf** eine Riesengaudi. Mit viel Lärm wird der Winter vertrieben, obwohl es meist erst im Februar so richtig zu schneien beginnt; den Geistern wird jedenfalls das Fürchten gelehrt und das ist doch die Hauptsache.

Schalk

Bei dem Begriff **Schalk** denken viele von uns mit Sicherheit zuerst an schwarz gewandete Frauen mit weit ausgeschnittenen Oberteilen, aus denen rote oder rosa Blumen sprießen wie aus einem Balkonkasten. Anderen wiederum kommt vielleicht ein Scherze treibender Narr in den Sinn. Wer denkt bei »Schalk« auch schon automatisch an ein **Festtagsgewand**, außer er – genauer gesagt sie – hat ein solches zu Hause im Kleiderschrank hängen! Beide Definitionen haben natürlich ihre Berechtigung, wobei wir uns auf diesen Seiten mit der Frauenbekleidung beschäftigen werden.

Der Schalk wird heute in Bayern im Grunde fast nur noch entlang der Alpenkette getragen, und zwar ungefähr zwischen Tölz und Berchtesgaden. Einen Plural hat es übrigens offiziell lange nicht gegeben. Da musste erst das TIZ, das Trachten-Informations-Zentrum im oberbayerischen Benediktbeuern, den Machern vom Duden unter die Arme greifen. Gemeinsam kreierte man **die Schälke** und so steht es auch heute im Duden für die deutsche Rechtschreibung. Natürlich gibt es auch eine adäquate Bezeichnung im Dialekt. »Schoik«, Plural »Schaik«, wird er da genannt.

Der Ursprung des Wortes als Bezeichnung für ein Kleidungsstück liegt im Dunkel der Geschichte; keiner weiß mehr, warum der Schalk eben Schalk heißt. Dass er nicht das komplette Ensemble, sondern die **kurze Schoßjacke**, also das Oberteil, bezeichnet, wissen vielleicht schon ein paar mehr. Zumindest den Trachtenschneiderinnen, die Schälke heute noch herstellen, kann man dies unterstellen.

Zu Beginn des 19. Jahrhunderts entwickelten sich die ersten Schoßjacken, also kurze Jäckchen mit Schoß oder Schößchen am Rücken, die auf dem Land sowohl von Männern als auch von Frauen gleichermaßen getragen wurden. Etwa 1830/40 kam dann der Schalk auf, eine ebenso kurze Jackenform, die ausschließlich über der Bluse oder dem Mieder zu Rock und Schürze getragen wurde. Das **Mieder** ist ein ärmelloses, eng anliegendes Oberteil mit Trägern, das in der heutigen Trachtenmode fast ausschließlich als Obergewand getragen wird. Um 1850 trugen die Bauersfrauen den Schalk dann nicht mehr als Jäckchen oben drüber, sondern als eng anliegendes, hochtailliertes und **geschlossenes Oberteil** in Kombination mit erwähntem Rock und passender Schürze. Ein Tuch über den Schultern vervollständigte das fesche Bild.

Einen richtigen Siegeszug hat diese Modeform nie angetreten, schon vor 1900 wurde der Schalk in vielen Regionen Bayerns zum Beispiel vom **Spenzer** verdrängt, einem eng anliegenden Frauenoberteil mit einem Schoß, der über dem Rock und in der Regel unter der Schürze getragen wird. Der Spenzer gehört wie der Schalk zu den Schoßjacken. Im Voralpenland, in Teilen Frankens und in manchen Gegenden Österreichs wird der Schalk jedoch heute noch getragen; immer in der gleichen Zusammenstellung versteht sich – hoch angesetztes Oberteil mit der so genannten **Garnier**, den reichen Verzierungen rund um den Ausschnitt, bodenlanger Rock und lange Schürze – stark regional geprägt.

Dabei hält auch allmählich in der Farbgebung wieder langsam etwas Fröhlichkeit Einzug. Schwarz eingefärbt war der Schalk nämlich im Grunde erst ab der Jahrhundertwende; in manchen Gebieten Bayerns schon ab 1880. Zu Beginn des 19. Jahrhunderts konnte man noch keine einheitliche Linie bei der Farbgebung des Gewandes erkennen. Um 1850 schwelgte man aber noch in bunten, ja grellen Tönen, wobei Schalk und Rock immer in einer einheitlichen Farbe daherkamen.

Heute geht der Trend nach langen »dunklen« Jahren wieder hin zum Bunten, wenn auch sehr gedeckt und ganz zaghaft. Den eingangs erwähnten großzügigen **Balkon** findet man übrigens in unseren Tagen nur mehr dezent ausgearbeitet. Der üppigere Vorbau hatte seinen Ursprung in den verkitschten 50er-Jahren. Die Brust derart zu betonen ist im 21. Jahrhundert nicht mehr en vogue, aber eine Reihe frischer Blumen darf auch heutzutage nicht fehlen. Bei der Verzierung, der **Auszier**, des Ausschnitts unterscheidet man zwischen stehender und liegender **Garnier**.

Auf dem Land ist der Schalk wieder ein **beliebtes Hochzeitsgewand** geworden und auch zu allen anderen kirchlichen Festen wird er von verheirateten Frauen gerne getragen. Unverheiratete Frauen tragen traditionell das **Miedergewand** zu feierlichen Anlässen. Und wenn Sie sich jetzt nach dem Studium dieser Zeilen immer noch nicht vorstellen können, wie so ein Schalk nun in natura aussieht, dann empfehle ich Ihnen zu Leonhardi oder Fronleichnam (siehe gleichnamige Kapitel) aufs Land zu fahren; **Schalkfrauen** fehlen dort auf keiner Prozession.

Sich selbst in dieses edle Gewand zu hüllen ist natürlich eine Kostenfrage, mit ein paar Scheinen ist es da nicht getan! Von dreitausend Euro aufwärts bis hin zu fünftausend Euro kostet so ein Prachtexemplar, ohne jegliches Zubehör. Und um den Schalk fachgerecht anzuziehen braucht es ein paar Hände zusätzlich. Allein sind Sie vollkommen aufgeschmissen, obwohl es mittlerweile auch Modelle gibt, in die sich frau ohne fremde Hilfe hineinzwängen kann!

Zuerst kommen das Unterkleid und der Unterrock dran. Danach wird das **Schmiesl**, die weiße, gestärkte Baumwollspitze für den Halsausschnitt angelegt. Es folgt der Rock und dann der eigentliche Schalk. Seine langen Ärmel sind gekraust – beim Mieder sind sie gesmokt – und durch die **reiche Auszier** wirkt er recht steif. Das Oberteil überlappt vor der Brust und wird innen mit Ketten verschlossen, die einen Spielraum von ca. zehn Zentimeter haben. Sollte die Besitzerin dieses Prachtstücks also auf den Rippen etwas zulegen, muss sie deswegen nicht gleich ihren Schalk zum Ändern bringen.

Von außen wird der Schalk mit **feinen Silbernadeln** geschlossen und der Rock wird mit langen, festen Nadeln an das Oberteil gesteckt. Damit das Ganze nicht so farblos wirkt, drapiert man ein helles Seidentuch in den Ausschnitt, dessen Farbtöne sich in der Schürze wiederholen. Am Rücken befestigt man das Tuch mit Nadeln, deren filigrane Köpfe silberne Eicheln bilden. Eine lange Uhrkette läuft entlang der Garnier und den Hals ziert meist eine prächtige Kropfkette (→ Schmuck).

Auf dem Kopf trägt die Schalkfrau in vielen Gegenden einen **Scheibling**, einen flachen Hut mit Reihen aus Goldschnüren, die am Hinterkopf als **weiche Quaste** über den Hutrand fallen. Der Haardutt, die traditionelle Frisur zum Schalk, hat in diesem Fall eine stützende Funktion, denn ohne ihn würde der Scheibling vom Kopf purzeln.

Zu guter Letzt sei noch eine kleine eingenähte Rocktasche unter der Schürze erwähnt. Sie beherbergt den heiß begehrten **Kittlschnaps**. Zu **Leonhardi**, Anfang November, kann es manchmal schon recht frisch werden, ja sogar schneien, da kommt so ein kleiner Flachmann, gefüllt mit Obstler oder etwas anderem Hochprozentigen, gerade recht. Da man über dem Schalk grundsätzlich keinen Mantel trägt – gerade mal ein **Fuchspelz** schützt bei kaltem Wetter den empfindlichen Hals und das üppige Dekolletee –, muss man sich halt von innen aufwärmen.

Schmuck

Der Bayer an sich ist ein durch und durch frommer Zeitgenosse, fest verwurzelt im katholischen Glauben, rechtschaffen und bodenständig – jedenfalls war das früher so. In der **guten alten Zeit** wurde in Altbayern ein solider Glaube gepflegt, der den arbeitsreichen Alltag durchdrang und im **sonntäglichen Kirchgang** seinen Höhepunkt fand – bei den Männern im Grunde nur noch vom anschließenden Wirtshausbesuch übertroffen.

Doch was ist lebendiger Glaube ohne Aberglauben? Dieser kleine, freche Bruder macht das Ganze doch erst so richtig spritzig und spannend! So findet sich neben dem Kreuz so allerhand **Mystisches**, was da um die Hälse baumelt.

Ein gutes Beispiel für ein durch und durch mystisch besetztes Schmuckstück ist natürlich der **Charivari**, den man vorn auch mit »Sch« schreiben darf, also »Scharivari«. Dieses **mächtige Gehänge**, das meist vor den ledernen Hosenställen gestandener Trachtler baumelt, kann man quasi als große »Talisman-Ansammlung« betrachten, wobei die Bedeutungen der einzelnen Anhänger heutzutage ein bisschen ins Hintertreffen geraten sind. Wer weiß beispielsweise noch, dass ein silbern eingefasster Knochensplitter eines **Mankei**, eines Murmeltieres, – übrigens meist der Penisknochen dieses putzigen Bergbewohners – seinem Träger **Fruchtbarkeit** und ein langes Stehvermögen einbringt? Oder dass die Krallen eines alpinen Raubtieres Bärenkräfte und Ausdauer garantieren?

Im Zuge der Gleichberechtigung schmücken sich heute auch Frauen mit einer etwas zierlicheren Form des »Charivaris«, doch eigentlich war dieser Schmuck nur für die Herren der Schöpfung gedacht. Entwickelt hat sich der »Schari« aus der simplen Uhrkette, an der man nach erfolgreicher Jagd kleine Trophäen befestigte, um damit in der Öffentlichkeit zu protzen. Neben Tierhaaren und Zähnen vom Wild, den **Grandln**, klimperten nicht selten, zwischen versilberten Glücksbringern, wie kleinen Hufeisen oder Pferden in Miniaturausgabe, auch vereinzelte Silbertaler vor einem stattlichen Bierbauch, was beweisen sollte, dass sein Besitzer kein armer Mann war. Der Begriff **Charivari** – man hört es schon – kommt vermutlich aus dem Französischen und bedeutet so viel wie »Durcheinander« und »Spektakel« oder wird mit **Katzenmusik** übersetzt.

Was dem Hausherrn früher sein »Schari«, das war der Hausfrau ihr **Beschließerring**. Dieses Schmuckstück baumelte grundsätzlich an jedem Schürzenbund einer Frau, die etwas auf sich hielt und die einem großen Haushalt vorstand. Am »Beschließerring«, der vorn reich verziert war und sich hinten am Rockbund mit einem großen Haken festmachen ließ, waren alle wichtigen Schlüssel des Hauses aufgereiht – ein **Symbol der Macht** über Haus und Hof.

Weit bekannter als der »Beschließerring«, der mittlerweile in seiner eigentlichen Bestimmung längst aus der Mode gekommen ist, ist selbstverständlich die **Kropfkette**, ein eng um den Hals schließendes, mehrreihiges Band aus Erbsketten, das vorn mit einer so genannten **Verschlussplatte** geschlossen wird. Es geht die Mär, dass die »Kropfkette« erfunden wurde, um eventuelle OP-Narben am Hals zu verdecken, doch soweit ich weiß, wurde ein Kropf in vergangenen Zeiten höchst selten operativ entfernt. Nichtsdestotrotz, »Kropfketten« zieren die unterschiedlichsten Hälse fescher Madln. Manchmal verschwinden sie fast in den dicken Falten eines stiernackigen Frauenzimmers oder sie betonen **lange Schwanenhälse** und bilden den schmückenden Abschluss eines zarten Dekolletees.

Wie vieles in der Mode ist auch die »Kropfkette« im Grunde eine Erfindung der Städter, des Bürgertums. Allerdings wand man sich erst einmal **dekorative Samtbänder** als Zierde um den Hals, an denen ein einzelnes Schmuckstück, eine Brosche vielleicht oder ein einfach gearbeitetes Kreuz, befestigt war. Im späten 18. Jahrhundert kam dann allmählich die mehrreihige Kette in Mode, wobei die filigran gearbeitete Verschlussplatte, damals noch erheblich schmaler, seitlich am Hals getragen wurde. Heute prangt das Herzstück direkt vorn knapp unterhalb des Kehlkopfs und ist aus keinem **Trachtenumzug** mehr wegzudenken.

Der Mann hat in Sachen Schmuck neben dem »Charivari« im Grunde nicht mehr viel zu bieten, sieht man mal von **Loferl** und **Gamsbart** (beides → Gamsbart) und den reich bestickten **Ranzen** und **Hosenträgern** (→ Lederhose) ab. Obwohl, so ein von Kopf bis Fuß in Tracht gekleideter Bursche macht auch so etwas her. Heutzutage trägt Mann auch gerne Manschettenknöpfe in Weißgold mit blauen Rauten, fein gearbeitete Hutbroschen für den Trachtenhut oder eigens angefertigte **Gürtelschließen** aus Edelmetall mit Monogramm.

Die Frauen halten sich beim **Trachtenschmuck** da noch eher an alte überlieferte Traditionen. Man denke nur an die lange Uhrkette beim Schalk (siehe gleichnamiges Kapitel) oder an die feinen Silberschnüre, die ein stramm sitzendes Mieder in Form halten und »Gschnür« genannt werden. Früher wurde dieses **Gschnür**, genau wie der »Charivari«, als Talismankette benutzt und diverse Silbermünzen, die auch heute noch ab und zu die Verschnürung zieren, sollten einst zeigen, dass man »sei' Sach« beisammenhatte, sprich reich und gut situiert war. Am Ende dieses »Gschnürs« prangt der **Gschnürpfeil** oder **Gschnürstecker**, der früher dazu diente, die Erbskette durch die zahlreichen Ösen zu ziehen. Da man heute das »Gschnür« nur noch mit Hilfe von Miederhaken am Mieder befestigt, dient der »Gschnürpfeil« ausschließlich dekorativen Zwecken.

Ähnlich fein gearbeitet wie dieses einer Nadel ähnliche Anhängsel, nämlich mit zart vergoldetem Silberdraht und hübschen Halbedelsteinen, ist die **Florschnalle**, die einst ein wesentliches Attribut des Hochzeitsgewandes war. Genau wie die Verschlussplatte der

Kropfkette heute, schmückte sie damals den Hals ihrer Trägerin und hielt kunstvoll das »Flor«, ein zumeist schwarzes Tuch, eng am Hals zusammen. Auch der **Brautgürtel**, eine Art »Keuschheitsgürtel«, der von der Braut um die Hüften getragen wurde, war früher auf einer **alt-bayerischen Hochzeit** gang und gäbe. Nur Jungfrauen mit unbescholtener Moral durften diesen »Ehrenschmuck« anlegen. Dieser Brautgurt war meist Eigentum der Gemeinde und wurde oft in der Kirche aufbewahrt (→ Hochzeit).
Ein **sauber hergerichtetes Dirndl** trägt im aufgesteckten Haar natürlich noch zarte Nadeln, deren Köpfe kunstvoll verschlungene Muster zieren. Und die **Schalknadeln**, mit denen dieses gleichnamige, komplizierte Gewand festgesteckt wird, kommen oft an ihren Enden mit Eicheln daher (→ Schalk). Zarte Schultern werden gerne mit bunten Einstecktüchern aus schillernder Seide bedeckt, die wiederum mit Nadeln in die rechte Position gebracht werden. Und in den Ohrläppchen baumeln manchmal zierliche Gehänge, deren Abschluss eingefasste **Grandln** bilden. Das »Grandl« hat im gesamten Alpenraum Tradition und bezeichnet zumeist den eingefassten Eckzahn einer Hirschkuh. Aber auch die Schneidezähne des »Mankei« sind beliebte »Grandln«, die sich an einem wohlgeformten Ohr oder als Hingucker in einer »Kropfkette« äußerst gut machen.

Schnupftabak

»Hatschi …« Die Nase explodiert, eine Ekel erregende braune Masse verteilt sich explosionsartig im Raum und die junge Frau, die nun aussieht, als wäre ihr ein dichter Schnurrbart gewachsen, ist den Tränen nahe – sie wird disqualifiziert. Bei den **Deutschen Schnupfmeisterschaften** sind die Regeln streng, niesen ist nicht erlaubt und überhaupt sollte man, nachdem man sich eine gewaltige Prise in beide Nasenlöcher gestopft hat, nicht unbedingt aussehen wie Charlie Chaplin. Die Schiedsrichter vergeben nämlich Sauberkeitspunkte für besonders sorgfältiges Schnupfen. In Bayern, und da vor allem im **Bayerischen Wald**, hat das Schnupftabakschnupfen eine lange Tradition. Seit jeher lieben die Waldler ihren **Schmai** und da ist es kein Wunder, dass aus dieser wunderschönen Gegend auch die meisten Meisterschaftsgewinner kommen.

Exakt **fünf Gramm Schnupftabak** muss sich ein Teilnehmer einverleiben, sodass er schließlich aussieht, als hätte er seine Nase mit braunen Wattebäuschen ausgestopft. Ist alles drinnen, müssen er oder sie – mittlerweile machen immer mehr Frauen den Männern die ersten Plätze streitig – das Ganze sechzig Sekunden lang bei sich behalten, erst dann kommt das große Rotzen und Schnäuzen, was, ehrlich gesagt, nicht sehr appetitlich auf die Zuschauer wirkt. Doch lassen wir nun die **Profischnupfer** unter sich und wenden wir uns dem reinen Vergnügen zu.

Für manche Menschen ist das Schnupfen tatsächlich ein Genuss und je länger man sich damit befasst, oder sollte man besser sagen, je intensiver man übt, desto weniger plagt einen der Niesreiz. Im Gegensatz zu den Kontrahenten bei offiziellen Wettbewerben kitzeln nur 0,1 bis 0,2 Gramm **Snuff** oder **Schmai** die Schleimhäute eines Ottonormalverbrauchers. Wobei man das Tabakgemisch nicht einfach nach oben zieht, sondern nur leicht daran schnuppert, als röche man an einer duftigen Rose.

Im **Schnupftabak-Museum** im niederbayerischen Grafenau (Landkreis Freyung-Grafenau) wird dem Laien liebevoll erklärt, was es mit dieser eigenartigen Vorliebe so auf sich hat. Bereits die Chinesen gönnten sich vor tausend Jahren ab und zu eine Prise, um den Kopf frei zu bekommen. Zur Zeit des Dreißigjährigen Krieges hielt man Tabak grundsätzlich für gesund und verkaufte das Zeug als Medizin in Apotheken; Ärzte verordneten Schnupftabak gegen Erkältungen und gegen »schlechte Säfte«. Und schon **Katharina von Medici** ließ sich einst Schnupftabak in edlen Döschen kredenzen, um ihre leidigen Kopfschmerzen in den Griff zu bekommen. Überhaupt war das Schnupfen in diesen Tagen eher ein »Laster« der Adeligen und erst im ausgehenden 17. Jahrhundert entdeckten die einfachen Leute dieses kribbelnde Vergnügen.

Den Unterschied zwischen **Schmalzler**, also dem »Schmai«, und »Snuff« kann Ihnen ein passionierter Schnupfer natürlich im Schlaf erklären. Der Snuff ist in jedem Fall ein sehr fein gemahlener Schnupftabak, der fast immer mit Menthol versetzt ist. **Ätherische Öle** und **Aromastoffe** wie Eukalyptus oder Anis runden das Gemisch manchmal noch ab. Der berühmteste Snuff ist wohl die **Gletscherprise**, bei der winzige Mengen ausreichen, um einem das Gefühl zu geben, die Schädeldecke hebe sich für Bruchteile von Sekunden vom Rest des Kopfes ab.

Einen zweiten wesentlichen Unterschied zwischen Schmalzler und Snuff kann man bereits im Namen erkennen. Der »Schmai« hat einen ungleich höheren Fettanteil und wurde in früheren Tagen tatsächlich mit **Schmalz** angereichert. Heute nimmt man allerdings andere Fette, um das schnelle Ranzigwerden zu verhindern. Er ist grundsätzlich dunkler und gröber als der feine Snuff und wird zum Beispiel mit Dörrobst, Pflaumenmus, Tamarinde, Melasse oder Lakritze verfeinert. In früheren Tagen wurde der Schmalzler oft von den Schustern im Nebenerwerb hergestellt, wobei sich bis heute die alte Mär hält, dass damals **feine Glassplitter** mit in den Tabak hinein verarbeitet wurden, um die Nasenschleimhäute aufzurauen.

Der moderne Schnupftabakkonsument wird heutzutage sogar hochprofessionell von Marketingstrategen begutachtet und dann einer gewissen Zielgruppe zugeordnet. Demnach ist der klassische Schnupfer meist männlichen Geschlechts, bodenständig und eher konservativ in seinen Ansichten. Er lebt in einer festen Beziehung und schätzt **alte Werte** und **Traditionen**. Zweihundert Tonnen Schnupftabak werden pro Jahr in Deutschland verkauft, ein Teil davon geht dabei ins Ausland, zum Beispiel nach Thailand und China. Darunter fällt auch der **weiße Schnupftabak**, ein Gemisch aus Traubenzucker und Menthol, der aber auch bei uns seine Liebhaber hat.

Im Grafenauer Schnupftabak-Museum sind neben den vielen Schnupftabakerzeugnissen der verschiedenen Hersteller – bis zu fünfundvierzig Firmen sind heute noch namentlich bekannt, existieren aber meist nicht mehr – auch riesige Mörser und unendlich viele Schnupftabakbehältnisse zu bewundern. Allen voran natürlich die **Schnupftabakgläser** aus der heimischen Produktion mit ihren runden Bäuchen und den schlanken Hälsen, aber auch Dosen aus Indien, Afrika und sogar der ausgehöhlte Kopf eines schottischen Hochlandschafes, das mit glasigen Augen vor sich hin stiert, wurden über lange Jahre hinweg liebevoll zusammengetragen.

Bleibt im Grunde nur noch zu erwähnen, dass sich das Wort **Prise** aus dem Französischen ableitet; »prendre« heißt nehmen. Ein Mensch, der eine Prise Snuff seine Nase hochjagt, heißt umgangssprachlich **Snuffer** und ein Waldler, der noch in Heimarbeit seinen Schmalzler herstellt, ließe sich lieber die Zunge abschneiden, als dass er seine Spezialmischung verraten würde. Alles in allem ist es mit dem Schnupfen in Bayern wie mit dem Bier trinken – es steckt eine gewisse **Philosophie** dahinter, die für einen Außenstehenden oft unergründlich ist.

Schützen

Den bayerischen Schützen gebührt selbstverständlich ein eigenes Kapitel, dabei gehören sie genau genommen in die Kategorie **Sport und Spiel**, zählen doch die rund viertausendachthundert **Schützengesellschaften** im Freistaat zum drittgrößten Sportfachverband Bayerns. Eine halbe Million Mitglieder sind in Vereinen und Verbänden organisiert und sie alle haben sich neben dem Schießsport der Pflege und dem Erhalt von Brauchtum und Tracht verschrieben. Die Schützen vertreten und repräsentieren, wie kaum eine andere Vereinigung, bei feierlichen Gelegenheiten den **Freistaat** nach außen und so ist es nicht verwunderlich, dass sie bei jedem **Trachtenumzug** mitmarschieren – wobei ausländische Touristen regelmäßig in Verzückung geraten und schnell auf die Auslöser ihrer Kameras drücken – und der bayerische Ministerpräsident traditionell Ehrenkommandant oder Ehrenoffizier der Gebirgsschützen ist.
Angefangen aber hat alles in Belgien, genauer in den Provinzen Brabant und Flandern, jedenfalls stammen von dort historische Urkunden, die im 12./13. Jahrhundert die ersten **Schützenvereine** in Form von Gilden und Bruderschaften bezeugen. Freilich, die Erfindung des Schießpulvers ließ noch etwas auf sich warten und so mühte man sich zunächst einmal mit Pfeil und Bogen ab. Dann kam die **Armbrust** und erleichterte das Ganze erheblich und als dann im 14. Jahrhundert endlich das schwarze Pulver – und mit ihm die **ersten Handfeuerwaffen** – seinen »Siegeszug« antrat, war das gesamte westliche Abendland längst flächendeckend mit Schützenvereinigungen überzogen.

Zu den Aufgaben der **Schützengilden** und **Schützenbruderschaften** zählte früher unter anderem der Schutz der Bürger, aber natürlich auch die Verteidigung der Städte und Dörfer. Als man Ende des 15. Jahrhunderts neben der Armee auch einfache Bauern zur Landesverteidigung verpflichtete, entstanden so die Vorläufer der ersten Gebirgsschützenkompanien, deren Formationen auch **Landfahnen** oder **Landesdefension** genannt werden. Im Grunde unterschied sich das Schützenwesen bis weit in das 16. Jahrhundert hinein erheblich von jeglichem Wehr- oder Kriegsdienst: Schützen wurden zur Brandbekämpfung eingesetzt, sie gaben Hilfeleistung bei Naturkatastrophen und gingen in nächtlichen Straßen Streife. Das änderte sich schlagartig mit dem Einfall der Türken in Wien im Jahr 1529. Plötzlich wurde das Schießen auch in Bayern zum sonntäglich verordneten Pflichtprogramm eines jeden Bürgers, befürchtete der **bayerische Kurfürst** doch einen ähnlichen Schlag innerhalb der Grenzen seines Landes (Breibeck, O. E. u. Bankmüller, W.).

Während des **Dreißigjährigen Krieges** schlug dann die Stunde der Gebirgsschützen. Nachdem schwedische Truppen es geschafft hatten, weit ins bayerische Oberland vorzudringen, standen sie mit einem Mal den heimischen Landfahnen und der Landwehr gegenüber. Es wurde hart und erbittert gekämpft und schließlich gelang es unseren tapferen Schützen, die Männer aus dem hohen Norden in die Flucht zu schlagen.

Mord und Totschlag stehen mittlerweile längst nicht mehr in der Satzung einer **Gebirgsschützenkompanie** und verteidigt wird heutzutage nur noch die **bayerische Volkskultur** mit allem, was dazugehört. Das aber genauso vehement wie einst im 17. Jahrhundert die Landesgrenze nach Tirol. Ja, in so einem Schützenverein kann es durchaus streng zugehen. Da wird auf ein ordentliches, originalgetreues »Gwand« genauso viel Wert gelegt wie auf die Pflege des heimischen Liedguts und auch **Glaube** und **Frömmigkeit** stehen ganz hoch im Kurs.

Damals, im »finsteren« Mittelalter, als sich die ersten Schützengilden bildeten, steckte der christliche Glaube noch in den Kinderschuhen und die findigen Schützen erkoren erst einmal ein, zwei Heilige zu ihren **Schutzpatronen**. Mittlerweile ist die heilige Muttergottes zur obersten Schutzheiligen aufgestiegen. Deswegen haben allerdings weder der **heilige Hubertus** noch der **heilige Eustachius** oder gar der Georg, der Martin, der Sebastian und der **Erzengel Michael** das Nachsehen. Ihnen wird nach wie vor gebührend gehuldigt. Sogar ein paar Frauen haben neben Maria die Aufnahme in den Schützenhimmel geschafft: Ursula, die heilige Barbara und Christine, die Schutzpatronin der **Bogenschützen**, geben sich dort oben ein Stelldichein. Einen eigenen, großen **Patronatstag** hat allerdings nur die Gottesmutter. Am ersten Sonntag im Mai treffen sich alljährlich Gebirgsschützen aus Bayern – vornehmlich aus dem Oberland –, Tirol und Südtirol, um mit einem riesigen Fest ihrer Schutzheiligen zu huldigen (→ Marienfeste).

Schützenfeste veranstalten ist übrigens ein beliebter Zeitvertreib der einzelnen Vereine, denn dann kann ein jeder zeigen, was er rein schießtechnisch so auf dem Kasten hat. Und wer kennt sie nicht, die Bilder der prachtvoll behangenen **Schützenkönige**, die stolz unter grün belaubten Baldachinen ihre Vereine bei einem Umzug anführen. So eine **Ehrenkette** wiegt nicht selten an die fünf Kilo und bleibt ein Jahr im Besitz des Schützenkönigs – oder der Schützenkönigin. Ermittelt wird solch ein König auf Zeit durch einen Wettkampf, bei dem die einzelnen Schützen auf eine weit entfernte Scheibe schießen. Wer am öftesten ins Schwarze trifft oder wenigstens in dessen Nähe kommt, der hat gewonnen. Bunt bemalte **Schützenscheiben**, ob mit oder ohne Löcher, werden gerne in bayerischen Landgasthöfen zum Schmuck an die Wände der Gaststube gehängt – meistens ist der Wirt eh mit im Verein. Schießscheiben kennt man übrigens schon seit der Mitte des 16. Jahrhunderts, davor schoss man auf viereckige Zieltafeln und hölzerne Vögel. Die markanten Ringe zur Orientierung erschienen erstmals im 17. Jahrhundert auf den Scheiben.

Einer, der mit Sicherheit nichts mit dem modernen **Sportschießen** am Hut gehabt hätte, ist der sagenumwobene **Wildschütz Jennerwein**. Ja, auch solche Schützen hat es früher gegeben, verwegene Wilderer, die in den Bergen ihr Unwesen trieben und den Jägern dreist das Wild vor der Flinte wegknallten. Mit dem Jennerwein nahm es bekanntlich ein schlimmes Ende, er wurde hinterrücks am **Peißenberg** erschossen.

Doch überlassen wir unseren Wildschütz nun seinem unausweichlichen Schicksal und kommen wir zum Schluss noch zum **Böllerschießen**. Diese Form des Krachmachens wurde in früheren Zeiten oft zum Vertreiben von Dämonen und Geistern, besonders nach einem langen und schweren Winter, eingesetzt (→ Rau- und Rauchnächte, → Silvester, → Weihnachten). Das traditionelle **Neujahrsschießen** in vielen Orten erinnert zum Beispiel noch an diesen alten Brauch. Daneben gibt es noch einige Gründe mehr, mal wieder richtig viel Lärm zu machen: Geböllert wird, oder besser wurde einst, zum Verscheuchen ungebetener Tiere in den Feldern, Nachrichten wurden so über eine große Distanz verbreitet und aufziehendes Unwetter in seine Schranken verwiesen. Grundsätzlich kann man sagen, dass das Böllerschießen immer besonderen Anlässen vorbehalten ist und dass nicht nur die Bayern Spaß daran haben. In Italien werden sogar alljährlich professionelle »Böller-Konzerte« veranstaltet. Doch so weit müssen Sie gar nicht fahren, um sich einen handfesten Gehörschaden zuzuziehen. In Berchtesgaden können Sie zum Beispiel jedes Jahr an Heiligabend den Böllerschützen beim traditionellen **Weihnachtsanschießen** über die Schulter schauen (→ Weihnachten).

Beim Böllern finden richtige Kanonen Verwendung, aber auch **Standböller** sind oft und gerne im Gebrauch. Die sind so laut, dass das Trommelfell ungeschützt durchaus in Mitleidenschaft gezogen werden kann. 400 Gramm Schießpulver werden in so einen Standböller in der Regel gestopft, da sind die etwas plump aussehenden Hand- oder Schaftböller mit an die 120 Gramm schon etwas sparsamer im Verbrauch – laut sind auch sie!

Seher

Vor dem geduckten alten Haus parken ein paar Kinderwägen, ein bunter Ball liegt im blassen Gras des beginnenden Frühlings und die verrosteten Ketten einer Schaukel knarzen leise im frischen Wind. Das Geburtshaus des **Mühlhiasl**, die ehemalige **Apoiger Mühle**, liegt am Ende eines kurzen, matschigen Feldweges, der seinen Namen trägt. Ansonsten weist hier recht wenig auf den berühmten **Waldpropheten** hin, hier in Hunderdorf (Landkreis Straubing-Bogen), am Rande des Bayerischen Waldes.

Als Matthäus Lang erblickte der bekannteste Seher Bayerns im Jahr 1753 als fünftes Kind eines Müllerehepaares in Apoig, nicht weit von Windberg mit seinem Prämonstratenserkloster, das Licht der Welt. Als Mühlhiasl ging er später in die Annalen ein. Noch später dann, als er um die Jahrhundertwende herum seine Frau Barbara verlassen hatte, um auf Wanderschaft zu gehen, kannte man ihn auch unter dem Namen **Stromberger**. Kurze Zeit später ließ er sich wieder nieder, um unterhalb des magischen Berges **Rabenstein** im gleichnamigen Ort (Landkreis Regen) seine Prophezeiungen der Welt kundzutun. Heute heißt der 974 Meter hohe Rabenstein Hennenkobel und auf ihren »Stoaberger«, so die Dialektfassung, lassen die Menschen hier in diesem entlegenen Winkel nichts kommen, auch wenn er schon etwas sonderbar war, seinerzeit, dieser bärtige Waldkauz mit seinem schrulligen Holzstecken, in den eigenartige Zeichen eingeschnitzt waren – zu sehen im Museum zu Zwiesel.

Der **Bayerische Wald** brachte immer schon besondere Menschen hervor und tatsächlich kommen aus diesem Eck auch die berühmtesten Hellseher und Visionäre. Da ist zum Beispiel heute noch die Rede vom **Blinden Jüngling**, der einst im angrenzenden Böhmerwald bekannt war wie ein bunter Hund. Oder denken wir nur an die sagenumwobene Wanderseherin **Sibylle Weis**, die, eigentlich in Franken beheimatet, im 13. Jahrhundert den Raum der heutigen Oberpfalz mit ihren Prophezeiungen beglückte.

Die edle Sibylle – sie lebte zeitweilig auf einem Schloss – beschränkte sich mit ihren Vorhersagen eher auf regionale Begebenheiten und auch unser Mühlhiasl zog seine Schlüsse meist aus dem unmittelbaren Geschehen und Leben, das um ihn herum stattfand. Beiden gemein ist jedoch der Hinweis auf den mit Sicherheit stattfindenden **Weltuntergang**. Und glaubt man den Fachleuten, die sich ausgiebigst mit den **Prophezeiungen** des Waldpropheten auseinander gesetzt haben, dann wusste unser Hiasl ganz genau über die beiden Weltkriege und sogar über die aktuelle Steuermisere Bescheid. Er sagte uns ein flächendeckendes Straßennetz voraus; er sprach von fliegenden Maschinen am Himmel und malte uns den »Supergau« in den schrecklichsten Farben aus. Demnach wird einmal ein schillerndes, fast durchsichtiges Gas, einer riesigen Blase gleich, über den Bayerischen Wald heranziehen und – fast – alles Leben vernichten. In Anbetracht von Tschernobyl bewegt sich diese Prophezeiung durchaus im Rahmen des Möglichen.

Matthäus Lang starb vollkommen verarmt im Jahr 1809. Allen, die es wissen wollten, erzählte er noch kurz vorher, dass er als Toter der Menschheit noch einen letzten Wink geben werde. Und tatsächlich, als man den Leichnam im Sarg abtransportierte, brach auf einer Brücke die Achse des Fuhrwerks. Der Deckel sprang auf und der steife Arm des Mühlhiasl reckte sich wie der mahnende Fingerzeig Gottes senkrecht in die Höhe. Seine letzte Ruhe fand dieser ungewöhnliche Mann außerhalb der Zwieseler Friedhofsmauern.

Nicht minder bewandert in der Kunst des Wahrsagens war **Alois Irlmaier** aus Freilassing (Landkreis Berchtesgadener Land). Als rechtschaffener Brunnenbauer und Wasseradernsucher verdiente der brave Irlmaier (1894–1959) für sich und seine Familie das tägliche Brot.

In einem Zeitraum von fünfundzwanzig Jahren entdeckte er über siebenhundertfünfzig unterirdische Quellen allein unter Zuhilfenahme seiner ausgestreckten Hände. Seine **hellseherischen Fähigkeiten** entdeckte er, nach eigenem Bekunden, im Jahr 1928, als ihm die heilige Muttergottes höchstpersönlich erschien. Während dieser Vision offenbarten sich ihm Ort und Zeitpunkt seines eigenen Todes.
Nachdem sich herumgesprochen hatte, dass der Alois quasi ein zweites Gesicht hatte, konnte er sich, sehr zu seinem Leidwesen, vor Anfragen nach der Zukunft kaum mehr retten – man rannte ihm buchstäblich die Bude ein. Und als sich am Horizont das Unglück des Zweiten Weltkrieges anbahnte und immer mehr verzweifelte Leute um seine Hilfe baten, wurde es dem armen Mann schließlich zu viel. Er zog sich immer mehr zurück, lebte einfach und bescheiden in einem kleinen Häuschen und lehnte sogar die Einladung eines amerikanischen Ölmultis ab, ihm in den USA hellseherisch beim Ölsuchen behilflich zu sein (Binder, Egon M.).
Nach wie vor aber klopften wildfremde Menschen an die Türe des Alois Irlmaier, der mit seinen hellen, blauen Augen wachsam und doch schüchtern in das Gesicht seines Gegenübers blickte. Er half der Polizei bei der Aufdeckung von **ungeklärten Mordfällen**, prognostizierte vermeintlich Gesunden deren baldigen Tod und half in scheinbar **ausweglosen Liebesangelegenheiten**. Am 26. Juli 1959 starb er, wie selbst vorhergesehen, nach einem kurzen, schweren Krebsleiden im Alter von fünfundsechzig Jahren.
Kommen wir nun zu den Frauen, denn nicht nur den Herren der Schöpfung ist, wie wir bereits an Sibylle Weis gesehen haben, das zweite Gesicht beschieden. Bei den Damen verhält es sich in der Regel meist ein bisschen anders; sie stehen meist in direkter Verbindung mit dem Schöpfer, mit Jesus Christus oder zumindest mit der Heiligen **Jungfrau Maria**. Es sind durchwegs fromme Frauen, die oftmals das Leiden der ganzen Welt auf ihre zarten Schultern nehmen, um schon zu Lebzeiten einen Blick ins Himmelreich werfen zu können. Mit erschreckender Klarheit sehen sie beispielsweise den Tod des Herrn am Kreuz, können jedoch auch das Schicksal ganz einfacher Menschen im Voraus erkennen.

Eine der bekanntesten Visionärinnen ihrer Zeit war Therese Neumann, die **Resl von Konnersreuth**, deren mystische Begabung bis heute Zweifler auf den Plan ruft. Die Schar ihrer Anhänger ist jedoch unbestritten groß und wer sich mit dieser einfachen Frau mit dem blütenweißen Kopftuch näher beschäftigt, der kann eine gewisse Faszination nicht leugnen. Die Resl wollte zeit ihres Lebens (1898–1962) nicht als **Hellseherin** oder gar als **Wahrsagerin** bezeichnet werden. Sie war davon überzeugt, dass ihr die Eingebungen, die sie während ihrer Visionen erfuhr, auf übernatürliche Weise gesendet wurden, und zwar von oberster Stelle.

Als die kleine Therese am 8. April 1898 im oberpfälzischen Konnersreuth (Landkreis Tirschenreuth) als ältestes von elf Kindern ihren ersten Schrei tat, deutete natürlich noch nichts auf den schweren Leidensweg dieses Mädchens hin. Erst nach mehreren Arbeitsunfällen in den Jahren 1918/19, in deren Folge die junge Frau bettlägerig und sogar blind wurde, wurde klar, dass Therese kein leichtes Leben beschieden war. 1923 konnte die Resl plötzlich wieder sehen und im Jahr 1925 hörten auch die Lähmungen und Krampfanfälle, die sie über sechs Jahre geplagt hatten, wieder auf. Und dann, im April 1926, erschienen über Nacht auf einmal stark blutende Wunden auf dem Körper der armen Frau. **Stigmata**, um genauer zu sein, exakt an den Stellen, wo auch der gekreuzigte Jesus seine Verletzungen gehabt hatte. Therese erlebte hautnah die Hinrichtung des Heilands mit, ging zuvor mit ihm durch die Straßen Jerusalems und war Zeugin seines letzten Atemzuges.

Von diesem Zeitpunkt an war die einfache Frau mit dem bäuerlich runden Gesicht in ihren zahlreichen Visionen bei vielen religiösen Geschichten aus der **Heiligen Schrift** live dabei. Sie gab während dieser »Sitzungen« ihre Erlebnisse in Aramäisch wieder, der Originalsprache zu Zeiten Christi. Sie besaß die Gabe, in die Zukunft zu sehen, und warf jedes Jahr an Allerheiligen einen Blick ins Paradies. Irgendwann hörte sie auf, feste und flüssige Nahrung zu sich zu nehmen, und ernährte sich fortan nur noch vom täglichen Empfang der heiligen Kommunion. **Therese Neumann** starb 1962 an Herzversagen.

Ein ganz ähnliches Schicksal wie das der »Resl von Konnersreuth« widerfuhr auch einer gewissen **Anna Schäffer** aus Mindelstetten (Landkreis Eichstätt), die von 1882 bis 1925 lebte und die, anders als Therese, seit dem 7. März 1999 bereits selig gesprochen ist. Der kleinen Anna, Tochter eines Schreiners, erschien schon früh der Leibhaftige in einer Vision, in der er ihr eine lange Leidenszeit vorhersagte. Und tatsächlich rutschte Anna im Februar 1901 während der Arbeit so unglücklich aus, dass sie mit beiden Beinen voran in einem Kessel mit kochender Lauge landete. Es begann eine Zeit der Schmerzen und des lebenslangen Siechtums, denn die Wunden wollten nicht verheilen; Anna war von nun an ans Bett gefesselt.

Im Herbst 1910 traten erstmals Stigmata an Anna Schäffers Körper auf; in **traumartigen Visionen** erblickte sie Jesus Christus und verschiedene Heilige. Anders als bei Therese Neumann, drang auf Wunsch der Kranken kaum etwas von den wundersamen Dingen, die sich in dem bescheidenen Zimmer abspielten, an die Öffentlichkeit. Am 5. Oktober 1925 starb Anna Schäffer, durch einen Sturz verstummt und von Krebs stark gezeichnet, in ihrem Bett, das sie dreiundzwanzig endlose Jahre lang nicht mehr verlassen hatte.

Mystisch begnadete Frauen wie Anna Schäffer und Therese Neumann gab und gibt es immer wieder. Oft lebten sie ein stilles, zurückgezogenes Leben hinter **dicken Klostermauern**, wie zum Beispiel **Schwester M. Fidelis Weiß** (1882–1923) im schönen Kloster Reutberg. Oder Anna Maria Lindmayer, deren Lebensgeschichte hier, stellvertretend für viele, den Abschluss dieses Kapitels bilden soll.

Als drittes von fünfzehn Kindern eines herzoglichen Kammerdieners wurde **Anna Maria Lindmayer** am 24. September 1657 in München geboren und bereits im zarten Alter von sieben Jahren erschien dem Mädchen erstmals die **heilige Muttergottes**. Maria ermahnte die Kleine, immer brav zu sein und schön fromm zu beten. Anna Maria nahm sich die Worte der heiligen Dame sehr zu Herzen und bereits mit zehn Jahren ging sie eifrig jeden Samstag in die Kirche, um für die armen Seelen im Fegefeuer den Rosenkranz zu beten. Später legte ihr die Jungfrau in einer weiteren Vision nahe, »der Welt im jungfräulichen Stand« zu dienen (Graber, Rudolf).

Noch später, als junge Frau, versuchte Anna Maria in verschiedene Orden einzutreten, doch immer wieder wurde sie durch eine geheimnisvolle Krankheit davon abgehalten. So legte sie schließlich außerhalb der Klostermauern vor ihrem »Seelenführer«, einem einfachen Priester, die drei Gelübde der Armut, Keuschheit und des Gehorsams ab.

So richtig spannend wurde es dann im Jahr 1704. Mittlerweile hatte Anna Maria Lindmayer schon diverse Visionen und **Christuserscheinungen** hinter sich und immer wieder hatte sie Bilder gesehen, die indirekt den **Spanischen Erbfolgekrieg** ankündigten. Sie hörte laut knallende Peitschenhiebe und sah, dass die Stadt München kurz davor stand, in Schutt und Asche zu versinken. Am 8. Juli offenbarte sich ihr schließlich die **Heilige Dreifaltigkeit** und nun gab es für die Lindmayerin kein Halten mehr. Sie eilte ins Rathaus und wenige Tage später verpflichteten sich die drei Münchner Stände durch ein Gelübde zu Ehren der Dreifaltigkeit, eine Kirche errichten zu lassen. Sieben Jahre später, am 27. Oktober 1711, wurde der Grundstein zu einer **Votivkirche** gelegt, der **Münchner Dreifaltigkeitskirche**. Und Anna Maria? Sie hatte mit ihrer Prophezeiung Recht behalten. Die Stadt war vor der Zerstörung verschont geblieben. Ein Jahr später ging auch noch der Herzenswunsch dieser außergewöhnlichen Frau in Erfüllung. Im damals »reifen« Alter von sechsundfünfzig Jahren trat sie dem Dreifaltigkeitskloster als **Karmelitin** bei. Am 6. Dezember 1726 starb Anna Maria Lindmayer im Kreise ihrer Mitschwestern.

Silvester

Silvester- und Neujahrsbräuche gibt es auf der ganzen Welt unendlich viele. Denken wir nur an Italien, dort wird grundsätzlich Linsensuppe in der **Neujahrsnacht** und am darauf folgenden Neujahrstag gegessen, denn dieses einfache Gericht soll reichen Geldsegen für das kommende Jahr heraufbeschwören. Warum die Römer in der Nacht auf den ersten Januar angeblich ausschließlich rote Unterwäsche tragen, entzieht sich leider meiner Kenntnis. Die Tradition des **Silvesterfeuerwerks** aber vereinigt viele Länder rund um den Erdball und so knallt und kracht es zum Jahresende vielerorts auf dem Globus.

Lärm in jeder Lautstärke ist auch in Bayern der Brauch. Neben prächtigen Raketen, die in schillernden Farben den mitternächtlichen Himmel erleuchten, wird hier – hauptsächlich in den Alpenregionen – das neue Jahr zudem eingesungen, eingeläutet und eingeschossen. Beim **Einschießen** kommen die **Böllerschützen** endlich einmal zum Zug, die im Laufe des Jahres ja nicht allzu viele Gelegenheiten haben, ihre gehegten und gepflegten Kostbarkeiten aus dem Schrank zu holen (→ Schützen). Unterstützt werden sie beim Schießen von den **Goasslschnalzern** (→ Goasslschnalzen). Und so vergeht nicht nur den Geistern, sondern oft auch den Zuschauern das Hören und Sehen an Silvester.

Wenn Sie bei so einem Spektakel einmal dabei sein möchten, dann lege ich Ihnen das Berchtesgadener Land ans Herz. Die **Weihnachtsschützen** schießen dort bereits am Heiligen Abend – daher der Name. »Christkindlanschießen« nennt man das. Gegründet wurde dieser Verein 1887 und er zählt mittlerweile achthundert Mitglieder. An Silvester werden die Herren dann noch einmal in die Pflicht genommen. Kurz vor Mitternacht wird das alte Jahr »hinausgeschossen«; nach dem Glockenläuten legt man dann an zum »Einschießen« des neuen Jahres (Werner, P. u. R.).

Der Krach soll vor allem die **bösen Geister** vertreiben. Die haben um diese Jahreszeit herum Hochkonjunktur. In den Nächten zwischen Weihnachten und Heiligdreikönig, den berühmt-berüchtigten Raunächten, ist die so genannte **Wilde Jagd** unterwegs. Und um diese Bösewichte einigermaßen in den Griff zu bekommen, hat man sich in Bayern bereits in vorchristlicher Zeit einiges einfallen lassen. Doch dazu erfahren Sie mehr im Kapitel über die **Rau- und Rauchnächte**.

In der Neujahrsnacht findet das Treiben der »Wilden Jagd« ihren Höhepunkt. Den Dämonen und Geistern kann man, einem uralten Volksglauben nach, nur mit **Räucherwerk**, Feuer, Lärm und Abwehrzauber Herr werden. Doch auch das eingangs erwähnte Singen, das **Einsingen**, hat sich als äußerst wirksam beim Verjagen der dunklen Mächte bewährt. Diese Aufgabe übernehmen meist die **Sternsinger** – in Anlehnung an den großen hellen Stern, der in der Heiligen Nacht den drei Königen den Weg zum Christkind wies. Sie ziehen in manchen Gegenden Bayerns, alte Weisen singend, durch die nächtlichen Straßen.

Die »Wilde Jagd« wird in den südlichen Regionen meist von der Percht angeführt. **Frau Percht**, wie sie auch genannt wird, ist die mächtige Göttin der Unterwelt im Alpengebiet. Im Norden Europas ist zur gleichen Zeit **Wotan** mit seinem gruseligen Gefolge unterwegs. Der Percht, oder »Perscht«, wurde im Märchen von Frau Holle ein Denkmal gesetzt; eine weise alte Frau, die im Himmel die Betten ausschüttelt. Neben ihrem gütigen Gesicht besitzt die Percht aber auch ein schreckliches, fratzenhaftes. In den Raunächten und besonders in der Neujahrsnacht holt sie sich die **umherirrenden Seelen**, um sie sicher ins Jenseits zu geleiten. Begleitet wird sie von Gnomen, Waldgeistern und Kobolden. Wotan begnügt sich mit verzauberten Wölfen, Hunden und Raben. Aus dem Haus bekommen Sie solch unliebsame Gäste mit Räucherwerk. Am besten vermischen Sie etwas Bartflechte mit Beifuß, Mistel, Salbei und Holunder. Aber auch Lavendel, Fichtenharz und Engelwurz wirken wahre Wunder. Viele Bauern segnen und reinigen in der letzten Nacht des Jahres mit dem würzigen Rauch Stall und Hof (→ Rau- und Rauchnächte).

Wen wundert es da, dass die **Silvesternacht** als eine der wichtigsten **Orakel- und Losnächte** gilt (→ Wetter)? In dieser Nacht kann man nicht nur in die Zukunft schauen, sondern dieselbe auch mit Glücksbringern aller Art beeinflussen. Verzehrt man in Italien den anfangs erwähnten Linseneintopf, um mehr Geld im Portemonnaie zu haben, isst man bei uns das **gute alte Schwein** in allen Variationen, inklusive Marzipan, um Glück und Wohlbefinden für das neue Jahr heraufzubeschwören. Doch auch der Karpfen aus dem Essigsud hat hier und da noch Tradition.

Nahm man früher dieses **Silvestermahl** gelegentlich im Gasthaus ein, wurde es kurz vor Mitternacht zappenduster in der Wirtsstube. Schlug es schließlich zwölf Uhr, schaltete der Wirt die Lichter wieder ein und es wurde schlagartig hell. Gemeinsam stellte man sich dann auf Tische, Stühle und Bänke und hopste unter großem Geschrei auf den Boden. **Ins neue Jahr springen** nannte man das. Irgendwann muss dieser Brauch dann den Gastwirten zu viel geworden sein, wahrscheinlich ging dabei eine Menge Geschirr zu Bruch, denn man sieht heutzutage keine Menschen mehr in der Silvesternacht öffentlich von den Stühlen hüpfen.

Lustig geht es dennoch zu, wobei man den **guten Rutsch** nicht allzu wörtlich nehmen sollte. Das »Rutschen« zum Jahresausklang kommt nämlich aus dem Hebräischen und bedeutet im eigentlichen Sinn »Anfang«. Wie so ein »guter Anfang« des jungen Jahres – aber auch die restliche Zeit über – aussehen könnte, versuchen ganz Abergläubische mittels **Orakel** und zukunftsweisender Rituale herauszufinden.

Wir kennen alle das **Bleigießen**, das jedes Jahr aufs Neue für Heiterkeit sorgt. Rustikaler und weit weniger bekannt ist das **Scheitlziehen**. Grundvoraussetzung ist dafür jedoch ein offener Kamin oder ein Kachelofen in Ihrem Haus, denn Sie benötigen einen möglichst großen Holzstoß mit genügend **Holzscheiteln** zur Auswahl. Aus diesem Haufen wird nun blind ein Holzstück gezogen und anhand von Form und Maserung soll man nun erkennen können, wie der oder die Zukünftige aussehen wird – vorausgesetzt natürlich, Sie sind noch nicht vergeben. Bei einem knorrigen, verschrumpelten Stück sollten Sie sich allerdings überlegen, ob Sie nicht lieber allein bleiben – obwohl ja die inneren Werte auch eine große Rolle spielen!

Um zu erfahren, ob Ihnen im neuen Jahr die ganz große Liebe über den Weg läuft, braucht es Gott sei Dank nicht gleich eine ganze Ladung gehacktes Holz. Ein simpler Apfel tut es auch. Haben Sie sich bis zum Gehäuse vorgearbeitet, geht es ans Zählen der Kerne. Eine grade Zahl bedeutet, dass die Hochzeitsglocken bald läuten werden, eine ungerade Zahl: Die neue Liebe lässt noch auf sich warten.

Silvester feiern wir übrigens erst seit 1691 am 31. Dezember. Zuvor gab es immer wieder verschiedene Daten für den Jahreswechsel. Im bäuerlichen Jahreslauf galt der 6. Januar, **Heiligdreikönig**, lange als Stichtag für **Neujahr** (→ Heiligdreikönig). Im Jahr 1691 legte Papst Innozenz XII. den 1. Januar als Neujahrstag fest und gleichzeitig erklärte er den 31. Dezember als Ehrentag des heiligen Papstes **Silvester I.**, der im Jahr 314 zum Papst ernannt worden war. Silvester hatte sich bis dahin durch ein redliches und Gott ergebenes Leben ausgezeichnet und sogar den mächtigen Kaiser Konstantin durch ein Wunder zum Christentum bekehrt.

Konstantin litt nämlich an einem grässlichen Aussatz, einem Hautausschlag, der ihn furchtbar entstellte. Um sein Leiden zu lindern, rieten ihm die behandelnden Ärzte zu einem Bad aus frischem Kinderblut. Dafür sollten sage und schreibe **dreitausend Kinder** ihr Leben lassen. Beim Anblick der vielen unschuldigen Kinder samt ihrer schreienden und wehklagenden Mütter – sie alle hatte man auf einem Platz zusammengetrieben – wurde es dem Kaiser dann doch etwas mulmig ums Herz. Er beschloss, lieber weiter zu leiden, als Untertanen für sein Wohlergehen zu opfern. Unter großem Jubel entließ er die Menge.

In der darauf folgenden Nacht erschienen dem geplagten Herrscher die beiden Apostel Petrus und Paulus im Traum. Sie erzählten ihm, dass ein gewisser Bischof mit Namen **Silvester** seine Krankheit heilen könnte, wenn Konstantin sich von ihm taufen lassen würde. Ein paar Tage später war der Kaiser durch Silvester zum Christen geworden und seine Haut schimmerte rosig wie ein Kinderpopo.
Das Christentum wurde unter **Konstantin** zur Staatsreligion. Und die Mutter des Kaisers, **Helena**, wurde später berühmt durch die Auffindung des wahren Kreuzes und noch ein paar anderer wichtiger Reliquien in Jerusalem (→ Kirchweih, → Wallfahrt). Zuvor war Helena der neuen Religion gegenüber recht skeptisch eingestellt gewesen. Eines Tages diskutierten die Kaiserin und über hundert Gelehrte Roms mit Silvester, der mittlerweile auf dem Papstthron saß, über die Dreifaltigkeit Gottes. Im Laufe der hitzigen Debatte tötete ein **Götzenpriester** nur mit der Macht seiner Worte einen Stier. Silvester erhob sich, trat zu dem toten Tier, machte das segnende **Kreuzzeichen** über ihm und der Stier erhob sich, als wäre nichts gewesen. Helena und alle anderen Anwesenden waren sofort bekehrt.
Silvester machte noch viel von sich reden. Sogar einen Drachen soll er erledigt haben, indem er dem Untier einen Faden (!) ums Maul band und dieses mit dem Siegel Gottes, einem Ring mit Kreuzgravur, für immer verschloss. Im Jahr 335 starb der beliebte Papst. **Silvester** ist in Bayern – vermutlich auf Grund der Episode mit dem Stier – zum **Viehpatron** geworden, genau wie der heilige Stephan, der **heilige Leonhard** und der **heilige Vitus** (Veit). Ihm zu Ehren finden in manchen Gemeinden heute noch feierliche Silvesterumritte statt. Zudem kümmert sich der Heilige um die Haustiere und man bittet ihn im Gebet um ein gutes Futterjahr.

Sonnwend

Wie funkelnde Edelsteine leuchten zur **Sommersonnwende** die Bergfeuer die gesamte Alpenkette entlang bis fast hinunter an das Mittelmeer in den Nachthimmel. Sie bezeichnen ein uraltes heidnisches Ritual und die Stellen, an denen die Scheiterhaufen auf den Gipfeln stehen, sind über Jahrhunderte hinweg überliefert. Sie markieren **magische Orte**, an denen die Germanen schon ihrem Gott Wotan gehuldigt haben sollen. Der Nacht auf den **Johannestag** (24. Juni) wird seit jeher Zauberkraft nachgesagt; sie gilt als zukunftsweisend für jene, welche die geheimnisvollen Zeichen deuten können. Die eigentliche Sonnenwende, also der Tag, an dem die Sonne ihren höchsten Stand am Himmel erreicht, ist ein paar Tage zuvor, am 21. Juni, dem offiziellen Sommeranfang.

Wenn sich die abendliche Dämmerung langsam auf die Erde senkt, dann werden auf den **Berggipfeln**, aber auch in den Tälern und im flachen Voralpenland die Holzstöße entzündet. Im Mittelalter fand man die Scheiterhaufen des **Johannifeuers** sogar auf den Marktplätzen der Städte. Schon damals wurde in den Tagen zuvor gemeinsam das Holz dafür gesammelt. In manchen Gegenden Bayerns, zum Beispiel in der Oberpfalz, wird heute noch von jedem Ortseinwohner ein Scheit Holz zum Scheiterhaufen gebracht.

Die Nacht auf Johanni ist eine so genannte **Losnacht** (→ Wetter). In diesen besonderen Nächten, die über das ganze Jahr verteilt sind, ist es möglich, das Wetter für die kommende Zeit vorherzusagen oder geheimnisvolle Kräfte aus der Natur zu erfahren und zu deuten, um so eins zu werden mit Flora und Fauna. In Losnächten erlaubt einem das Schicksal eine – einzige – Frage zu stellen, die meist auf wundersame Weise beantwortet wird. Junge Frauen begegnen mit etwas Glück ihrem Zukünftigen und Paaren, die gemeinsam Hand in Hand und ohne sich loszulassen über die Flammen des Johannifeuers springen, ist eine lange Liebe prophezeit.

Ganz Mutige springen sogar ganz allein über das Feuer und nicht wenige verbrennen sich dabei den Allerwertesten. Dieser so genannte **Feuersprung**, wegen der hohen Verletzungsrate auch »Kittelbrennen« genannt, soll vor Krankheiten schützen und hat im Allgemeinen eine **reinigende Wirkung**, was dem Feuer schon immer nachgesagt wird. Das gleiche Ergebnis wird durch einen Tanz um das Feuer erzielt, dabei sollten grundsätzlich jedoch alle Umstehenden daran teilnehmen, um die Wirkung noch zu verstärken.

In früheren Zeiten hielt man an langen Stöcken mit Pech bestrichene Holzscheiben in das Feuer – in manchen Orten hat sich dieser Brauch noch erhalten –, die dann brennend den Berg hinuntergeschleudert werden. Dabei spricht der **Scheibentreiber** einen Vers, der seinen innigsten Wunsch beinhaltet. Je weiter die Scheibe läuft, desto höher ist die Garantie, dass sich der Wunsch erfüllen wird. Bis heute ist man sich nicht sicher, ob das »Scheibenschlagen«, auch **Scheibentreiben** genannt, seinen Ursprung nicht vielleicht bei den Germanen hat und die lodernde Holzscheibe das Symbol für Wotans leuchtendes Sonnenrad war.

Am Johannitag selbst werden traditionell Kränze aus sieben oder neun verschiedenen Pflanzen gewunden. Man hängt sie über der Stalltüre, im Fenster oder über der Haustüre auf, um Hexen, Teufel, Druden und Dämonen abzuwehren, die einer Überlieferung zufolge in der Johanninacht – deswegen auch **Frei- oder Drudennacht** genannt – losgelassen werden. Eine Miniausgabe des Kranzes, heimlich unter das Kopfkissen des Angebeteten gelegt, soll in Sachen Liebe wahre Wunder bewirken. Überhaupt soll es möglich sein, sich in der **Johanninacht** Menschen mit Hilfe von Kräutern gefügig zu machen. Dazu kommt, dass die Reste des heruntergebrannten Feuers, Kohle und Asche, ebenfalls große magische Kräfte haben. Kleinere Kohlestücke legt man in den Speicher, unter den Dachfirst, um das Haus vor Blitzeinschlag zu schützen; und die Asche wird auf dem Feld oder im Gemüsegarten verteilt, um so eine reiche Ernte für das nächste Jahr anzuregen.

Die **Freinacht** ist heute noch wegen ihrer wilden Scherze bekannt. Es gibt insgesamt drei Freinächte in Bayern, neben Johanni ist es die Nacht auf den 1. Mai (→ Hexen) und die Nacht auf den 2. November. Alles, was im Garten nicht niet- und nagelfest befestigt wird, wird von den Burschen und Mädel vor Ort »verzogen«. Das geht manchmal sogar so weit, dass ein Bauer am nächsten Morgen seinen Heuwagen wundersamerweise auf dem Dachgiebel wiederfindet.

Die Geschichte des **heiligen Johannes des Täufers**, dem wir die Bezeichnung »Johanni« letztendlich verdanken, ist hinlänglich bekannt. Er galt als Vorläufer und Wegbereiter Christi und sein Tod durch Enthauptung auf Wunsch Salomes hat in viele heiligen Schriften der verschiedensten Religionen Eingang gefunden. Er ist der **Patron vieler Städte**, Kirchen und Bistümer und zudem der Beschützer von Architekten, Gastwirten, Kaminkehrern und Musikern, um nur einige zu nennen. In heidnischer Zeit verbrannte man an dem Tag, der später dem Heiligen geweiht wurde, die Gebeine toter Tiere. Einer Legende nach konnte man so wollüstige Drachen vertreiben, die im Flug über das Land ihren Samen verloren, der für Mensch und Tier todbringend war. Mit dem Rauch der verbrannten Knochen wurden die Drachen verjagt.

Die Sonne ist für uns der Ursprung des Lebens, ohne sie, ohne ihr Licht und ihre Wärme, wäre Leben auf diesem Planeten nicht möglich. Das Pendant zur Sommersonnwende, die **Wintersonnwende**, steht symbolisch für das Ende einer kalten und lichtlosen Zeit, denn von diesem kürzesten Tag des Jahres an gewinnt die Sonne wieder an Kraft und Stärke.

Seit hunderten von Jahren wird diese Nacht, die **Thomasnacht**, vom 20. auf den 21. Dezember besonders gefeiert. Die Thomasnacht gilt als **Geister- und Orakelnacht** und sie ist die erste der zwölf Rau- und eine der vier Rauchnächte (→ Rau- und Rauchnächte). Der 21. Dezember ist der Ehrentag des heiligen Apostels Thomas. Bis zur Einführung des gregorianischen Kalenders im Jahr 1582 feierte man die Wintersonnwende allerdings ein paar Tage früher, am 13. Dezember, am Namenstag der **heiligen Lucia** (Luzia). Diese Heilige, die vermutlich im Jahr 303 einen grausamen Märtyrertod starb, gilt heute noch im hohen Norden als Lichtbringerin. In vielen **skandinavischen Ländern** wecken morgens kleine Mädchen mit einem Kranz aus flackernden Kerzen im Haar ihre Eltern und Geschwister. Bei uns hingegen kommt Lucia nicht in der Gestalt eines schönen, jungen Mädchens daher. Die **schiache Luz** wird sie in Bayern genannt und vor allem in der Oberpfalz treibt sie nach langen Jahren der Abstinenz wieder ihr Unwesen. Ihr Aussehen lässt einem das Mark in den Knochen gefrieren.

Dabei sind ihr buckliger Leib und die langen dürren Finger noch am erträglichsten. Das Gesicht grotesk verzerrt, gleicht sie einer schrecklichen Hexe. In ihren Klauen hält sie lange Sicheln, mit denen sie frechen Kindern den Bauch aufschlitzt. Sie entnimmt, schauderhaft lachend und giggelnd, die Gedärme und das Blut, um sich daraus eine Suppe zu kochen, deshalb führt sie in einem Korb auf dem krummen Rücken oft einen Kessel mit sich. Die leeren Bauchräume ihrer Opfer füllt sie mit Steinen, Glas- oder Granitsplittern auf.

Im oberbayerischen Fürstenfeldbruck besänftigt man die alte Lucia alljährlich mit einem **Luzien-Häuschen-Schwimmen** auf der Amper. Dabei setzen die Kinder selbst gebastelte Häuser aus Pappe, Holz oder Papier, in denen kleine Kerzen brennen, bei einbrechender Dunkelheit aufs Wasser. Dieser Brauch des »Lichterschwemmens«, der in Bayern früher weit verbreitet war, geht in »Bruck« auf ein verheerendes Hochwasser im 17. Jahrhundert zurück. Mit einem alljährlichen Sühneopfer wollte man den Fluss nach dieser Tragödie besänftigen.

Doch zurück in die **Thomasnacht**. Das Fest des Heiligen wird schon seit den 70er-Jahren im Sommer gefeiert (am 3. Juli), vielleicht gerade weil diese Nacht im Dezember, kurz vor Weihnachten, seit der Zeit des Heidentums als **magisch** und **zukunftswei-**

send galt und die Kirche den Apostel mit geheimnisvollen Orakeln nicht in Verbindung bringen wollte. Die alte Bezeichnung »Thomasi« hat sich dafür in Bayern bis heute erhalten.
Der **ungläubige Thomas** galt als Wegbereiter Christi und beschloss sein Leben vermutlich im Jahre 52 nach Christus, von feindlichen Lanzen durchstochen, im südindischen Madras, wo er in einer kleinen schwültropischen Kirche, umbrandet von der Kakophonie indischen Straßenlärms, heute noch begraben liegt. Genau wie Johannes, seinem Kollegen von der Sommersonnwend, ist er ein Patron der Architekten. Zudem hält er seine schützende Hand über Bauarbeiter, Maurer, Steinmetze und Zimmerleute.
Um den kürzesten Tag und die längste Nacht des Jahres hat sich eine Vielzahl von Bräuchen entwickelt. Ein recht magenfreundlicher Brauch ist zum Beispiel der des **Lebkuchen- und Kletzenbrotbackens** am 20. Dezember. Allerdings sollte man sich nicht allzu früh freuen, verspeisen darf man die Köstlichkeiten nämlich erst am zweiten Weihnachtsfeiertag, dem »Stephanitag«. Der **Kletzenbacktag** ist heute noch in allen bayerischen Brauchtumskalendern jedes Jahr verzeichnet. Genau wie der **Saustichtag**, der ebenfalls auf den 20. Dezember fällt. Ich muss Ihnen sicher nicht erklären, was es damit auf sich hat. Traditionelle Schlachttage verteilen sich übrigens über das gesamte Jahr hinweg.
Das Räuchern hat in der Thomasnacht eine ganz besondere Bedeutung. Zum Vertreiben von Geistern und bösen Dämonen geht die gesamte Familie durch das Haus, wobei der Tradition nach das Familienoberhaupt eine Räucherpfanne mit sich trägt. Über die Glut in dem gusseisernen Gefäß werden Kräuter oder getrocknete Wacholderbeeren gestreut. Der **aromatisch würzige Rauch** hat reinigende Wirkung. Auf dem Land wird natürlich auch an das Vieh gedacht und so geht der Bauer auch noch durch den Stall und hält jedem einzelnen Tier seine **Räucherpfanne** unter die Nase. Die Aufgabe des Räucherns hatte früher der Pfarrer einer jeden Gemeinde inne und traditionell wurden – und werden mancherorts immer noch – dabei meist die getrockneten Pflanzen aus dem **Maria-Himmelfahrts-Kräuterbuschen** (15. August, → Kräuter) verwendet.

Heiratswillige Mädchen gingen in früheren Zeiten in der Thomasnacht barfuß und nur mit einem Nachthemd bekleidet hinaus in den Garten, um an einem kahlen Zwetschgenbaum zu schütteln. Bellte daraufhin in der Nachbarschaft ein Hund, konnte man aus der Richtung, aus der das Kläffen zu hören war, den Zukünftigen erwarten. Doch Vorsicht war geboten, denn es war gut möglich, dass sich der **bluadige Dammerl**, also der **blutige Thomas**, dem ahnungslosen Mädchen auf leisen Sohlen näherte. Ein Furcht erregender Mann, von oben bis unten schauderhaft vermummt, der über seinem Kopf einen Hammer schwang, um damit kleinen Kindern und unschuldigen Jungfrauen den Schädel einzuschlagen.

Eine weniger gefährliche Art, sich auf den Mann, den man mal heiraten würde, einzustellen, war das **Bettstatttreten**. Dazu schrieb die junge Frau die in Frage kommenden Heiratskandidaten auf kleine Zettel, legte diese auf ihr Bett und begann, wie wild darauf herumzuhüpfen. Und zwar so lange, bis alle Zettelchen auf den Boden geflattert waren und nur noch ein einziges auf dem Bett übrig geblieben war.

Ledige Männer hatten in der Thomasnacht übrigens auch eine Chance, in die Zukunft zu sehen. Sie konnten mit dem so genannten **Pantoffelwurf** erfahren, ob sie nächstes Jahr heiraten würden. Der Hausschuh wurde schwungvoll über die Schulter geworfen und aus der Richtung, wo die Schuhspitze hinzeigte, konnte man herauslesen, woher die Zukünftige kommen würde (→ Rau- und Rauchnächte).

Zu guter Letzt schlagen wir den **traditionellen Wetterfröschen** aus Funk und Fernsehen ein Schnippchen, denn auch da hat die Wintersonnwende einen Brauch auf Lager. Säen Sie am Thomastag Gerstenkörner in einen mit nährstoffreicher Erde gefüllten Blumentopf und stellen Sie diesen an einen gleichmäßig warmen Platz. Nach Weihnachten können Sie von der gewachsenen Gerste ablesen, wie das Wetter im kommenden Jahr wird. Dabei entsprechen die ersten zwölf Tage nach Heiligabend den jeweiligen Monaten im nächsten Jahr.

Mag die Gerste nicht so recht wachsen, schaut es schlecht aus mit der Prognose! Herrscht Trockenheit in Ihrem kleinen Wetterzentrum, können Sie aller Wahrscheinlichkeit nach mit Dürre rechnen. Und bei gleich bleibender Feuchtigkeit oder gar Schimmel im Topf steht natürlich ein regenreiches Jahr vor der Türe. Dass es zum Ende der Testphase hin über Ihrer Gerste zu schneien anfängt, davon ist, nur zu Ihrer Beruhigung, eher nicht auszugehen.

Sport und Spiel

Der Saal tobt; der Lärm ist ohrenbetäubend. Ein blecherner Tusch jagt den anderen und auf den Stühlen balancieren zierliche Japanerinnen, die mit verzückten Gesichtern ihre Landesgenossen auf der Bühne anfeuern. Wir befinden uns in einem der berühmtesten **Biertempel** der Welt, dem **Münchner Hofbräuhaus**, und werden gerade Zeugen eines äußerst seltsamen Schauspiels: Inmitten von Tabakdunst und verklärter Bierseligkeit zersägen zwei Burschen aus Fernost in Höchstgeschwindigkeit einen Baumstamm. Der Schweiß fließt in Strömen und die Stimme des Moderators im rot karierten Holzfällerhemd überschlägt sich fast.

Die Bayern gelten ja gemeinhin als ein recht eigentümliches Völkchen und so wundert sich letztlich niemand, dass sich in diesem Land so komische Sportarten wie **Baumstammsägen**, Baumwuchten, Bierfassrollen, Bierfilzlwerfen (→ Bier) und Ranggeln entwickelt haben. Ganz zu schweigen von **Masskrugstemmen**, Fingerhakeln, Maibaumklettern (→ Maibaum) und Knödelwettessen. Doch bevor Sie diesen liebenswürdigen Stamm nun vollends in die »Exotenecke« abschieben, sei Ihnen versichert, dass der moderne Bayer durchaus auch an so landläufigen Sportarten wie Skifahren, Rodeln oder **Eisstockschießen** Gefallen findet; und im Sommer stehen oft Bergwandern, Klettern oder eine zünftige **Mountainbiketour** auf dem Programm. Vor allem das Sportschießen hat in Bayern Tradition; in knapp fünftausend Vereinen sind die Schützen hierzulande organisiert (→ Schützen).

Dieses Kapitel widmen wir nun aber den »Exoten«, denn ich gehe davon aus, dass zum Beispiel die Techniken des Skifahrens weitgehend bekannt sind. Und das Bewältigen eines Berghanges mit Hilfe eines Schlittens ist nun wirklich keine Kunst – Sie kommen schon irgendwie runter! Zum Ende hin werden wir es uns dann noch bei einer Runde **Schaffkopf** oder **Watten** gemütlich machen.
Beginnen wir also mit der körperlichen Ertüchtigung. Keine Müdigkeit vorschützen, meine Damen und Herren, raus aus den Lesesesseln! Das **Baumstammsägen** haben wir ja schon kennen gelernt. Die Herkunft dieser Sportart ist relativ leicht nachzuvollziehen. Irgendwann muss es ein paar Waldarbeitern während ihrer Brotzeit furchtbar langweilig geworden sein und so überlegten sie sich, in welcher Rekordzeit man so ein dickes Ding wie einen Baumstamm wohl zerlegen könnte. Daraus entstand dann dieser Wettbewerb, der vor allem ungeübte Touristen an den Rand ihrer körperlichen Leistungsfähigkeit treiben kann.
In die Kategorie »Sport mit naturbelassenen Materialien« fällt auch das **Baumwuchten**. Hier rate ich dringend zur Vorsicht, die Verletzungsgefahr ist enorm. Beim Baumwuchten balanciert der Sportler ein langes Stück vom Baumstamm aufrecht in seinen Händen – das dabei entstehende Phallussymbol ist rein zufällig! – und wuchtet es dann mit aller Kraft in eine bestimmte Richtung, ähnlich der olympischen Disziplin des Kugelstoßens. Leistenbrüche oder Schlimmeres sind da bei unsachgemäßer Ausführung vorprogrammiert. Den Zuschauern sei zudem geraten, einen gewissen Mindestabstand zum Geschehen einzuhalten.
Über das **Bierfassrollen** muss ich Ihnen nicht viel erzählen, darauf sind wir bereits eingegangen. Auch das **Bierfilzlwerfen** wurde schon an anderer Stelle erwähnt (beides → Bier), wobei man vielleicht nur noch einmal erklären sollte, was ein »Bierfilzl« überhaupt ist: Die Rede ist von einem meist kreisrunden Glasuntersatz aus Pappe, der die Aufgabe hat, den Wirtshaustisch vor Feuchtigkeit zu schützen. Bierfilzl werden in Bayern von den Kellnerinnen vor dem Servieren der Getränke wie Spielkarten vor den Gästen ausgeteilt und auf den Tisch geklatscht. Beim sportlichen Werfen

kommt es darauf an, dass man sein »Filzl« so lange wie möglich in der Luft hält und somit ganz vorn platziert.
Wo wir schon mal bei den Getränken sind, können wir uns gleich noch dem **Masskrugstemmen** widmen. Dabei handelt es sich um eine Sportart, die eine Menge »Schmalz«, sprich Muskelmasse, in den Oberarmen erfordert. Bevorzugt wird dieser Sport in **großen Bierzelten** und bei vielen anderen »rauschigen« Anlässen ausgeübt. Doch ich habe gehört, dass man auch durchaus sehr ernst, im Rahmen von autorisierten Wettbewerben, an die Sache herangeht. In einem Land, wo es Veranstaltungen wie das **Preisschnalzen**, eine **Gamsbartolympiade** und eine Meisterschaft im Schnupftabakschnupfen gibt (→ jeweilige Kapitel) – ganz zu schweigen von diversen Veranstaltungen, bei denen Bärte in allen Variationen im Mittelpunkt stehen und bewertet werden –, ist das nicht sehr verwunderlich.
Beim Masskrugstemmen ist es wichtig, dass der Krug bis zur Markierung gefüllt ist, also etwas mehr als einen Liter Bier beinhaltet (→ Bier). Das Trinken kommt später. Der volle Krug wird nun auf Kommando mit ausgestrecktem Arm angehoben und so lange waagrecht vom Körper weggehalten, bis man zusammenbricht. Ein untrügliches Zeichen dafür, dass der Gegner bereits zu schwächeln beginnt, ist ein starkes Zittern, mit der Begleiterscheinung, dass das köstliche Nass über den Krugrand schwappt. So ist der Sieger bald ermittelt.
Weil's gar so schön ist, verweilen wir noch etwas in der heimeligen Wirtshausatmosphäre und wenden uns dem **Fingerhakeln** zu. Das ist eine Wissenschaft für sich und auch in dieser Disziplin gibt es durchaus seriöse Wettkämpfe und Meisterschaften mit Pokalen und allem drum und dran. Das Fingerhakeln war ursprünglich mal eine Art bäuerliche Kraftprobe und hat sich mittlerweile zum Breitensport entwickelt. Das Wort ist natürlich Programm: Es geht darum, dass sich die Gegner paarweise an einem Tisch gegenübersitzen und ihre jeweiligen Mittelfinger der rechten Hand ineinander verhaken. Die andere Hand krallt sich in die Tischkante und dann wird gezogen, was das Zeug hält. Sieger ist, wer den Kontrahenten im wahrsten Sinne des Wortes über den Tisch zieht.

Eine andere Sportart, die dem Kräftemessen in seiner ursprünglichsten Form am nächsten kommt, ist das **Ranggeln**. Beim Ranggeln hört der Spaß auf, das ist wirklich eine ernste Sache. Entwickelt hat sich das Ganze aus der simplen Wirtshaus- oder Dorfplatzrauferei. Damals spritzte, im Gegensatz zu heute, das Blut und die Raufbolde schlugen sich gegenseitig zu Brei. Man traf sich regelrecht mit dem Vorsatz, eine gepflegte Rauferei zu entfachen, um sich so gegenseitig die Köpfe einschlagen zu können. Dagegen hat das moderne Ranggeln natürlich mehr Stil. **Ranggler-Vereine** haben sich gebildet und die Herren – früher übrigens ausschließlich ledige Männer – treten in blütenweißer Kleidung gegeneinander an. Man muss sich das ein bisschen wie bei den Sumoringern vorstellen, nur mit weniger Fett und Blöße.

Das professionelle Ranggeln wird landläufig als die »edle Form« des Raufens bezeichnet und stellt eine sehr alte alpine Kampfart dar, die in vergangenen Zeiten ausschließlich in luftiger Höhe, sprich auf den **Almen**, praktiziert wurde. Feste Regeln und bestimmte Kampftechniken bestimmen den Ablauf eines solchen Wettbewerbs. Die Griffe und Würfe, die beim Ranggeln angewendet werden dürfen, haben so lustige Namen wie »Auftrara«, »Huafn«, »Stieren« und »Knüpfn«; und das Ziel bei so einem »Gerangel« ist es, den Gegner mit beiden Schulterblättern auf den Boden zu ringen.

So eine **Ranggel-Meisterschaft**, bei der verschiedene Mannschaften, mit je fünf Teilnehmern gegeneinander antreten, ist schon ein sehenswertes Spektakel. Dabei wird der »Hagmoar«, der **Platzstärkste**, ermittelt, der sich dann am Ende des Wettkampfs – nicht mehr ganz so blütenweiß – einen Pokal bei den Preisrichtern, »Schermtax« genannt, abholen darf. Die Termine zu solchen Veranstaltungen finden Sie im Internet oder in diversen Brauchtumskalendern. In Oberbayern und Österreich ist der 25. Juli, der **Jakobstag**, ein traditioneller Ranggel-Termin.

Nachdem man sich nun den ganzen Tag über an der frischen Luft ausgepowert hat, spricht im Grunde nichts gegen einen geselligen Abend in trauter Runde. Wenn es dann nach ein paar Bieren so richtig gemütlich geworden ist, ist es Zeit für ein flottes Spielchen. In vielen Gasthäusern und Wirtschaften ist das Kartenspielen heutzutage leider verboten oder zumindest nicht gerne gesehen und so trifft man sich halt in den eigenen vier Wänden.

Eines der beliebtesten bayerischen Kartenspiele ist der **Schaffkopf** (Schafkopf), ein Spiel, das es schon seit mehr als fünfhundert Jahren gibt. Es heißt, dass der ungewöhnliche Name aus einer Zeit stammt, zu der hauptsächlich Landsknechte ihr Glück im Kartenspiel gesucht haben. Eine andere Variante erzählt, dass sich der Begriff des »Schaffkopfens« von den Schäfflern ableitet. **Schäffler** hatten beruflich mit Fässern zu tun, auch »Schaffe« genannt, und droschen angeblich ihre Karten während der Mittagspause auf die Deckel, die so genannten »Köpfen«, derselben.

Ein wunderbares Buch zum Thema Sport und Spiel in Bayern ist Herbert Rosendorfers **Königlich bayerisches Sportbrevier**. Dem Schaffkopfen sind darin mehrere Seiten gewidmet; Schreibweise und Herkunft des Namens dieses Kartenspiels sind demnach umstritten.

Einheitliche Regeln zum Schaffkopf gibt es erst – man staune! – seit dem Jahr 1989. Damals trafen sich Spieler aus der ganzen Welt im Münchner Hofbräuhaus, um sich auf eine **Neue Schaffkopf-Ordnung** zu einigen. Den japanischen Baumstammsägern kamen sie dabei offensichtlich sicher nicht in die Quere. Eine Spielart des Schaffkopf ist der so genannte **Doppelkopf**, der sich hierzulande ebenfalls größter Beliebtheit erfreut. Schaff- und Doppelkopf gehören beide zur Familie des Skat.

Ein anderes traditionelles Kartenspiel, das in Bayern quasi rauf und runter gespielt wird, ist, neben dem Tarock, das **Watten** oder »Wattn«. Das »Watten« hat vor vielen Jahren seinen Weg aus Südtirol hierher gefunden. Das eigenartige Wort kommt ursprünglich aus dem Italienischen (battere) und wurde für die deutsche Zunge leicht abgewandelt; es bedeutet so viel wie »schlagen« oder »klopfen«.

Leidenschaftliche »Watter« können ihr Spiel variieren und unter anderem zwischen **Kritisch-Watten**, in Bayern am bekanntesten,

»Viererwatten«, dem »Blinden Watten«, dem »Stichwatten« oder dem »Watten zu dritt« wählen.

Mit dem gängigen Klischee, dass der Bayer an sich am liebsten dumpf und grantig in sein Bierglas schaut, sich so wenig wie möglich bewegt und mit seiner Geselligkeit recht knauserig umgeht, haben wir auf den vorangegangenen Seiten nun gehörig aufgeräumt. Der **weißblaue Ureinwohner** hat sich als ein fantasievoller Sportler und **fröhlicher Zocker** entpuppt – man muss nur wissen, wo er zu finden ist.

Tanz

Schon im 11. Jahrhundert beschreibt ein **Benediktinermönch** aus dem **Kloster Tegernsee** einen Tanz, bei dem es sich im Grunde um die Vorform des berühmten Schuhplattelns handelt. Besagter Mönch – sein Name ist leider nicht überliefert – saß zu jener Zeit über einem Roman, der später den Titel »Ruodlieb« bekommen sollte und der quasi als erster Roman überhaupt in die Literaturgeschichte einging. Im **Ruodlieb** umwirbt ein junger Bursche mit einem »grotesken« Tanz ein fesches Madl. Er hüpft und stampft auf dem Boden auf, schlägt sich auf die Schenkel und klatscht rhythmisch in die Hände. Bis heute sagt man dem **Schuhplattler-Tanz** eine gewisse Affinität zum Balzverhalten des Auerhahns nach und tatsächlich zählt er auch, wie man ja im »Ruodlieb« nachlesen kann, zu den so genannten **Werbetänzen**.

Das Schuhplatteln kennt man also bereits seit dem Mittelalter, dabei ist das **Platteln** bis heute reine Männersache geblieben. Die Aufgabe der Frauen beschränkt sich auf diverse Drehungen rund um die Schuhplattler herum, bei denen die Röcke der Trachten wie bunte Kreisel um die Beine rotieren. Zwischen den Plattler-Einlagen treffen sich die Paare, um sich im Dreivierteltakt eines Ländlers in den Armen zu wiegen. Freilich wird nicht nur im Rahmen von Paartänzen geplattelt. In **Schuhplattler-Vereinen** treffen sich zum Beispiel oft nur die Burschen, um gemeinsam der Kunst des Plattelns zu frönen. Die ersten Vereine dieser Art wurden Mitte des 19. Jahrhunderts aus der Taufe gehoben.

Für alle, denen nun immer noch nicht ganz klar geworden ist, um was es beim **Schuhplatteln** nun wirklich geht, hier die offizielle

Beschreibung: Ein Mensch – sprich Mann – plattelt dann, wenn er ohne Körperkontakt zu seiner Tanzpartnerin rhythmisch im Takt der Musik abwechselnd auf seine Oberschenkel und seine Schuhe schlägt. Diese Schläge auf die Schuhe nennt man im Fachjargon **Plattl-Schläge**; sie geben dem Tanz seinen Namen. Wenn Sie nun so einen Plattler in Aktion sehen wollen, dann rate ich Ihnen, ein **Preisplatteln** zu besuchen, einen Wettbewerb, bei dem sich einzelne Tanzgruppen von Wertungsrichtern beurteilen lassen. Dabei wird nicht nur der Tanz an sich kritisch beäugt; zur Benotung kommen auch das Aussehen, sprich die Tracht, Haltung und der Gesamteindruck.

Übrigens gibt es für den aktiven Schuhplattler extraangefertigte **Plattlerhosen** zu kaufen. Plattlerhosen sind spezielle Lederhosen, im Chiemgau nennt man sie auch **Schlaghosen**, bei denen die Hosenbeine sehr eng geschneidert sind und die Stickerei oft fehlt, mit dem Zweck, dass der Schlag auf den Schenkel lauter zu hören ist. Zudem werden die Hosen stärker eingefettet, zum Beispiel mit Melkfett, was die gleiche Wirkung haben soll.

Kommen wir nun zum **klassischen Volkstanz**, der seine Wurzeln im Brauchtum und in den Tänzen der verschiedenen Berufs- und Ständegruppen hat, so zum Beispiel der Schäffler, die Fässer herstellen. Der **Schäfflertanz** ist so ein Tanz, der heute noch tagtäglich auf dem Münchner Marienplatz beim berühmten Glockenspiel im Rathausturm zu sehen ist. Da drehen sich allerdings nur schön bemalte Figuren unter den **grün belaubten Fassreifen**. Alle paar Jahre zur Faschingszeit kann man allerdings auch »echte« Schäffler im Herzen Münchens bewundern, deren Tanz immer mit dem Schäfflerlied »Aba heid is koid, aba heid ist koid …« endet.

Freilich tanzen nicht nur in der Landeshauptstadt die Schäffler, auch in Wasserburg und Rosenheim wird dieser alte Brauch beispielsweise noch gepflegt, doch in München hat das Ganze noch eine tiefere Bedeutung. Als hier nämlich anno 1517 die Pest wütete und sich Tod und Elend in den Häusern breitmachten, waren es die Schäffler, die mit ihrem Zunfttanz den Menschen wieder Mut machten. Sie zogen singend und musizierend durch die buchstäblich ausgestorbenen Straßen und vertrieben so für ein paar Stunden Trauer und Verzweiflung. In Erinnerung an diese schlimme Zeit wird seither in siebenjährigem Rhythmus dieser alte Tanz wieder zum Leben erweckt.

»Schäfflertanz«, »Webertanz« und wie die alten Tänze alle heißen, sie verloren mit dem Einzug der so genannten **Modetänze** im Laufe der Zeit ihre Bedeutung. Vor allem nach den beiden Weltkriegen ließ das Interesse der Menschen an bodenständigen Volkstänzen nach. Heute aber werden sie wieder getanzt, die **Landler** (Ländler), die **Zwiefachen**, der **Boarische** oder das **Hüatamadl**. Die Trachtenvereine und Volkstanzgruppen haben sich die alten Tänze wieder auf ihre Fahnen geschrieben. Man dreht sich wieder zur Melodie der »Kuckuckspolka« und wiegt sich im Takt eines »offenen Walzers«. Die **Tanzlmusi** spielt immer öfters wieder auf in den Sälen der Wirtshäuser oder in den großen und kleinen Festzelten.

Und all jenen, die mit dem Vereinswesen nichts am Hut haben und die trotzdem mal wieder das Tanzbein in einem besonderen Ambiente schwingen wollen, sei vielleicht ein Besuch des berühmten **Kocherlballs** am Chinesischen Turm in **Münchens Englischem Garten** empfohlen. Dort treffen sich alljährlich am dritten Sonntag im Juli in aller Herrgottsfrühe die ganz Hartgesottenen, um schon um fünf Uhr morgens den Kreislauf mit Walzerdrehungen in Schwung zu bringen. Bis zu Beginn des Ersten Weltkrieges war es üblich, dass sich die Dienstboten der herrschaftlichen Häuser im Sommer zwischen fünf und acht Uhr morgens im Englischen Garten trafen, um sich, bevor die Pflicht wieder rief, etwas zu amüsieren. Eine **Blechkapelle** spielte auf und beim ersten verschlafenen Vogelgezwitscher tanzten Köchinnen und Hausknechte, Kammerzofen, Kindermädchen und Diener gemeinsam in den Tag hinein.

Tod

Spätestens seit Kurt Wilhelms »Der Brandner Kaspar und das ewige Leben« wissen wir Bayern, was uns einmal im Himmel droben erwarten wird: eine Dialekt sprechende himmlische Heerschar, allen voran der **Erzengel Gabriel** und der heilige Petrus, und ein Paradies nur für unseren Volksstamm allein. Der Himmel der Preußen – und all der anderen Nordlichter – wird sich etliche Wolkenbänke entfernt befinden, sodass nichts und niemand unsere wohlverdiente Ruhe stören kann. Es besteht sogar die Möglichkeit, sich mit dem berühmten **Engel Aloisius** – auf Erden von Ludwig Thoma durch »Ein Münchner im Himmel« ins rechte Licht gerückt – **flüssiges Manna** hinter die Binde zu kippen oder einfach nur gemeinsam zu frohlocken. Man kann sich aber auch in geselliger Runde mit einer Hand voll Heiliger zum Watten oder zum Schaffkopf treffen (→ Sport und Spiel). Alles ist möglich, Standesdünkel kennt man im Paradies nicht!

Doch bevor uns der **Boandlkramer** auf seinen altersschwachen Karren setzt, steht uns allen noch der unangenehme Teil bevor: das Sterben an sich. Gott sei Dank gibt es Heilige, die sich diesem Problem angenommen haben und die wir zum Beispiel bei akuter Todesangst anrufen können. Da haben wir zum einen den heiligen **Servaz** (Servatius), den wir auch als **Eisheiligen** kennen (siehe gleichnamiges Kapitel). Ihm wurde sein Tod am Grab des heiligen Petrus in Rom vorausgesagt. Er trug diese Nachricht mit Würde und Fassung, regelte seinen Nachlass, bestimmte seine letzte Ruhestätte – und starb bald darauf. Wahrlich ein leuchtendes Vorbild und ein guter Gefährte in den letzten Stunden.

Ein anderer himmlischer Beistand ist der **Nothelfer Achatius** (→ Nothelfer). Über sein Leben auf Erden weiß man recht wenig. Man nimmt an, dass der Heilige zu Zeiten Diokletians, im 3./4. Jahrhundert, römischer Offizier gewesen ist. Achatius schloss sich einer kleinen christlichen Gemeinschaft an und wurde daraufhin auf Veranlassung des Kaisers verfolgt, gefangen genommen und unter grausamen Qualen aufs Folterrad geflochten. Der junge Mann soll tapfer und ohne ein Wort der Klage oder des Schmerzes gestorben sein.

Im Angesicht der letzten Stunde kann man natürlich auch um einen besonders schnellen oder sanften Tod bitten, wenn dieser einem die Zeit dazu lässt. Eines ist sicher, um ihn herum kommen wir nicht. Und ist es dann passiert und das Zeitliche ist gesegnet, lassen wir unsere körperliche Hülle zurück, um die sich dann Hinterbliebene, Freunde oder Verwandte kümmern.

Früher war es üblich, der Seele des Verstorbenen mit Hilfe von **Rauch** etwas auf die Sprünge zu helfen. Dazu wurde zum Beispiel **Wacholder**, der ja bekanntlich auch eine keimtötende Wirkung hat, im Sterbezimmer verbrannt. Dann öffnete man die Fenster und entließ so den Geist hinaus Richtung Himmel. Um die **Ahnen** zu ehren, wurde oft auch, meist an Allerseelen, mit Eibe, Engelwurz, Beifuß, Salbei und Holunderblüten geräuchert.

Die **Totenwache**, das langsame Abschiednehmen vom geliebten Menschen in den eigenen vier Wänden, ist heutzutage bei uns kaum mehr üblich. Der Leichnam wartet in der Aussegnungshalle auf sein Begräbnis. Zeremonien und Rituale, wie das Wachen am **Totenbett**, sind trotzdem bis in unsere heutigen Tage hinein mit magischen Elementen durchdrungen, ohne dass wir uns dessen bewusst sind. Sie sind Ausdruck unserer tief verwurzelten Angst vor der Welt der Geister und der Macht der Toten über uns Lebende.

So gilt zum Beispiel alles, was den vorgesehenen Ablauf beim Begräbnis stört, als Unglück verheißend. Gerät der Pfarrer am offenen Grab ins Stocken oder fällt einem Trauernden gar der Zweig mit Weihwasser auf den Sarg hinunter, dann stirbt bald ein weiteres Familienmitglied des Toten. Auch die Konstruktion des Sarges ist ursprünglich das Resultat unseres Aberglaubens. »Verpackte« man nämlich den Hingeschiedenen sicher in einer Kiste, konnte dieser nach seinem Tod nicht noch einmal überraschend auferstehen, um in der Welt der Lebenden Schaden anzurichten. Das Schließen der Augen geschah auch nicht aus Gründen der Ästhetik, sondern aus Angst vor dem **bösen Blick** und die bereits erwähnte Totenwache hatte ebenfalls einen praktischen und keinen sentimentalen Zweck: Man wollte sichergehen, dass sich keine **Dämonen** im verlassenen Körper häuslich einrichteten. Nach dem Aufbahren verließ übrigens der Leichnam auf seiner Bahre seine letzte irdische Wohnstatt grundsätzlich mit den Füßen voran. So wurde sichergestellt, dass der Tote nicht als unsteter Geist zurückkehrte. Und die **Trauerfarbe Schwarz** diente ursprünglich als Schutz vor diesen umherstreifenden Seelen (Gerlach, Walter).

In Bayern ist man dem oder der Verstorbenen eine **schöne Leiche** schuldig, wobei wir es in dieser Sache nicht zu einer solchen Vollendung gebracht haben wie zum Beispiel die Wiener, die schon zu Lebzeiten charmant mit dem Tod kokettieren. Zu einer »schönen Leich'« gehört natürlich eine stattliche Beerdigung, vielleicht sogar mit getragener Blasmusik im Hintergrund, und ein anständiger **Leichenschmaus**. Die Hinterbliebenen laden zum Festmahl ins Wirtshaus ein und man ehrt den Toten mit Geschichten und Anekdoten aus seinem Leben, mit Braten, Bier und reichlich Hochprozentigem. Am Ende gibt es dann neben der echten Leiche oft noch ein paar Schnapsleichen zu beklagen.

Im Jahreslauf haben Tod und Trauer natürlich auch ihre festen Plätze: Der **Volkstrauertag**, **Allerheiligen** und **Allerseelen** stehen ganz im Zeichen des knochigen Gevatters. Übrigens wird der Tod erst seit dem 16. Jahrhundert bildlich als klappriges Skelett dargestellt, meistens jedenfalls. Davor gab man ihm oft die grausige Gestalt eines halb verwesten Leichnams, eingehüllt in modrige Leichentücher. Im Mittelalter, so um die Jahrtausendwende, kam der Tod noch als ganz normaler Mensch, in der Kleidung seiner Zeit, daher. Ab dem 14. Jahrhundert verfiel der Gute zusehends, bis zum Schluss nur noch das blanke Gerippe übrig war.

Allerheiligen ist, wie es der Name schon sagt, den Heiligen gewidmet, vor allem denjenigen, die keinen eigenen Ehrentag im Laufe des Jahres haben. Das Fest wurde im 9. Jahrhundert von Papst Gregor IV. auf den 1. November festgelegt. Die Nacht von Allerheiligen auf **Allerseelen** (2. November) ist eine **Freinacht**. Eine Nacht also, in der die Geister, Dämonen, Druden und Hexen »Freie Fahrt« haben und ihr Unwesen treiben.

Traditionell gedenkt man an Allerheiligen nicht nur den Seligen und Heiligen, sondern auch den eigenen Verstorbenen. Schon Wochen vorher wird das Familiengrab auf Vordermann gebracht, um für den Grabgang gerüstet zu sein. An diesem Tag kommen Verwandte und Freunde auf dem Friedhof, dem **Gottesacker**, zusammen, um der Toten zu gedenken. »Gräber-Ralley« wird das oft auch ein bisschen respektlos genannt. Allerseelen ist der eigentliche Gedenktag für unsere Verstorbenen und früher war dieser Tag auch ein gesetzlicher Feiertag. Da dem nicht mehr so ist, betet man meist schon an Allerheiligen für die **armen Seelen**. Doch auch danach, vom 1. bis zum 8. November, kann man den Verstorbenen durch gezielte Gebete viel Gutes tun. Während dieser Zeit wird den Toten ein **vollkommener Ablass** gewährt (→ Dult, → Wallfahrt); aber nur, wenn man sich streng an die Richtlinien hält, die neben der Beichte einen Besuch in der Kirche oder auf dem Friedhof und das laut gesprochene Vaterunser, inklusive Glaubensbekenntnis, beinhalten.

Nach altem Glauben kehren die Seelen der Toten am Allerseelentag und in der darauf folgenden **Seelenwoche** auf die Erde zurück. Den heimkehrenden Ahnen wurde dann früher die Stube geheizt und etwas zum Essen hingestellt. **Seelenbrote** oder **Seelenwecken** nannte man diese Nahrung für die Verstorbenen. Manche Menschen glauben heute noch daran, dass sich die Seelen in der Nacht von Allerheiligen und Allerseelen ihre neuen Mütter suchen, um wiedergeboren zu werden. Zu Ehren dieser umherirrenden Seelen zündet man auch so genannte **Pfenniglichter**,

lange schmale Kerzen, die zu **Maria Lichtmess** (2. Februar, → Marienfeste) geweiht wurden, im Herrgottswinkel an.
Das bereits erwähnte **Seelengebäck** wurde früher aus dunklem Roggenbrot hergestellt und meist in Form eines Zopfes oder einer »Allerseelengeige« in den Backofen geschoben. Auch **Seelennudeln** und **Seelenbrezen** wurden den Toten aufgetischt oder auf dem Friedhof an die Grabkreuze gehängt.
Diesen alten Brauch gibt es heute leider kaum noch. In der Gegend um das oberbayerische Rosenheim herum brachte man noch bis in die Mitte des 19. Jahrhunderts das **Seelenmahl** den nach Hause kommenden Seelen dar. In der Oberpfalz schenkten früher Tauf- und Firmpaten ihren Schützlingen zu Allerseelen mit Kümmel gewürzte »Allerseelenspitzel«. Und im oberbayerischen Oberammergau ziehen heute noch Jahr für Jahr die Kinder an Allerseelen mit einem »Bittschön um einen Seelenzopf« auf den Lippen von Haus zu Haus.
An die unsterblichen Seelen erinnern auch die **Armeseelenlichter**, die nicht nur zu Allerheiligen und Allerseelen in ihren roten Gehäusen auf den Gräbern flackern. Das **Sterbebild**, das zum Begräbnis an alle Trauernden verteilt wird, hat ebenfalls die Aufgabe, den Verstorbenen unvergessen zu machen; und ein üppiger Blumenschmuck, mit Kränzen und Gestecken, symbolisiert Ehrerbietung und Liebe für die »Heimgegangenen«.
Im Bayerischen Wald findet man oft noch die so genannten **Totenbretter**, die uns an etwas recht Unerfreuliches erinnern sollen: an das **Fegefeuer**!
Auf diese schmalen Holzbretter, die neben Wegkreuzen, Kapellen, Gartenzäunen und Kirchen aufgestellt sind, wurden in vergangenen Zeiten die Toten, in Ermangelung eines Sarges in Leintücher gewickelt, bis zu ihrer **Beerdigung** gelegt. Am Grab ließ man den Leichnam dann recht unsanft vom Brett in die Grube gleiten. Einem alten Volksglauben nach, ist die »arme Seele« erst vom Fegefeuer erlöst, wenn das Brett zu Staub zerfallen ist. Betet man an Allerheiligen und Allerseelen zu verstorbenen Kindern – ihnen wird eine besondere Kraft zugeschrieben –, dann kann das helfen,

die Übergangszeit vom Fegefeuer ins **Paradies** etwas zu beschleunigen. Unschuldige Kinder gelten als große Fürsprecher beim Allmächtigen. Da die Uhren auf Erden ganz anderes ticken als in der Ewigkeit – so lehrt es jedenfalls der heilige Petrus den **Brandner Kaspar** –, können wir hoffen, dass den armen Sündern die Zeit in der heißen Vorhölle trotzdem nicht allzu lange vorkommt.

Tracht

Wagt man sich als Laie blauäugig und unbedarft an das Thema bayerische Tracht heran, kann man sich nur allzu leicht und äußerst empfindlich in die Nesseln setzen. Regional viel zu unterschiedlich sind die Traditionen, Überlieferungen und Auffassungen zum so genannten **Gwand**, wie die Tracht verallgemeinernd im Dialekt heißt. Der Schriftsteller Eduard Duller schrieb 1847 in seinem Buch »Volkstrachten, Mundarten und Gebräuche« über die altbayerische Tracht: »Die Trachten wechseln je nach dem Hochland oder der Ebene, im Hochland beim Mann das gemeinsame alpenländische Kennzeichen, der spitze Hut, die kurze Hose, mit dem Alpenstrumpf, die Hosenträger, der kurze weite Überwurf, obwohl auch der runde Hut, die Weste und der längere Rock vorkommt; die Weibertracht ist meist hässlich, entweder eine Art Männerhut oder eine gewaltige Pelzmütze, oder ein Tuch um den Kopf, dann eine unelegante Jacke (...).«

Nicht sehr schmeichelhaft! Duller besinnt sich im weiteren Verlauf seiner Recherchen Gott sei Dank eines Besseren. Er entdeckt die **Riegelhauben** der Nordbayerinnen und gerät noch richtig ins Schwärmen.

Fakt ist: Eine einzige **authentische Tracht** gibt es nicht. Die Tracht hat viele Gesichter; sie variiert von Gebiet zu Gebiet, ja manchmal schon von Dorf zu Dorf. Und auch heute noch ist sie dem steten Wandel unterworfen. Tracht ist nach wie vor lebendig und wo sie nicht mehr gelebt und verändert wird, stirbt sie aus. So spricht man heutzutage von so genannten **Trachteninseln**, in denen

Tracht quasi noch zum modischen Alltag gehört. Entlang der Alpenkette hat das Tragen der Tracht zum Beispiel noch Tradition. Zugegeben, durch manche Köpfe spukt bei dem Gedanken an die bayerische Tracht sofort der schenkelklopfende Schuhplattler in der **Krachledernen** (→ Lederhose, → Tanz), der nachts heimlich seine Liebste zu Hause besucht, landläufig auch »Fensterln« genannt. Das fesche Mädel empfängt ihren Angebeteten natürlich im zünftigen, **tief dekolletierten Dirndl** (→ Dirndl). Von diesen Klischees sollten Sie sich – spätestens jetzt – schleunigst verabschieden!

Sucht man in den Geschichtsbüchern nach einem Ursprung der Tracht, stellt man schnell fest, dass es einen solchen nicht gibt. Über die Jahrhunderte hinweg wurde mit der Bezeichnung **Tracht** grundsätzlich die Bekleidung schlechthin gemeint. Und auch die Annahme, dass die bäuerliche Tracht ausschließlich auf dem Land ihre Wurzeln hat, ist falsch.

Im 16. Jahrhundert begannen sich die Unterschiede der verschiedenen Stände zu vertiefen. Zwischen Hof und Adel, Bürger- und Bauerntum wurden ganz klare Grenzen gezogen. Dies drückte sich auch in der Kleidung aus. Die Tracht begann sich als Standesbekleidung zu entwickeln. So hatte jedes Dienstmädchen und jede Magd, jeder Edelmann und jeder Bauer ein spezielles **Gwand** und waren so schon von außen hin sichtbar einer bestimmten Gruppierung zuzuordnen. In der Mitte des 18. Jahrhunderts löste sich diese starre Einteilung langsam wieder auf. Doch auch in den Zeiten streng festgelegter Kleidung für die unterschiedlichsten gesellschaftlichen Schichten achtete man auf die Muster und Schnittführungen der Gewänder hoher Damen und Herren.

Fuhr damals die einfache Bäuerin einmal wöchentlich auf den Markt in die nächstgelegene Stadt, um dort überschüssige Erzeugnisse zu verkaufen, sah sie vielleicht an einer ihrer Kundinnen einen besonders raffiniert genähten **Spenzer** oder ein **schönes Mieder** (→ Dirndl, → Schalk). Wenn es dann später daran ging, ein neues Festtagsgewand für sich zu nähen, ließ die Bäuerin das Gesehene, so gut es eben ging, einfließen. So wurden, meist zeitlich verzögert und in vereinfachter Form, die neuen und modernen städtischen Schnitte von den Menschen auf dem Land übernommen, um dort dann wieder weiterentwickelt zu werden. Ganz nach Gefallen und eigenem Schönheitsempfinden. Ich erzähle Ihnen da natürlich nichts Neues: **Mode** hat so immer schon funktioniert. Es wird kopiert, verändert, nachgemacht und Neues erfunden. Und so haben im Gegenzug auch die **bäuerlichen Trachten** die Mode der Städter beeinflusst, wenn auch nicht in dem Maße.

Der Aspekt, dass die Tracht Natur- und Heimatverbundenheit signalisiert, kam so gegen Anfang des 18. Jahrhunderts auf. König Max I. Joseph wollte die Bevölkerung in ihrem **Nationalgefühl** bekräftigen und kümmerte sich verstärkt um die Erhaltung der Tracht.

Die uns heute bekannten **Trachtenvereine** ließen aber noch etwas auf sich warten. 1883 gründete der Dorfschulmeister Joseph Vogl aus dem oberbayerischen Bayrischzell den ersten Verein dieser Art. Es folgten rasch Fischbachau, Schliersee, Miesbach, Bad Feilnbach, München und Hohenaschau, um nur einige zu nennen. Bald war das gesamte **Königreich Bayern** flächendeckend mit Trachtenvereinen überzogen. Die Mitglieder kamen meist aus den einfachen Schichten. Die wohlhabende bäuerliche Bevölkerung oder gar Vertreter der Kirche waren nur selten im Kreis der organisierten Trachtler anzutreffen. Das änderte sich erst um 1960, als die Trachtenbewegung allmählich im Ansehen stieg. Heute gibt es über **siebenhundert Trachtenvereine** mit mehr als **hunderttausend Mitgliedern**. Sie sind in **Gaue** aufgeteilt und lassen so nebenbei die Erinnerung an alte Gebietsbezeichnungen wieder aufleben. Die Pflege von Brauchtum und Tracht steht ganz oben auf der Liste der Vereine. Wurde früher innerhalb des Vereins an Tracht getragen, was gefiel, ist die Kleidung seit den 50er-Jahren bis in die kleinsten Einzelheiten hinein streng reglementiert. Da sitzt das »Gwand« vom Scheitel bis zur Sohle.

Im oberbayerischen Erding (Lkrs. Erding) findet alljährlich im Frühling ein **Trachtenmarkt** statt, auf dem sich so gut wie alles findet, was das Trachtlerherz höher schlagen lässt. Neben Adlerflaum und -federn für den Hut, **Trachtenschmuck** und **Hirschhornknöpfen** werden unter anderem schöne Stoffe, handgewebter Loden, aber auch Lederhosen und Dirndlkleider feilgeboten. Nebenbei können Sie **Federkielstickern**, Hutmachern, **Gamsbartbindern** und Trachtenschneiderinnen über die Schulter schauen. Über die modernen Auswüchse der Tracht, der so genannten »Landhausmode«, verlieren wir hier kein Wort; und auf dem Erdinger Trachtenmarkt wird man auch vergeblich danach suchen. Sie können sich hiervon jedoch selbst ein Bild machen, indem Sie sich an einem der Sonntage zur **Oktoberfestzeit** in München in ein überfülltes Zelt quetschen. Vielleicht haben Sie Glück und erspähen ein besonders ausgefallenes Modell.

Wallfahrt

Das Wallfahren hat in Altbayern eine sehr lange Tradition. Bereits im Mittelalter begaben sich hierzulande die Menschen auf lange beschwerliche – und oft auch gefährliche – **Pilgerreisen**, an deren Ziel Trost und Gnade in Form von Heiligen oder gar Jesus Christus selbst warteten. Und im 16. Jahrhundert schrieb bereits der bayerische Geschichtsschreiber **Aventinus** aus dem niederbayerischen Abensberg über die Lust seiner Landsleute am Wallfahren. Zu jener Zeit boomte das Geschäft mit den Pilgern regelrecht und neue **Wallfahrtsorte** schossen wie Pilze aus dem Boden. Im 17. Jahrhundert erlebten dann auch noch die Marienwallfahrtsorte durch Kurfürst Maximilian I. (1573–1651) eine neue Renaissance und die Heilige Jungfrau schwang sich sogar zur **Schutzheiligen** des weißblauen Landes auf (→ Marienfeste).

Erfunden haben die Bayern das Wallfahren nicht. Bereits im 3. Jahrhundert nach Christus sind Wallfahrten zum Beispiel von Italien aus in das Gelobte Land belegt. Und auch Rom selbst konnte schon früh einen regen Besucherstrom verzeichnen, gab es in der Stadt doch bereits im 4. Jahrhundert viele heilige, aber auch heidnische Stätten zu bewundern. Im Jahr 326 pilgerte **Kaiserin Helena** hochbetagt – sie hatte ihr achtzigstes Lebensjahr längst überschritten – nach Jerusalem, um auf heiligem Boden für einen Familienzwist zu büßen. Mit der Ankunft der alten Dame im Geburtsland Jesu setzte eine erste große Jagd auf »echte« **Reliquien** ein, die über Jahrhunderte hinweg die Grundlage jeden **Ablasshandels** bildeten. Helena besaß eine geniale Spürnase, wenn es darum ging,

Reliquien zu finden und auszugraben; sie war es, die, unter einem Tempel zu Ehren der Göttin Venus, das Kreuz Christi fand, einschließlich der gut erhaltenen Nägel! Auf ihr Konto geht auch die Entdeckung des **Geburtshauses Mariens** und dessen der Maria Magdalena (→ Kirchweih, → Silvester).

Viele Reliquien kamen später auf verschlungenen Wegen, beispielsweise durch heimkehrende **Kreuzfahrer**, in nördliche Gefilde. Und der eine oder andere namenlose **Katakombenheilige** aus der Ewigen Stadt schmückt heute, prächtig gekleidet hinter schützendem Glas, das barocke Kirchenschiff eines bayerischen Gotteshauses. Im oberbayerischen Kloster Scheyern (Landkreis Pfaffenhofen an der Ilm) wird seit dem Jahr 1155 ein Stückchen vom **wahren Kreuz** aufbewahrt, das heute noch alljährlich den Mittelpunkt einer der berühmtesten bayerischen **Pilgerprozessionen** bildet. Die sterblichen Überreste des heiligen Bartholomäus kamen durch einen geheimnisvollen Reliquienhändler mit Namen »Felix« im 9. Jahrhundert nach Freising (Lkrs. Freising) und die Gebeine der **heiligen Walburga** fanden irgendwann zwischen 870 und 879 ihre letzte Ruhe in Eichstätt (Lkrs. Eichstätt). Noch heute tritt aus den porösen Knochen der Heiligen jedes Jahr eine wundersame durchsichtige Flüssigkeit aus, die als heilkräftig gilt. Von den Ordensschwestern in kleine Fläschchen abgefüllt, kann man sich dieses **Öl** kostenlos an der Klosterpforte abholen.

Das Grab der heiligen Walburga im schönen Eichstätt ist heutzutage ein Geheimtipp, dabei ereignet sich mit dem **Ölfluss** ein alljährlich wiederkehrendes Wunder, auf das man an anderen Wallfahrtsorten lange warten kann. Einer der **bedeutendsten Wallfahrtsorte** Bayerns ist hingegen das **Benediktinerkloster Andechs** (Landkreis Starnberg), das seit dem Mittelalter mit einem der unglaublichsten **Reliquienschätze** überhaupt aufwartet; dabei ging das meiste im 13. Jahrhundert mit dem Niedergang derer von Andechs-Meranien verloren und nur ein kleiner Bruchteil des Schatzes wurde im Jahr 1388 durch einen Zufall wieder gefunden. Und so findet man dort unter anderem die Kinnlade von Johannes dem Täufer oder ein Stück von der **Dornenkrone**.

Reliquien spielten seit jeher eine entscheidende Rolle, um Pilger anzulocken, und je mehr man zeigen konnte, desto größer war natürlich der Zustrom. Der Besuch einer geweihten Stätte bedeutete **Ablass**, das heißt die zeitweilige Erlösung von den Sünden oder zumindest eine Verkürzung der Verweildauer im Fegefeuer. Ablässe konnte man sich an den Wallfahrtsorten der verschiedenen Heiligen mit Geld kaufen und die Nachfrage danach war groß. So entstand ein regelrechter **Ablasshandel**, der erst mit der Reformation ein Ende fand (→ Dult).

In Bayern spielt nach wie vor die heilige Muttergottes die größte Rolle in Sachen Pilgerfahrt. Denken wir nur an ihr kleines schwarzes **Gnadenbild in Altötting** (Landkreis Altötting) oder an das berühmte **Maria Eck im Rupertiwinkel** (Landkreis Traunstein). Auch auf dem heiligen Berg in Andechs wird neben dem Reliquienschatz die Himmelsgöttin verehrt und die beschauliche Wallfahrtskapelle Birkenstein in Fischbachau (Landkreis Miesbach) mit ihren verwitterten Holzschindeln auf dem Dach entpuppt sich im Inneren als ein wahres Schatzkästchen zu Ehren der Heiligen. Flächendeckend von der Oberpfalz über den gesamten Bayerischen Wald und Niederbayern bis in das oberbayerische Voralpenland hinein wird Maria aus einer **tiefen Volksfrömmigkeit** heraus angebetet. Ihr zu Ehren finden wohl die meisten Bittgänge in Bayern statt (→ Marienfeste).

Eine echte Gnadenstätte ist ohne Souvenirladen heutzutage undenkbar. Doch wer glaubt, dass dies eine Erfindung der Neuzeit ist, der irrt. Schon vor Jahrhunderten war es der Brauch, den Daheimgebliebenen Andenken von geweihten Orten mitzubringen, und ein **Pilgerabzeichen** aus billigem Blech oder Blei am Hut durfte keinesfalls fehlen. Der Besuch eines Wirtshauses war natürlich auch damals schon obligatorisch. In Andechs war das von den Mönchen gebraute Bier zum Beispiel genauso berühmt wie die dort verwahrten Kirchenschätze und nicht selten wurde der Besuch der Wallfahrtskirche radikal abgekürzt, damit man nur ja schnell ins **Klosterbräustüberl** kam. Geselligkeit wurde auf einer Pilgerfahrt großgeschrieben, denn wann kam man sonst unter die

Leute? Die Menschen amüsierten sich auf den **Jahrmärkten** und **Dulten** vor den Kirchen und Klöstern und versoffen nicht selten ihr letztes Geld, bevor es wieder nach Hause ging (→ Dult).

In erster Linie standen das Gebet, der sehnlichst erhoffte Ablass, eine Bitte oder der Dank für ein abgewendetes Unglück im Vordergrund einer solchen Reise – und das hat sich bis heute nicht geändert, auch wenn manche Zeitgenossen mit dem Bus zum Wallfahrtsort pilgern und nur die letzten Schritte zum **Gnadenaltar** zu Fuß gehen. Viele Wallfahrer begeben sich jedoch immer noch auf Schusters Rappen zum Ort der Anbetung. Auf großen **Bittgängen**, traditionell in den Tagen vor **Christi Himmelfahrt** (→ Christi Himmelfahrt), wird um eine gute Ernte gebeten; man wallfahrtet um des Weltfriedens willen oder es wird alljährlich ein Gelöbnis erfüllt, das die Urahnen auf Grund einer großen, überstandenen Ungezieferplage vor hunderten von Jahren einem Schutzheiligen gegenüber abgelegt haben (→ Pfingsten).

Apropos Schutzheilige! Der **bayerische Heiligenhimmel** ist bekanntlich gut bestückt und im Laufe der Zeit hat sich in Altbayern eine Hand voll Heiliger besonders bewährt. Namentlich der **heilige Leonhard** – seine Wallfahrtskirche steht in Inchenhofen (Landkreis Aichach-Friedberg) –, der **heilige Georg** und der **heilige Stephan** haben sich als Viehpatrone einen Namen gemacht. Ihnen wird jedes Jahr in vielen Gemeinden mit besonderen Umritten gehuldigt (→ Leonhardi, → Ostern, → Weihnachten). Eine eingeschworene Gemeinschaft ist auch der Kreis der **vierzehn Nothelfer** (siehe gleichnamiges Kapitel), die sich als kompetente Helfer in allen Lebenslagen entpuppt haben. Dementsprechend populär ist auch die Wallfahrt nach Vierzehnheiligen am Obermain (Landkreis Lichtenfels).

Damit sich der liebe Gott unter der Bitte eines armen Sünders auch konkret etwas vorstellen kann, bringt man eine solche als **Votivtafel** dem Herrgott oder dem Heiligen der Wahl dar. Votivbilder sind in Bayern seit jeher Zeugnisse religiöser Volkskunst und werden schon seit vielen hundert Jahren von den Gläubigen an die verschiedensten Gnadenorte gebracht. **Verloben** nennt man das. Auf einer Votivtafel wird mit mehr oder weniger gekonnten Pinselstrichen das Anliegen, weswegen man die weite Pilgerfahrt auf sich genommen hat, gemalt – die schwere Krankheit eines Familienmitgliedes beispielsweise. Diesen Brauch der **Tafelspende** kennt man übrigens bereits seit der Antike. Bei uns kamen die Votivtafeln allerdings erst ab dem 16. Jahrhundert in Mode.

Am bekanntesten und am weitesten verbreitet sind die **Exvotos**, also Votivbilder, die nach der erhörten Bitte als Dank an den Himmel an den Wallfahrtsorten hinterlegt werden. Die Darstellung auf so einem Exvoto nimmt ebenfalls immer Bezug auf ein Unglück, das der Betroffene mit Hilfe der Fürsprache des Heiligen ohne Schaden überstanden hat. Als Zeichen der Erhörung sieht man dann meist die **Muttergottes** oder einen anderen angerufenen Heiligen, am oberen Bildrand schweben, umgeben von Licht, dessen **Gnadenstrahlen** bis auf die Erde zum Bittsteller reichen und ihn berühren.

Doch nicht nur Bilder fanden im Rahmen von Wallfahrten Einzug in Gnadenkapellen und Kirchen – die Außenwände der Gnadenkapelle in Altötting sind zum Beispiel von oben bis unten damit »tapeziert« –, auch andere **Votivgaben** wurden und werden gerne benutzt, um dort oben im Himmel klarzustellen, um was es einem eigentlich geht. **Eiserne Kröten** wurden zum Beispiel von Frauen mitgebracht, die Probleme mit der Gebärmutter hatten oder nach jahrelanger Ehe immer noch nicht schwanger waren. Ein Bein aus Wachs – im Miniformat, versteht sich! – wies vielleicht auf einen schlecht verheilenden Bruch hin. Dargebrachte **Wachsaugen** hingegen waren ein Hilfeschrei bei Blindheit oder dem grauen Star. Wer es sich früher leisten konnte, der legte aus Eisen gefertigte Votivgaben zu Füßen des Altares nieder, denn Eisen galt als kostbar und vielleicht verlieh der Heilige dann der vorgetragenen Bitte beim **Herrgott** etwas mehr Nachdruck.

Die Bitten der Wallfahrer haben sich über die Jahre hinweg kaum verändert. Die eigene Gesundheit und das Wohl der Liebsten stehen immer noch ganz oben auf der Liste. Man betet um gutes Wetter, um Regen und um Sonnenschein. Die Sorge um gesunden Nachwuchs beschäftigt vor allem die Frauen und manchmal zeugen Fotos von strammen Babys vom positiven Ergebnis einer solchen Wallfahrt. Kriege machen den Menschen zu schaffen oder einfach nur der Streit mit dem Nachbarn. Einen Grund, den Himmel um Beistand zu bitten, findet man jedenfalls so gut wie immer.

Weihnachten

»Im Wald is so staad, alle Weg san verwaht, alle Weg san verschniebn, is koa Steigerl net bliebn ...« Mit diesen Zeilen – am Ende des Kapitels finden Sie den kompletten Text – beginnt ein altes bayerisches Volkslied über die Weihnachtszeit, der Text entstammt Ludwig Thomas **Heiliger Nacht**, die Musik ist von Hans Steidl. Es erzählt von Eis und Schnee, von der Stille im Wald und von einer verzauberten Winterwelt; und mittendrin die hochschwangere Maria, neugierig beäugt von Hasen, Rehen und Hirschen.

Eine **glitzernde Schneedecke** zu Weihnachten steht bei den Menschen nördlich der Alpen ganz oben auf dem Wunschzettel, gefolgt von diversen materiellen Begehrlichkeiten, wie vielleicht Computer, Playstation oder einem Pürierstab für die moderne Hausfrau. Dabei hat das Jesuskind in einer lauen, sternklaren Nacht in **Bethlehem** und nicht in einem frostigen Stall in Oberbayern das Licht der Welt erblickt. Zudem waren Maria und Josef bettelarm und der Laptop lag noch in weiter Ferne.

Um dieses magische Geburtsdatum herum ranken sich viele Bräuche und Rituale, denn immerhin war es der Sohn Gottes, der sich da am 24. Dezember langsam anschickte, Licht und Glanz auf die Erde zu bringen. Das mit dem exakten Datum ist natürlich so eine Sache, denn man weiß im Grunde nicht, wann genau Jesus geboren wurde. Bis in das 4. Jahrhundert hinein – genauer bis in das Jahr 325 – feierte man jedenfalls die Geburt des Erlösers am 6. Januar, dem **Dreikönigstag**, dann verlegte die Kirche das Fest auf den 25. Dezember

(→ Heiligdreikönig). Die Wurzeln des **Weihnachtsbrauchtums** reichen jedoch bis in die »heidnische«, in die vorchristliche Zeit zurück; man denke nur an die **Raunächte** (→ Rau- und Rauchnächte), die oft alljährlich in der Heiligen Nacht ihren Anfang finden.

In der Nacht vom 24. auf den 25. Dezember öffnet sich also das Tor zur Geisterwelt und die **Wilde Jagd** geht wieder auf die Pirsch. Hexen und Dämonen begehren bei den Menschen Einlass und wollen ein bisschen mitfeiern unterm lichterhellen Tannenbaum. Um zu verhindern, dass sich ein kauziger Waldgeist die Geschenke für Ihre Liebsten unter den schmutzigen Nagel reißt, sollten Sie einige wichtige Regeln beachten. Ich weiß, Sie haben genügend Stress mit all den Vorbereitungen für das Fest der Liebe: den Baum schmücken, die lieben Kleinen sinnvoll beschäftigen und das Festmahl vorbereiten. Wobei man den dicken, fetten **Festtagsbraten** – meistens muss dafür eine Gans ihr Leben lassen – traditionell erst am ersten **Weihnachtsfeiertag** auf den Tisch bringt. Am 24. Dezember ist Schmalhans zu Gast; in vielen Familien begnügt man sich mit Würstchen und Kartoffelsalat, mit Glühwein und den obligatorischen Weihnachtsplätzchen. **Heiligabend** ist seit jeher ein wichtiger kirchlicher Fastentag (→ Fastenzeit), an dem früher außer Dörrobst und Kletzenbrot – als **Kletzn** wird im Volksmund die gedörrte Birne bezeichnet – nichts zu sich genommen wurde. Dem Kletzenbrot wurde dazu im Kalender eigens ein Tag zugeteilt und so ist der 21. Dezember heute noch in einigen Brauchtumskalendern als **Kletzenbrotbacktag** verzeichnet (→ Sonnwend).

Doch zurück zu unserm ungebetenen Gast aus der Geisterwelt. Der kleine Kerl mag es zum Beispiel gar nicht, wenn man im Haus Weihwasser versprengt oder die Räume mit **Weihrauch** räuchert; und geradezu allergisch reagiert er, wenn er einen Besen entdeckt, der umgekehrt, also mit dem Wisch nach oben, in einer Ecke steht. Dem Sensenmann ist es auch generell egal, dass alle Welt am 24. Dezember in trautem Familienklinsch liegt – er kommt trotzdem. Wer sich nicht an seine Regeln hält, der kann auch an Heiligabend recht schnell seine knochige Hand auf der Schulter fühlen. Kommen Sie also zum Beispiel bloß nicht auf die Idee, noch kurz vor der Bescherung die Treppe zu scheuern, das mag er nämlich, aus unerfindlichen Gründen, gar nicht – und Ihre Familie kann schauen, wo sie die Feiertage über einen Bestatter herbekommt.

Es gibt natürlich auch allerlei Erfreuliches und Gutes in der großen »Brauchtumskiste« zu entdecken. Nach der **Christmette** ziehen sich die meisten Geister zurück und die Kirche erlaubt dann das hemmungslose Schlemmen, was in vergangenen Zeiten spätestens ab dem 25. Dezember geradezu in Gelagen, mit Schlachtplatte, Blut- und Leberwürsten und Unmengen von Bier bis in die frühen Morgenstunden ausartete; damals schlachtete man am 22. Dezember eigens die **Mettensau**, deren Fleisch dann nach dem nächtlichen Kirchgang verzehrt wurde.

Alle Geschenke sind nun auch endlich ausgepackt und die Kinder haben ihr weihnachtliches Blockflötensolo mit Ach und Krach hinter sich gebracht. Jetzt könnte man zum Beispiel einen Blick in die Zukunft wagen, denn die Christnacht ist nicht nur eine **Geister- und Drudennacht**, sondern eine **Losnacht** noch dazu (→ Wetter). Ein bisschen orakeln ist nie verkehrt und wer zufällig eine geschälte Zwiebel bei sich hat, diese aufschneidet und die Schnittfläche mit Salz bestreut, der kann angeblich nach ein paar Stunden das Gesicht des Zukünftigen darauf erkennen.

Das Hauptaugenmerk liegt am 24. Dezember natürlich auf der Geburt des kleinen Jesus. Heutzutage liegt der süße Säugling meistens als straff gewickeltes **Fatschnkinderl** in der liebevoll gebastelten, geschnitzten oder gekauften Krippe unter dem Christbaum. Als **Fatschn** wird gemeinhin ein langes, relativ breites Band bezeichnet, das im Falle des Heilands weiß ist und ihn von oben bis unten umgibt, wie das sprichwörtliche Weihnachtsgeschenk – nur der Kopf schaut noch heraus. Das Aufstellen einer **Krippe** kennen wir hierzulande etwa seit dem Ende des 18. Jahrhunderts und auch der Weihnachtsbaum ist eine relativ junge Errungenschaft; er hat sich erst um 1900 in den deutschen Wohnzimmern etabliert. In Bayern heißt der festlich geschmückte Baum zu Weihnachten grundsätzlich **Christbaum**, im Rest der Republik spricht man meist vom »Weihnachtsbaum«.

Vor der Jahrhundertwende kannte man das Schmücken eines Nadelbaumes im Grunde nur sporadisch. Und wenn man sich schon ein Bäumchen aus dem Wald ins Haus holte, dann hängte man das Ganze mit dem Wipfel nach unten an die Decke, meistens in den Herrgottswinkel. Es heißt, dass damals hauptsächlich **Äpfel** an die Zweige gehängt wurden, die an den Unglücksapfel aus dem Paradies erinnern sollten. Und auch der Baum an sich war quasi ein Abbild des **Lebensbaumes**, der Adam und Eva zum Verhängnis wurde.

Mittlerweile sind der Fantasie und oft auch dem Geldbeutel in Sachen **Weihnachtsschmuck** keine Grenzen mehr gesetzt – erlaubt ist, was gefällt. Äpfel und **Strohsterne** fehlen jedoch auch heute noch an fast keiner Tanne oder Fichte. Strohsterne sind übrigens einer Überlieferung nach kunstvolle **Lichtsymbole**, die die Sonne in Minaturformat darstellen, und auch so manche Plätzchenform, wie zum Beispiel der leckere Zimtstern, soll an Licht und Wärme erinnern.

Das Weihnachtsfest fällt in unseren Breitengraden grundsätzlich in die dunkelste Zeit des Jahres, da sind die kleinen Strohsterne eine hübsche Idee, um sich ein bisschen Licht in die warme Stube zu holen, und so ein gehaltvolles **Platzerl** wärmt gut von innen heraus. Bereits im Mittelalter schmückten die Menschen ihre Häuser während der kalten Jahreszeit mit immergrünen Zweigen wie Wacholder und Eibe, um den Frühling und gute Geister anzulocken. Den gleichen Zweck erfüllt heute noch das **Weihnachtsanschießen** der Böllerschützen im Berchtesgadener Land oder in Unterwössen (Landkreis Traunstein). Das Krachmachen hat gerade in der **staaden Zeit** Hochkonjunktur, denn in den heiligen Nächten spukt es sich für Geister besonders gut (→ Rau- und Rauchnächte, → Schützen).

Doch im Grunde steht der gesamte Dezember mit dem **Advent** (→ Advent) ganz im Zeichen der freudigen Erwartung auf das Christkindl; und in Sachen Brauchtum ist in diesen Wochen natürlich auch einiges geboten: vom **Adventssingen** über das Plätzchenbacken bis hin zu den **Krippenspielen**. Im oberbayerischen Hepberg (Landkreis Eichstätt), nahe Ingolstadt, erwacht zum Beispiel alljährlich die Heilige Familie buchstäblich zum Leben und zittert, im Rahmen eines liebevoll inszenierten Schauspiels, mit den Zuschauern unter freiem Himmel um die Wette – sogar das Jesukindlein wird von einem Baby aus echtem Fleisch und Blut dargestellt.

In der kleinen Marienwallfahrtskirche Birkenstein in Fischbachau (Landkreis Miesbach) hingegen verzaubert eine handtellergroße Jesusfigur aus Holz Groß und Klein. Beim so genannten **Christkindlsegen** – von Weihnachten bis Heiligdreikönig – legt der Pfarrer das Jesukind, das einem mit erstaunlich echt wirkenden braunen Glasaugen scheinbar mitten ins Herz schaut und seltsam berührt, in die Hand und spricht dann den Segen.

Die **guten alten Bräuche** machen selbstverständlich auch nicht vor den Weihnachtsfeiertagen Halt. Gerade in Bayern hat es mit dem 26. Dezember, dem **Stephanstag** (Stephani), etwas Besonderes auf sich. Der heilige Stephan, seines Zeichens **bayerischer Schutzheiliger** und dienstältester Pferdepatron im Heiligenhimmel, wird seit Ende des 4. Jahrhunderts am zweiten Weihnachtsfeiertag gefeiert. Dabei hatte der »Steffl«, wie er im Volksmund liebevoll genannt wird, zu Lebzeiten im Grunde nie wirklich etwas mit Rössern zu tun. Er zählte zu den ersten Christen Jerusalems und starb im Jahr 34 nach Christus den Märtyrertod. Eine aufgeregte Menschenmenge war nach einer flammenden Rede des jungen Mannes, in der er den Allmächtigen in den höchsten Tönen gepriesen hatte, dermaßen in Rage geraten, dass sie Stephanus zu Tode steinigten.

Noch heute sieht man den Heiligen meist mit blutbefleckten Steinen als Attribut in den Kirchen dargestellt. Neben seiner Aufgabe als Viehpatron kümmert sich Stephan – wen wundert es! – um Menschen mit Nieren- oder Gallensteinen, er ist prompt zur Stelle bei lästigem Seitenstechen und hilft schnell und effizient bei quälenden Kopfschmerzen.

Seine größte Verehrung erfährt der heilige Stephan im Donauraum, flussabwärts bis hinunter nach Wien, wo ihm mit dem **Stephansdom** ein monumentales Denkmal gesetzt wurde – dort ruht auch das Haupt des Märtyrers. Der bekannteste Brauch um den

»Steffl« ist wohl der **Stephaniritt**, ein prächtiger Pferdeumritt, bei dem die Tiere feierlich gesegnet werden. Stephaniritte werden zum Beispiel jedes Jahr im oberbayerischen Altötting und in Tutzing am Starnberger See abgehalten.

Im Wald is so staad,
alle Weg san verwaht,
alle Weg san verschniebn,
is koa Steigerl net bliebn.

Hörst d' as z'weitest im Wald,
wann da Schnee obi fallt,
wann si's Astl o'biagt,
wann a Vogal auffliagt.

Aba heit kunnts scho sei,
es war nomal so fei,
es war nomal so staad,
dass si gar nix rührn dad.

Kimmt die heilige Nacht.
Und da Wald is aufgwacht,
schaugn de Has'n und Reh,
schaugn de Hirsch übern Schnee.

Hamm sie neamad net g'fragt,
hot's eahr neamad net g'sagt,
und keannan s'do bald,
d' Muatta Gottes im Wald.

Wetter

»Is des heid koit!« Diesen Ausspruch hört man in Bayern, gerade zur Winterszeit, relativ häufig; und schon sind wir mit nur einem einzigen Satz mittendrin im Lieblingsthema vieler Menschen; möchte man jedenfalls meinen, denn über das Wetter hört man sie alle reden. Auf dem Wochenmarkt diskutiert die Standlfrau mit ihrer Kundin über den **ersten Frost**, der angeblich viel zu früh daherkam. Im Zug beginnen sich zwei gerade noch vollkommen fremde Sitznachbarn angeregt über den **Schnürlregen** zu unterhalten, der ohne Unterlass gegen die Scheiben klatscht. Wo man geht und steht, über das Wetter haben alle eine Meinung. Ja, selbst auf Reisen ist man nicht vor den Prognosen der Einheimischen gefeit. Sitzt man zum Beispiel in einem Taxi, das sich gerade durch die rachitisch versmokten Straßen einer asiatischen Metropole quält, kann man sich sicher sein, dass der Fahrer nach ein paar Minuten Fahrzeit demonstrativ zum Taschentuch langt, um sich die verschwitzte Stirn abzuwischen. Dabei wirft er einen viel sagenden Blick in den Rückspiegel und stöhnt nach hinten: **Very hot outside!**

Keine Frage, das Wetter verbindet die Menschen rund um den Globus und wir sind ihm alle auf Gedeih und Verderb ausgeliefert, auch wenn wir uns in unseren Häusern – oder durch entsprechende Kleidung –, wenn es nötig ist, davor schützen können. Ist das Wetter schlecht, kann es uns zum Beispiel im wahrsten Sinne des Wortes die Ernte verhageln. Denken wir an Afrika, wissen wir, was die Sonne mit ihrer mitunter zerstörerischen Kraft an katastrophaler Dürre hervorbringen kann. Wen wundert es da, dass wir Menschen uns, über die Jahrtausende hinweg in Sachen Wetter oft an die Magie gehalten haben. **Regenmacher** im afrikanischen Busch, **Yogis** am indischen Ganges, **Schamanen** bei den Indianern – sie alle wissen um den Zauber des Wettermachens. Und auch in unseren Breitengraden besinnen sich manche Menschen wieder auf die vielen uralten überlieferten **Orakel** und **Zaubereien** für ein gutes Wetter.

Das bäuerliche Jahr weist eine Fülle von **Lostagen** und **Losnächten** auf, insgesamt vierundachtzig, um genau zu sein. Allein der August zum Beispiel hat elf davon zu bieten. Der Begriff Losnacht leitet sich vom Werfen von Losen (Runen) ab, mit denen man einen Blick in die Zukunft erhaschen konnte. An einem Lostag und in der darauf folgenden Losnacht ist es möglich, anhand alter überlieferter Traditionen das Wetter über eine längere Periode hinweg im Voraus zu deuten. Diese Art der **prophetischen Vorhersage** stammt noch aus heidnischer Zeit und symbolisiert die enorme Abhängigkeit der Bauern vom Wetter.

Heutzutage werden Sie wahrscheinlich kaum noch in einer der Losnächte einen Landwirt dabei beobachten können, wie er um Mitternacht durch das Dorf schleicht, um ein **Wetterkreuz** aufzusuchen. Früher war es durchaus der Brauch sich in einer Losnacht schweigend zu einem solchen Wegkreuz zu begeben, um still nach dem kommenden Wetter zu lauschen (→ Kruzifix).

Manchen Lostagen kommt eine besondere Bedeutung zuteil. Der **Michaelstag** (29. September) ist so ein besonders wichtiger Vorhersagetermin. **Michaeli** symbolisiert die schwindende Kraft der Sonne und das Ende der Erntearbeiten. In vergangenen Zeiten wurden an diesem Tag riesige Feuer entfacht. Die übrig gebliebenen Kohlestückchen wurden als Schutz gegen Blitzeinschlag unter die Dachsparren gelegt.

Die gleiche Wirkung haben – und hatten – übrigens Reste vom **Oster- oder Johannifeuer.** Am Michaelitag wird in Bayern die Herbstzeit eingeläutet. Auf vielen Viehmärkten wurde früher zu dieser Zeit das gerade von den Bergalmen heruntergetriebene Vieh verkauft. Im oberbayerischen Gaißach (Lkrs. Bad Tölz-Wolfratshausen) findet jedes Jahr zu Michaeli eine eindrucksvolle Prozession statt, die zu den stilvollsten in ganz Bayern gehört.

Ganz **besondere Lostage** sind auch die zwölf Tage und Nächte nach Weihnachten, vielen auch als **Raunächte** (→ Rau- und Rauchnächte) bekannt. Jeder Lostag in dieser Zeit steht, der Reihenfolge nach, für einen Monat im kommenden Jahr. Dem Sonnenschein wurde dabei eine besondere Bedeutung beigemessen. Schien also am 25. Dezember die Sonne, bedeutete dies zum Beispiel ein glückliches neues Jahr. Ein strahlender 29. Dezember wiederum wies auf eine gute Obsternte hin und der 1. Januar, der, zählen wir im Geiste mit, den Juli symbolisiert, versprach bei Sonnenschein viele würzige Kräuter auf den Viehweiden. Zu den wichtigsten Lostagen im Jahreslauf zählen außerdem Allerheiligen, der Dreikönigstag, Neujahr und Lichtmess (2. Februar).

Neben den Lostagen behilft sich der Bauer von heute mit einer Vielzahl von **Bauern- und Wetterregeln**, um aus den Zeichen des Himmels schlau zu werden.

Eine Aufzählung all dieser Weisheiten würde ein Extrabuch erfordern, deshalb biete ich Ihnen hier nur einen repräsentativen Querschnitt.

Zwei der bekanntesten Bauernregeln kennt hierzulande sicher jedes Kind. Und zwar zum einen die Regel, dass man erst die **Eisheiligen** im Mai (→ Eisheilige) abwarten sollte, bevor man frostempfindliche Pflanzen wieder der Natur überlässt: »Vor Nachtfrost du nicht sicher bist, bevor Sophie nicht vorüber ist.« Und zum anderen die »schreckliche« Gewissheit, dass wenn es an **Siebenschläfer** (27. Juni) regnet, sich das Wetter die nächsten sieben Wochen nicht ändern wird! Bei Sonnenschein gilt Gott sei Dank das Gleiche, was auf einen »g'scheidn« Sommer hoffen lässt.

»Siehst du im März gelbe Blumen im Freien, magst du getrost deinen Samen streuen.«

»Treibst du auf schlechte Weide deine Kuh, verlierst du zum Mist auch die Milch dazu.«

»Der Mai kommt gezogen, wie der November geflogen.«

»Juniregen, vielfach Segen.«

»An Laurenzi (10. August) ist es Brauch, da hört das Holz zu wachsen auf.«
»Um Mariä Geburt (8. September) fliegen die Schweiberl furt, bleiben sie noch da, ist der Winter noch nicht nah.«
So geht es das ganze Jahr hindurch; ein Reim jagt den anderen. Bauernregeln wurden früher übrigens grundsätzlich in Versform verpackt, damit man sich das Ganze – bei dem Umfang! – besser merken konnte. Man kann sie bis in die Zeit vor der Christianisierung zurückverfolgen. Im Jahr 1701 erschien dann erstmals der **Hundertjährige Kalender** mit einer Vielzahl von Bauernweisheiten. Bis heute wird er immer wieder neu aufgelegt.
Hielt sich der Bauer an seine Regeln, wusste er das ganze Jahr über, wie er wettertechnisch gesehen dran war. Und mit einem kleinen Gebet oder mit dem Erwerb eines **Wetteramuletts** konnte er sogar versuchen, ins Geschehen einzugreifen. Erwähnenswert sind an dieser Stelle auch alle anderen Rituale, mit deren Hilfe man das schlimmste Unwetter abwenden konnte. Denken Sie zum Beispiel bei Ihrem nächsten Spaziergang im Sommer an meine warnenden Worte, wenn Sie sich gerade entzückt nach einer kleinen blauen Glockenblume bücken – die übrigens noch dazu unter Naturschutz steht! –, um diese für Ihre heimische Vase zu pflücken. Wollen Sie sich kein **himmlisches Donnerwetter** einhandeln, sollten Sie in Zukunft um blaue, aber auch um rote Blumen einen großen Bogen machen. Den kleinen Schönheiten sagt man nämlich, einmal gepflückt, Blitz und Donner nach. Zu diesen **Wetterblumen** gehören auch die majestätische Königskerze, die traditionell den Kräuterbuschen an Maria Himmelfahrt ziert (→ Kräuter), oder auch das Johanniskraut, das, ums Haus herum gepflanzt, vor Hagel schützen soll. Königskerze und Eisenkraut, Schafgarbe und Beifuß schützen vor schlechtem Wetter, indem man die getrockneten Pflanzen beim Aufziehen dunkler Wolken am Himmel verräuchert. Pflanzt man **Hauswurz**, sie war einst dem Donnergott Thor geweiht, aufs Anwesen, setzt man sich damit einen natürlichen Blitzableiter in den Garten. Das wusste übrigens schon **Karl der Große** (→ Kräuter, → Bauerngarten).

Um Gewittern oder anderen wetterbedingten Katastrophen vorzubeugen, können Sie auch an einem der kirchlich organisierten **Flurumgänge** oder **Bittprozessionen** teilnehmen – der traditionelle **Flursegen** findet immer in den Tagen vor Christi Himmelfahrt statt. Oder Sie wenden sich gleich an einen der ca. fünfzig Wetterheiligen, die Bayern zu bieten hat.

Schon in den Bauernregeln fällt auf, wie oft der Name eines Heiligen mit dem Lauf des Wetters in Zusammenhang gebracht wird. Da wird im Grunde keiner verschont. Alle müssen sie als Wetterfrösche herhalten. Ob Servaz, Pankraz, Bonifaz (die Eisheiligen), Stephan, Matthäus oder gar die Gottesmutter persönlich, eine Wettervorhersage wurde einem jeden von ihnen aufs heilige Auge gedrückt. Als hätten sie nicht schon genug zu tun, da oben im Himmel – all diese Fürbitten und Fürsprachen beim Chef.

Doch es gibt auch Heilige, die man landläufig tatsächlich als **Wetterheilige** bezeichnet. Der **heilige Petrus** zum Beispiel ist so einer; ihn zitieren wir schließlich alle naselang, wenn wir vom Wettergeschehen sprechen. Nicht ganz so bekannt sind hingegen der Katakombenheilige Donatus oder die selige Richildis. Der **heilige Medardus** hat sich auf die Fruchtbarkeit von Weinbergen spezialisiert und ist daher eher im Fränkischen unterwegs. Und bittet man den **heilige Koloman** um seinen Wettersegen, muss man aufpassen, was man sagt. Koloman ist recht kleinlich, wenn man sich verhaspelt oder gar eine Textpassage vergisst. Prompt schickt er einem einen Blitz, der sich gewaschen hat.

In solch unangenehmen Fällen empfehle ich das Mitführen eines **Wetteramuletts**. Die meisten dieser Amulette sind dem heiligen Kreuz in Scheyern nachempfunden, das in seinem dreiarmigen Inneren eine **hochverehrte Kreuzreliquie** birgt. Eine Miniausgabe des Scheyerer Kreuzes schützt vor Unwetter, Hagel, Blitz und zudem gegen Feuer. Es gibt aber auch Amulette aus Wachs zum Beispiel vom **Agnus Dei**, vom Lamm Gottes, auf deren Rückseiten ein Heiliger oder der amtierende Papst prangt.

In den eigenen vier Wänden kann man sich gegen heraufziehendes Unwetter mit dem Anzünden einer **schwarzen Wetterkerze**, die traditionell an Lichtmess (2. Februar) geweiht wird (→ Marienfeste), behelfen oder man hängt sich einen **Wettersegen** an die Wand. Diese kreisrunden Bildnisse stellen meist einen der vierzehn Nothelfer (→ Nothelfer) dar.

Wenn Sie selbst keine Zeit haben, die ganze Zeit aus dem Fenster zu schauen, um zu sehen, wie das Wetter wird, dann hilft Ihnen heute die Wettervorhersage aus Funk und Fernsehen. Früher gab es dafür die nützliche Einrichtung des **Wetterläutens**. Braute sich am Himmel ein heftiges Gewitter zusammen, läuteten die Kirchturmglocken Sturm. Eine sichere Warnung für die Leute auf dem Feld draußen. Auch das **Böllerschießen** war früher ein gängiger Brauch, um einem Unwetter Beine zu machen. Nicht selten ließen sich die Schützen dafür ihr Schießpulver in der Kirche weihen (→ Schützen).

Auf den Feldern konnte man in vergangenen Tagen übrigens manchmal auch kleine einfache Wetterkreuze entdecken, die gespickt waren mit spitzen Nägeln. Sie sollten verhindern, dass sich die **Wetterhex'** auf dem Kruzifix ausruhte. Das Wetterläuten gibt es schon lange nicht mehr, doch war es bis vor ein paar Jahren an den bayerischen Seen zum Beispiel durchaus noch üblich, dass bei aufziehendem Unwetter die Feuersirenen zu heulen anfingen. Heute begnügt man sich mit Lichtsignalen, die vom Ufer aus Segler und andere Wassersportler warnen.

Zum Schluss kommen wir noch zu ein paar gängigen Wetterbegriffen, die viele von uns gebrauchen, ohne deren Ursprünge zu kennen. Da haben wir zum einen den **Altweibersommer**. Damit ist mitnichten das passende Sommerwetter für die Dame älteren Semesters gemeint. Der Ursprung des Wortes führt uns weit zurück in die germanische Mythologie. Als »weiben« bezeichnete man damals im Altdeutschen das Knüpfen von Spinnweben. Und wer kennt sie nicht, die zart glitzernden Fäden des Herbstes, wenn sich morgens schwer und träge der Tau von seinem Bett aus bunten Blättern erhebt und der Nebel alle Konturen weich zeichnet. Blitzt dann die Sonne durch den natürlichen Schleier, dann sieht man sie überall hängen, wie die vergessenen Haare einer zauberhaften Fee.

Alten Menschen, denen an sonnigen Herbsttagen solche Spinnweben im Haar oder am Mantel hängen bleiben, soll das Glück wohlgewogen sein. Eine christliche Legende wiederum besagt, dass die Silberfäden des Altweibersommers aus dem Mantel der Jungfrau Maria stammen, den sie bei ihrer Himmelfahrt trug. **Marienfäden** oder **Marienhaar** heißen deswegen die feinen Gebilde auch im Volksmund.

Bevor sich jedoch der Altweibersommer ans Fädenknüpfen macht, herrschen im Hochsommer bei uns die so genannten **Hundstage**. Man mag es kaum glauben, aber sie bezeichnen eine **Schönwetterperiode**. Benannt ist diese Zeit der vor Hitze flirrenden Tage nach dem **Stern Sirius**, dem hellsten Gestirn aus dem Sternbild des »Großen Hundes«, der ab Anfang August mit der Sonne auf- und wieder untergeht. Im Laufe der Jahrhunderte haben sich die Hundstage etwas verschoben. Heute liegen sie etwa in der Julimitte. Den Hundstagen schrieb man früher böse Einflüsse zu So galt es als Unglück verheißend, in jenen Tagen vor den Traualtar zu treten – eine schlechte Ehe war quasi vorprogrammiert. Außerdem sollte man, trotz drückender Hitze, während der Hundstage niemals im Freien baden, weil sonst Haarausfall und grässliche Hautausschläge drohten. War das Wetter in dieser Zeit schlecht, dann wurde dies als besonders schlechtes Omen gedeutet.

Das genaue Gegenteil von den Hundstagen bezeichnet die **Schafskälte** um den 11. Juni herum. In dieser Zeit können die Tage noch einmal empfindlich kühl werden, und das mit einer Trefferquote von bis zu neunzig Prozent! Da heißt es, sich warm anziehen, was die Schafe, die um diese Zeit meist frisch geschoren sind – daher der Name –, leider nicht können.

Eine letzte, durch und durch alpenländische Bezeichnung ist der **Föhn**, der, wie Sie wissen, rein gar nichts mit einem Haartrockner zu tun hat. Er bezeichnet einen charakteristischen **Fallwind** (Westwind) aus den Bergen, der uns einerseits oft eine traumhafte Weitsicht, andererseits auch schreckliche Kopfschmerzen bescheren kann. Den Föhn erkennen Sie in der Regel an seinen fiedrigen

Wolkengebilden am Himmel und am lauen Lüftchen, das mit ihm einhergeht. An Föhntagen sind aber auch – man mag's kaum glauben – im Gegensatz zur »normalen« Wetterlage an den anderen Tagen ausgesprochen viele **Grantler** unterwegs, also missmutige Menschen, denen so gar nichts in den Kram passt. Doch auch Menschen, die schier vor Glück platzen, sind bei Föhn vermehrt anzutreffen.

Feste feiern im Jahreslauf

Januar

1. Januar Neujahr
5. Januar Letzte Rau- und Rauchnacht
6. Januar Heiligdreikönig
Fasching

Februar

Fasching
Aschermittwoch
Beginn der vierzigtägigen Fastenzeit vor Ostern
2. Februar Maria Lichtmess
3. Februar Blasiustag
14. Februar Valentin

März

19. März Starkbieranstich

April

Palmsonntag, letzter Sonntag vor dem Osterfest
Karwoche
Ostersonntag
Ostermontag

Mai

Marienmonat
1. Mai Maifeiertag, Patrona Bavariae, Bayerischer Nationalfeiertag
Christi Himmelfahrt, vierzig Tage nach Ostern
Pfingsten, fünfzig Tage nach Ostern

Juni

Fronleichnam, zweiter Donnerstag nach Pfingsten
21. Juni Sonnwend
24. Juni Johanni

Juli

25. Juli Jakobi

August

15. August Maria Himmelfahrt

September

Almabtrieb
Oktoberfest in München

Oktober

Erntedank, erster Sonntag im Oktober
Kirchweih, dritter Sonntag im Monat

November

1. November	Allerheiligen
2. November	Allerseelen
6. November	Leonhardi
11. November	Martinstag, offizieller Faschingsbeginn
25. November	Kathrein

Advent

Dezember

Advent

4. Dezember	Barbara
5. Dezember	Nikolausabend
6. Dezember	Nikolaus
21. Dezember	Thomas, Wintersonnwend
24. Dezember	Heiligabend, erste Rau- und Rauchnacht
25. Dezember	Hochfest der Geburt des Herrn
26. Dezember	Stephani, zweiter Weihnachtsfeiertag
31. Dezember	Silvester

Danke

Mein Dank gilt in erster Linie dem mittlerweile verstorbenen Paul Ernst Rattelmüller, Albert Bichler, der immer ein gern gesehener Gast in der Buchhandlung ist, und Paul und Richilde Werner. Sie alle haben unschlagbare Bücher über das bayerische Brauchtum verfasst, die von mir natürlich als Anhaltspunkte und zur Orientierung benutzt wurden. Die Brauchtumskalender der Familie Raab haben sich als eine schier unerschöpfliche Quelle oberbayerischen Brauchtums entpuppt, dafür ein herzliches Vergelt's Gott!

Danken möchte ich außerdem Alexander Wandinger vom TIZ in Benediktbeuern, bei dem ich einen interessanten Nachmittag verbringen durfte und dessen Buch »Tracht ist Mode« mir eine wertvolle Hilfe war.

Ich danke meiner Mutter, der dieses Buch gewidmet ist, für ihre Begleitung auf so mancher Recherchefahrt und für ihre Tipps und Zeitungsausschnitte. Nadl und Marion waren im Bayerischen Wald mit von der Partie – wir hatten einen wunderschönen Tag zusammen, danke. Für die beste Prinzregententorte im tief verschneiten Niederbayern, die ich je gegessen habe, danke ich Ernst und Sigi, obwohl ich den Weg dorthin wahrscheinlich allein nie mehr finden würde.

Im vergangenen Jahr hat sich für mich gezeigt, was Freundschaft wirklich bedeutet. Daschmara, ich danke dir und deinen drei Jungs für unvergessliche Fernsehsessions und die warmherzige Aufnahme in eurem Haus. Antje, deine Riesenstorcks haben mich gerettet. Dagmar, Claudia, Katharina, Nikola, Sabine, Michi und

Silke, ich habe großes Glück, so ungewöhnliche und tolle Frauen um mich zu haben.

Auf dem Weg durch dieses Buch habe ich viele nette Menschen kennen gelernt, die mir geholfen haben, etwas Gutes zu Papier zu bringen, denn so ein Kapitel über den Haferlschuh beispielsweise konnte ich mir, ganz ehrlich, nicht so einfach aus dem Ärmel schütteln. Dafür danke ich speziell dem Schuhmacher Stephan Steinberger in Schliersee. Über die Lederhose wusste so einiges Friederike Heil aus Hausham zu erzählen. Frau Maier aus Eurasburg stellte mir ihre bayerischen Kochbücher zur Verfügung und über den Schalk, über Leonhardi und überhaupt über das Leben an sich ratschte ich einen langen, gemütlichen Abend lang mit Gini Merk auf der eingangs erwähnten Hütte über dem Tegernsee. Gelebtes Brauchtum und alte überlieferte Riten und Rituale lassen sich nicht immer über einen Kamm scheren. Vieles variiert von Region zu Region, wird anders ausgelegt und praktiziert und manchmal ist es schwer, gerade in einem Buch über Traditionen allen gerecht zu werden. Ich habe mein Bestes gegeben – und ich habe dabei viel gelernt. Dafür bedanke ich mich bei allen Beteiligten.

Quellen und Literaturauswahl

Aberle, Andreas: *Wie's früher war in Oberbayern,* Rosenheim o. Jahresangabe

Altbayerischer Festtags- und Brauchtumskalender, Oberbayern, Niederbayern, Oberpfalz, Amberg, verschiedene Jahresausgaben

Amereller, Almut: *Votiv-Bilder,* München 1965

Bader, Marlis: *Räuchern mit heimischen Kräutern,* München 2003

Bichler, Albert: *Wie's in Bayern der Brauch ist,* München 2003

–: *Wallfahrten in Bayern,* München 1990

–: *Die vierzehn Nothelfer,* Augsburg 1998

Binder, Egon M.: *Alois Irlmaier, der Seher von Freilassing,* Waldkirchen 1998

Bösl, Hanna u. Wegner, Josef: *Museum für bäuerliche und sakrale Kunst,* Ruhpolding, Freilassing 1982

Breibeck, Otto Ernst u. Bahnmüller, Wilfried: *Bayerisches Schützenleben,* Freilassing 1982

Das alpenländische Dirndl. Tradition und Mode, Wien-München 2000

Der Oberbaierische Fest-Täg- und Alte-Bräuch-Kalender, verschiedene Jahresausgaben, Raab-Verlag, Stockdorf

Die große Teubner Küchenpraxis, München 2002

Die Lederhose, Husum 1996

Duller, Eduard: *Volkstrachten, Mundarten und Gebräuche. Das deutsche Volk in seinen Mundarten, Sitten, Gebräuchen, Festen und Trachten,* Leipzig 1847

Ellabognoarbadn. Wiesnbedienungen erzählen, München 1998

Fenzl, Fritz: *Wunder in Bayern*, München 1997

Foster, Norman: *Auf den Spuren der Pilger. Die großen Wallfahrten im Mittelalter*, Augsburg 1990

Fremdenverkehrsverein Lenggries (Hrsg.): *Drum schau'n d'Lenggrieser so guad aus!*, Thalhofen 1995

Geh ein und aus, bleib Freund dem Haus. Fassadenmalerei und Haussprüche in den Alpenländern, Wien 1997

Gerlach, Walter: *Das neue Lexikon des Aberglaubens*, Frankfurt am Main 1998

Goldner, Johannes u. Bahnmüller, Wilfried: *Bayerisches Bier*, Freilassing 1983

Grabner, Rudolf: *Anna Maria Lindmayer – »Der rettende Engel Münchens«*, Pielenhofen o. Datum

Haller, Reinhard: *Aus alten Kästen und Truhen. Liebesgaben und Hochzeitsgeschenke*, München 1980

Heres, Hedi: *Von Hexen und Druden*, Rosenheim 1995

Hochegger, Karin: *Bauerngärten*, Stuttgart 2003

Höfer, Johann: *Bairisch gredt*, Bad Feilnbach 1995

Hofmann, Maria u. Dr. med. Lydtin, Helmut: *Bayerisches Kochbuch*, München 1998

Hüttl, Ludwig: *Ludwig II.*, München 1986

Jackson, Lydia u. Wilhelm, Hermann: *Brotzeit, Braten, Brennsuppen. Ein literarisches Münchner Vorstadt-Kochbuch*, München 1999

Kiem, Pauli: *Alte Oberbayerische Volkslieder*, Köln 2001

Kislinger, Max: *Alte Bäuerliche Kunst*, Linz 1963

Klein, Diethard H. (Hrsg.): *Das große Hausbuch der Heiligen, Berichte und Legenden*, München 2000

Kochrezepte mitten aus Bayern, gesammelt von Neuburger Frauen, Neuburg an der Donau 1991

Köhler, Helmut A.: *Heilkräuter in Bayern*, Freilassing 1975

Landeshauptstadt München (Hrsg.): *175 Jahre Oktoberfest, 1810–1985*, München 1985

Laturell, Volker D.: *Volkskultur in München*, herausgegeben vom Kulturreferat der Landeshauptstadt München, München 1997

–: *Trachten in und um München*, München 1998

McCormack, R.W. B.: *Tief in Bayern. Eine Ethnographie*, München 2002

Meggle, J. A. (Hrsg.): *Unser Bauerngarten*, München 1968

Meinl, Hans u. Schweiggert, Alfons: *Der Maibaum*, Dachau 1991

Merk, Gerhard u. Sauer, Christian: *Bayerns Bier-Burgen*, München 1987

Neiser, Birgit: *Leonhardi, Tag des bayerischen Herrgotts*, Dachau 1998

Peitzsch, Inge: *G'lebt is glei*, Stockach-Wahlwies 1981

Plettenberg, Thomas: *Ein Sommer auf der Alm. Bilder und Geschichten einer Lebensweise*, Miesbach 2003

Rattelmüller, P. E.: *Bairisches Brauchtum im Jahreslauf. Von Nikolo bis Kathrein*, München 1985

–: *Auf Weihnachten zua. Geschichten, Lieder und Bräuche*, Dachau 1998

–: *Pferdeumritte in Bayern. Tradition und Brauchtum in Altbayern*, München 1988

–: *Volkstrachten in Bayern*, München 1984

Reh, Juliane: *Ich hab wunderbare Hilf erhalten. Votivbilder aus bayerischen Wallfahrtsorten*, München 1982

Schmeller, Johannes Andreas: *Bayerisches Wörterbuch*, 2 Bände, München 1872–1877, Jubiläumsausgabe München 2002

Schönfeldt, Sybil Gräfin: *Feste und Bräuche durch das Jahr*, Berlin 1999

Schuhbeck, Alfons: *Kulinarisches Duell mit Armin Roßmeier*, München 1993

Schweiggert, Alfons: *Der Kronprinz*, Pfaffenhofen 1995

Sellner, Albert Christian: *Immer währender Heiligenkalender*, München 2001

Thoma, Ludwig: *Hochzeit. Eine Bauerngeschichte*, Dachau 1984

–: *Heilige Nacht*, Augsburg 1996

Ulbrich, Björn u. Gerwin, Holger: *Die geweihten Nächte. Rituale der stillen Zeit. Ein Ratgeber für Weihnachten*, Engerda 1999

Wagner-Jüde, Adelheid (Hrsg.): *Das Land ist gut, lieblich anzuschauen. Eine Reise durch die Vielfalt Bayerns*, München 1992

Wandinger, Alexander (Hrsg.): *Tracht ist Mode. Bezirk Oberbayern*, München 2002

Warnes, Jon: *Mit Weiden bauen*, Staufen bei Freiburg 2003

Weichslgartner, Alois J. u. Bahnmüller, Wilfried: *Lüftlmalerei*, Freilassing 1981

Werner, Paul und Richilde: *Der bayerische Heiligenhimmel. Frommer Brauch im Jahreslauf*, Berchtesgaden 2003

Widmayer, Christiane: *Mangold, Malve und Melisse. Bauerngärten neu entdeckt*, München 1999

Register

A

B

C

I

J

K

N

O

P

R

S

T

U

V

W

Z